Laufhunde und Schweißhunde 166

Vorstehhunde 196

Apportierhunde, Stöber- und Wasserhunde 220

Gesellschafts- und Begleithunde 240

Windhunde 268

Service	284
Zum Weiterlesen	284
Nützliche Adressen	284
Register	285

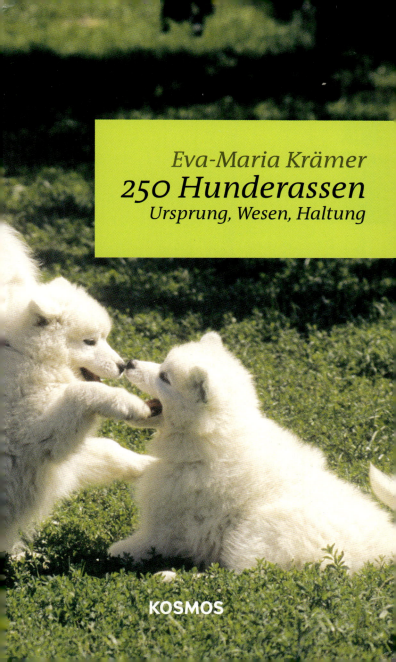

Eva-Maria Krämer
250 Hunderassen
Ursprung, Wesen, Haltung

KOSMOS

Zu diesem Buch

Die Rassen

AUSWAHL DER RASSEN Es wurden 250 in Deutschland in den letzten Jahren im VDH gezüchtete Hunderassen ausgewählt, einschließlich der am meisten verbreiteten nicht VDH-anerkannten Rassen.

DIE RASSEBESCHREIBUNGEN sollen helfen, den richtigen Hund zu finden. Das Aussehen zeigen die Fotos typischer Rassevertreter, darunter Schönheitschampions. Größe, Haararten und zusätzliche Farben stammen aus den aktuellen offiziellen Rassestandards, die bei den Zuchtvereinen erhältlich sind.

BEI DER WESENSBESCHREIBUNG habe ich mich an den Standards orientiert und persönliche Erfahrungen im direkten Umgang mit den Hunden beim Fotografieren, bei Züchtern, in Hundeschulen und Hundesport sowie Kontakten im Alltagsleben einfließen lassen. Ich habe weltweit viele Rassen besucht, die noch ihrer ursprünglichen Aufgabe nachgehen, um sie besser zu verstehen. Für den Hundehalter ist es wichtig zu wissen, warum ein Hund Verhalten zeigt, das durch Erziehung allein nur schwer zu beeinflussen ist. „Problemverhalten" ist für den Hund oft natürliches Verhalten. Versteht man das, kann man besser damit umgehen, entsprechend mit ihm arbeiten oder sich für eine andere Rasse entscheiden. In diesem Rahmen kann ich nur sehr pauschal argumentieren. Bei vielen Rassen ist der Unterschied zwischen den Geschlechtern ausgeprägt. Es wird immer Hunde geben, die von der Norm abweichen, sowohl im Aussehen als auch Verhalten. Es wird immer den Windhund geben, der nicht hetzt und den Jagdhund, der nicht jagt. Aber man muss sich nicht wundern, wenn er es tut und erwarten, dass ausgerechnet unser Hund die Ausnahme von der Regel ist! Genauso kann es passieren, dass Hunde, die zu einer angeb-

Links: Tervueren, rechts Beagle

lich nicht jagenden Rasse gehören, hetzen. Die individuelle Zuchtauslese eines Züchters spielt eine sehr große Rolle. Ein guter Züchter erkennt schon beim Welpen, ob er eine Veranlagung mehr oder weniger ausgeprägt zeigt. Er wird bei der Auswahl nicht nur auf Schönheit, sondern auf wichtige Verhaltensweisen achten, die ebenfalls vererbt werden.

HALTUNGSTIPPS sollen den durchschnittlichen Hundefreund darauf aufmerksam machen, was in der Praxis bei der Haltung eines solchen Hundes zu berücksichtigen ist.

GRÖSSE AUF EINEN BLICK Das Größenverhältnis zeigt die Grafik Mensch-Hund, bezogen auf einen 1,80 m großen Mann.

ZUSAMMENFASSUNG Die wichtigsten Kriterien wie Erziehung, Pflege, Beschäftigung, Bewegung, fassen wir in drei Stufen zusammen, wobei der Gesamtaufwand in Betracht gezogen wurde: ■ gering, ■■ aufwendig, ■■■ anspruchsvoll. Der Verbreitung liegen die Eintragungsziffern des VDH im Jahre 2009 zugrunde: ■ bis 100, ■■ 101–500, ■■■ ab 500.

Dalmatiner

FCI-Gruppeneinteilung

Diesem Buch liegt die offizielle Gruppeneinteilung der FCI, die das internationale Rassehundezuchtwesen regelt, zugrunde. Bei den Rassen wurde die Kategorie innerhalb der Gruppe angegeben, es folgen die Standardnummer und das Herkunftsland der Rasse. Wollen Sie auf internationalen Ausstellungen (Termine beim VDH erhältlich, Adresse siehe Anhang) eine bestimmte Rasse sehen, achten Sie darauf, an welchem Tag die Gruppe präsentiert wird. Die Gruppeneinteilung erfolgt im Wesentlichen nach der Funktion, ist aber nicht durchgängig nachvollziehbar. Jede Gruppe wird durch eine allgemeine Beschreibung eingeleitet, Abweichungen und Besonderheiten sind bei den Rasseporträts vermerkt.

Erbkrankheiten

Der Rassehundezucht wird häufig nachgesagt, von Erbkrankheiten belastet zu sein. Tatsache ist, dass kontrolliert gezüchtete Rassen auf alle möglichen Erbkrankheiten vorsorglich untersucht werden, um betroffene Tiere aus der Zucht auszuschließen, damit sich keine Krankheiten verbreiten. Das tut niemand bei Mischlingen oder unkontrolliert vermehrten Tieren, sie sind deshalb keineswegs gesünder. Ich habe darauf verzichtet, bei einzelnen Rassen bekannte Dispositionen zu vermerken, denn in der Zeit, in der dieses Buch gelesen wird, können sie längst durch züchterische Auslese bedeutungslos sein oder neue hinzukommen. Sprechen Sie die Züchter oder den Zuchtverein darauf an. Wer den Dingen aufgeschlossen gegenüber steht, ist glaubwürdiger als jemand, der noch nie etwas davon gehört hat oder dessen Hunde noch nie irgend etwas hatten. Es gibt kein Erbgut ohne unerwünschte Merkmale. Für ewige Gesundheit kann kein Mensch garantieren. Allerdings empfehle ich, sich die Ahnentafeln der Welpen bis in die 5. Generation genau anzusehen. Tauchen manche Namen öfter auf, bestehen enge verwandtschaftliche Beziehungen, d. h. es handelt sich um Inzucht, bei der versteckte Erbanlagen schneller zutage treten als bei nicht verwandten Tieren. Darunter kann die gesamte Fitness leiden. Stressanfälligkeit, geschwächtes Immunsystem können Folgen sein. Verfolgt ein Züchter mit einer Inzuchtverpaarung einen bestimmten Zweck, muss er das begründen und Sie über eventuelle Konsequenzen aufklären. Geht es nur darum, Schönheitsmerkmale zu festigen, ohne auf Charakter und Gesundheit besonderes Augenmerk zu richten, würde ich vom Kauf Abstand nehmen.

Erläuterungen zu den Porträts | 5

So finden Sie den richtigen Hund

Die Auswahl des Hundes

DER RICHTIGE HUND Wer einen Hund für einen bestimmten Zweck sucht, z. B. zum Jagen, Hüten, Polizeidienst, hat in der Regel eine klare Vorstellung davon, welche Eigenschaften der Hund besitzen sollte, erst dann wählt man unter diesen denjenigen, der auch vom Aussehen her am besten zusagt. Beim Kauf eines Begleithundes orientiert man sich meistens am Aussehen. Das kann ein schwerer Fehler sein, denn wenn man

HUNDE KENNENLERNEN Ich empfehle, sich mit den Rassezuchtvereinen der Rassen Ihrer Wahl in Verbindung zu setzen. Adressen finden Sie im Anhang. Es gibt bei fast allen örtliche Untergruppen, wo man die Hunde und ihre Menschen bei Treffen und Spaziergängen kennenlernen kann. Ganz schnell fallen Eigenarten auf, die man gut findet oder sich so nicht vorgestellt hat. Die Besitzer sind meist sehr auskunftsfreudig und offen. Bei diesen Gelegenheiten lernt

Vor dem Kauf sollte man sachlich abwägen, welche Rasse zu den eigenen Lebensumständen passt.

einen Hund in seine Wohngemeinschaft aufnimmt und ihn zum Familienmitglied macht, muss man seine Bedürfnisse erfüllen können. Das ist, je nach Hundetyp, außerordentlich schwierig und aufwendig. Die Schönheit schwindet rasch, wenn der Hund nervt. Stimmt jedoch die Beziehung zum Hund, macht er im Umgang Freude, dann erblüht er zum schönsten Hund der Welt! Es nützt nichts, wenn Züchter und Besitzer sagen, dass gerade diese Rasse der perfekte Familienhund ist. Das kommt ganz darauf an, welchen Aufwand man betreiben kann und möchte. Wenn man Kinder hat, müssen die Lebensumstände ganz individuell betrachtet werden, und alle Familienmitglieder mit dem Hund einverstanden sein.

man Hunde verschiedener Zuchten kennen, Kontakte sind schnell geschaffen. Ansonsten bekommt man bei der Welpenvermittlung Züchteradressen. Man sollte mehrere Züchter um ein persönliches Gespräch bitten und sich ansehen, wie die Hunde aufwachsen. Je näher die Lebensumstände den eigenen kommen, desto besser. Also Sporthunde, wenn man Sport betreiben möchte, Kleinkinder, wenn man selbst welche hat usw. Ein guter Züchter, der mit seinen Hunden lebt, möchte die Entwicklung seiner Welpen begleitend unterstützen, um ihnen den besten Einstieg ins Leben zu geben. Kontakt bei Fragen und Unsicherheiten ist erwünscht. Ein riesiger Vorteil gegenüber Welpen aus zweifelhaften Quellen, dem Handel oder nur mal so ohne Papiere vermehrten, die außerdem keinerlei Kontrollen durch Zuchtwarte der Zuchtvereine unterliegen.

BESUCH BEIM ZÜCHTER Züchter betreiben die Hundezucht in der Regel als Freizeitvergnügen. Deshalb ist Terminvereinbarung angesagt. Ganz wichtig ist das Verhalten der Hunde bei einem Züchter. Sie sollten gut gepflegt sein, ein freundliches Verhältnis zu ihrem Besitzer haben, gehorchen und unter Kontrolle stehen. Aggressive und ängstliche Hunde braucht man nicht. Je nach Rasse sind Fremde nicht so gern gesehen, aber die Hunde sollen sich rasch neutral verhalten, wenn der Besitzer die Gäste freundlich empfängt.

Orientieren Sie sich bei der Auswahl nicht nur am Aussehen Ihres Traumhundes.

Der Welpenkauf

Die Welpen sollen Kontakt zur Familie haben und nicht in den Zwinger verbannt sein, sie brauchen viel frische Luft und weitläufigen natürlichen Auslauf, sie müssen auf verschiedene Menschen und Umwelteindrücke geprägt sein. Welpen sollten sich freundlich, aufgeschlossen und neugierig verhalten. Sie dürfen nicht stinken, Fell, Augen, Ohren, Nase, After müssen sauber sein. Sie sollten weder zu fett noch zu mager sein und sich fest fleischig anfassen. Nehmen Sie sich Zeit und besuchen Sie mehrere Züchter. Sie fällen eine Entscheidung für die nächsten zehn bis 15 Jahre! Müssen Sie auf einen Wurf warten, nutzen Sie die Zeit zur Weiterbildung. Es gibt viele Möglichkeiten, Bücher, Vorträge, Seminare, um sich in Hundeverhalten und Erziehung weiterzubilden.

Der Preis eines Rassehundes beträgt etwa zwischen 700 und 1.000 Euro. Hunderassen, die in Mode sind, kosten auch mehr. Hundezucht richtig betrieben ist aufwendig und teuer. Wesentlich billigere Angebote sind kritisch zu prüfen. Hunde sind kein Markenprodukt vom Fließband. Der Züchter spielt die wesentliche Rolle für die Qualität und die Gesundheit der Hunde.

Tipp

Beim Welpenkauf beachten
Zum Welpen gehört die Ahnentafel, auch wenn man keinen Wert darauf legt. Sie ist ein Auszug aus dem Zuchtbuch und ermöglicht dem Kenner, die Qualität der Vorfahren auf einen Blick zu überprüfen. Für sie darf kein Geld berechnet werden. Welpen dürfen nicht unter acht Wochen und nur geimpft und entwurmt nach Überprüfung durch den Zuchtwart abgegeben werden.

So finden Sie den richtigen Hund | 7

Fachbegriffe rund um den Hund

Wichtige Fachbegriffe

Agility Geschicklichkeitssport mit Hunden, dem Springreitparcours nachempfunden.
Ahnentafel Abstammungsnachweis des Rassehundes, der vom jeweiligen Zuchtbuchamt ausgestellt wird und über die Herkunft des Hundes Auskunft gibt. Im Volksmund auch Stammbaum, englisch „pedigree" genannt.
Apportieren Bringen von Wild oder Gegenständen durch den Hund nach Aufforderung.
Bringfreude zeigt ein Hund, der von Natur aus gerne apportiert.
Bringtreue zeigt ein Hund, der zuverlässig alles apportiert.

Windhundrennen

Whippet

Brackieren, Brackenjagd Treibjagd auf Hasen, wobei der Hund den Hasen langsam in großem Bogen dem Jäger zutreibt.
Brand Hell- bis rotbraune gleichmäßige Abzeichen an Kopf, Körper und Läufen.
Buschieren Jagd mit Stöber- oder Vorstehhunden in unübersichtlichem Gelände. Der Hund sucht kurz vor dem Jäger, zeigt das Wild an oder treibt es vor die Flinte.
Coursing Ehemals das Hetzen lebender Hasen mit zwei Windhunden. Heute verfolgen sie einen im Zickzackkurs gezogenen künstlichen Hasen, wobei Geschicklichkeit und Schnelligkeit bewertet werden.
Diensthundrasse Für den Dienst bei Polizei, Zoll und Militär als geeignet anerkannte Rassen.
Drahthaar dichtes, kurzes, harsches Fell mit Bart.
Erdarbeit Arbeit unter der Erde auf Fuchs, Dachs und Kaninchen.
Fährtenhund speziell auf das Ausarbeiten schwieriger Fährten abgerichteter Hund mit Prüfung.
Gestromt Streifenzeichnung im Fell.
Harlekin durch Merlefaktor gescheckte Hunde.
Katastrophenhund zum Finden von Menschen unter Trümmern oder Vermisste im Gelände ausgebildete Hunde mit Prüfung.
Kupieren Kürzen von Ohren und Rute.
Langhaar langes Deckhaar, je nach Rasse mit oder ohne Unterwolle.
Lawinenhund speziell für das Suchen von Lawinenopfern ausgebildete Hunde.
Lohfarben helles Gelb bis sattes Rotbraun.
Mannschärfe bei Bedrohung gegen Menschen gezeigtes, kontrolliertes Abwehrverhalten.
Mantrailing Suche eines Menschen anhand seiner Duftspuren, meist unter schwierigsten Bedingungen.
Merlefaktor Erbanlage, die Farbverdün-

nung im einzelnen Haar hervorruft, die eine unregelmäßige Schecklung verursacht. Paart man zwei Tiere mit Merlefaktor, können fast oder ganz weiße, taube oder blinde Welpen geboren werden. Diese Paarung ist per Gesetz verboten.

Nachsuche Suchen von angeschossenem Wild auf der Schweißfährte (Blutspur).

Niederwild (Niederwildjagd) Reh, Hase, Kaninchen, Fuchs, Dachs, Murmeltier, kleineres Haarraubwild, Robben, Flugwild.

Obedience Gehorsamsausbildung mit Prüfungen unterschiedlichen Schwierigkeitsgrads.

Parforcejagd Jagd zu Pferde hinter der Hundemeute auf lebendes Wild. In Deutschland verboten.

Pariahund Am Rande der menschlichen Gesellschaft ohne deren Fürsorge lebende Haushunde.

Raubwildscharf Bei manchen Jagdhunden erwünschte Fähigkeit, Raubwild (das Nutzwild tötet oder schadet) zu töten.

Rettungshund Zur Personenrettung ausgebildete Hunde.

Ridge gegen den normalen Haarwuchs wachsender Fellstreifen auf dem Rücken.

Flat Coated Retriever

Schimmel weißgrundiges Fell mit kleinen, z. T. verschwommenen Sprenkeln.

Schulterhöhe wird vom Widerrist senkrecht zum Boden gemessen.

Schwarzmarkenfarbig dunkles Fell mit hell- oder leuchtendbraunen (lohfarbenen) Abzeichen.

Schweißarbeit (Schweiß=Blut); Suche nach verwundetem Wild auf dessen Blutspur.

Spurlaut gibt der Hund, wenn er bellend eine Spur verfolgt, ohne das Wild zu sehen.

Stöbern der Hund sucht und verfolgt das Wild in unzugänglichem Gelände ohne Beachtung der Fährte mit hoher Nase, Augen und Ohren.

Stockhaar kurzes bis mittellanges Grannenhaar mit sehr dichter Unterwolle.

territorial Seinem Revier/Territorium eng verbundener Hund, das er gegen Eindringlinge verteidigt. Sehr unterschiedlich ausgeprägte Veranlagung.

Totverbeller der Hund verbellt das gefundene tote Wild und ruft damit den Jäger heran.

Tricolour dreifarbig, meist schwarze Grundfarbe mit braunen und weißen Abzeichen.

Trimmen Ausrupfen abgestorbener Haare.

Turnierhundsport sportlicher Wettbewerb mit Hindernis- und Geländelauf.

unterordnungsbereit Hunde mit der natürlichen Veranlagung, sich führen zu lassen und unterzuordnen.

Unterwolle weiche, dichte, meist kurze, feine Haare zur Wärmeisolierung.

Widerrist dort wo die Schulterblätter an der Wirbelsäule zusammenkommen und den höchsten Punkt der Rückenlinie bilden.

Zuchtverein Für die Zucht einer oder mehrere Hunderassen verantwortlicher Verein, der die Regeln bestimmt und ein Zuchtbuch führt.

Hunderassen im Porträt

Schäferhunde und Treibhunde, ausgenommen Schweizer Sennenhunde

Schäferhunde sind so vielfältig wie die Umgebung, in der sie arbeiten. Denn sie bestimmt die Art der Weidewirtschaft, der die Hunde in Körperbau und Arbeitsweise angepasst sein müssen. Das Hüteverhalten geht auf das Jagdverhalten der Wölfe bei der Großwildjagd zurück. Der Mensch hat diese Anlagen durch züchterische Selektion seinen Bedürfnissen angepasst, wobei die letzte Sequenz, das Töten, unterdrückt wurde, denn die Entscheidung, ob ein Schaf geschoren oder geschlachtet wird, liegt nur beim Schäfer. Es ist daher falsch zu glauben, Hütehunde jagen nicht! Sie tun es nur dann nicht, wenn eine enge Bindung und sinnvolle Beschäftigung selbstständiges, wenig Erfolg versprechendes Hetzen uninteressant machen. Schafe und Rinder, die gehütet oder getrieben werden, sind eine potenzielle Nahrungsquelle – Beute, und nur deshalb von Interesse für den Hüte- und Treibhund.

Arbeit ist vielfaltig, die Schafe müssen über Straßen und durch Siedlungen zu den Weideplätzen getrieben werden, sie dürfen dabei kein bebautes Land betreten oder gar abfressen. In Zeiten großer Armut galt es nahe der Städte und Hauptstraßen Herden und Hirte vor räuberischen Übergriffen zu schützen. Anforderungen an diese Hunde waren hohe Arbeitsbereitschaft rund um die Uhr, Intelligenz und selbstständiges Handeln bei Bedarf, jedoch aufs Wort

Deutsche Schäferhunde

den Anweisungen des Schäfers zu folgen sowie ihn und die Herde kompromisslos zu verteidigen. Diese Hunde sind ausgesprochen territorial, denn sie schützen ihr Territorium, ihre Partner, ihren Lebensraum und ihre Jagdgründe – kurz ihre Existenzgrundlage. Eigenschaften, die diese Hunde zu den begehrtesten und vielseitigsten Diensthunden werden ließen.

Weißer Schweizer Schäferhund

Schäferhunde der fruchtbaren Niederungen

Deutsche, Holländische, Belgische und Französische Schäferhunde betreuen große Herden rund um die Uhr. Die

Heideschäferhunde

Sie arbeiten in trockenem, steppenartigem, kargem Gebiet, das dünn besiedelt ist. Ihr zottiges Haarkleid schützt sie vor Dornen und Sandstürmen. Die Schafe werden weniger intensiv betreut, son-

Gruppe 1

dern bewegen sich weitläufig auf großen Flächen, um satt zu werden. Eine wichtige Aufgabe ist das Zusammentreiben der Schafe. Je nach Aufgabenstellung sind diese Hunde mehr oder weniger territorial. Alle sind lebhaft, aufgeweckt, intelligent, und arbeitsfreudig. Typische Heidehüter sind Schapendoes und PON.

Berghüter

In einsamen Bergregionen beweiden Schafe unbeaufsichtigt in kleinen Gruppen und nicht geschlossenen Herden weitläufige, oft unzugängliche Gebiete. Die Hunde werden ausgeschickt, um sie einzusammeln. Dieses Zusammentreiben erfordert sehr viel Geschick und Fingerspitzengefühl, damit kein Schaf verloren geht. Der Schäfer kann nur mit Kommandos über große Distanz helfen, der Hund muss selbstständig arbeiten und trotzdem den Weisungen des Schäfers folgen. Das tut er gerne, weil die Anweisungen zum Erfolg führen und keine sinnlosen Befehle sind. Diese Hunde sind ausgesprochen agil, wendig, ausdauernd, arbeitsfreudig, aber selbstständig denkend und agierend. Ihre Ansprüche an sinnvolle Beschäftigung und Führungsqualitäten des Menschen sind hoch. Gelingt es, dies dem Hund zu vermitteln, ist er zu Höchstleistungen fähig. Typische Berghüter sind der Pyrenäen-Schäferhund und Border Collie.

Herdenschützer

In Gruppe 1 finden wir inkonsequenterweise auch Schutzhunde wie den Kuvasz, Komondor usw. Auf diese Rassen gehen wir näher bei der Gruppe 2 (ab Seite 54) ein.

Berger des Pyrénées (Langhaar)

Treibhunde

Diese Hunde trieben einst die Herden aus den Weideregionen über weite Strecken zu den städtischen Viehmärkten. Nur energische, sehr selbstbewusste, durchsetzungsfähige Hunde von großer Ausdauer und Zähigkeit konnten diese Aufgabe bewältigen. Sie mussten blitzschnell entscheiden und unabhängig von Weisungen des Treibers handeln. Unerlässlich war der Schutz der Herden und des heimkehrenden Treibers mit dem Erlös für die Bauern. Typische Treibhunde sind Welsh Corgi, Australian Cattle Dog und Bouvier, aber auch Schweizer Sennenhunde und Rottweiler aus Gruppe 2.

Info

Schäferhunde als Begleithunde
Manche Hütehunderassen wurden schon zu Beginn der Rassehundezucht vor gut 150 Jahren zu reinen Begleithunden umfunktioniert, andere sind heute noch aktive Hüter. Je näher ein Hund seiner ursprünglichen Bestimmung steht, desto anspruchsvoller ist er als Familienhund ohne Arbeitsmöglichkeit.

Schäferhunde | 13

Australian Kelpie

Schäferhund
FCI-Nr. 293
Land Australien
Schulterhöhe
Rüden 46–51 cm,
Hündinnen 43–48 cm
Farbe schwarz, schwarzmarkenfarbig, rot, rotmarkenfarbig, falb, schokoladenbraun, rauchblau

Erziehung
Pflege
Beschäftigung
Bewegung
Verbreitung

HERKUNFT Nachkommen der mit Einwanderern aus Schottland gekommenen Hütehunde. Den ersten in Australien abgehaltenen Hütewettbewerb gewann eine Hündin namens Kelpie, nach der die Hunde diesen Typs benannt wurden.
VERWENDUNG Vielseitig einsetzbarer, reiner Hütehund, der leise hütet und besonders gut mit berittenen Hirten zusammenarbeitet.
WESEN UND VERHALTEN Ausgesprochen aufmerksamer, eifriger und hoch intelligenter Hund mit sanftem, führigem Wesen, jedoch selbstständig arbeitend. Schier unerschöpfliche Energie, gibt sich ganz seiner Aufgabe hin. Natürliche Veranlagung zur Arbeit an Schafen, bei großen Herden wie in Koppeln.
HALTUNG Der Kelpie braucht unbedingt eine ihn ausfüllende Aufgabe, die ihm bei seiner enormen Ausdauer der normale Hundehalter nicht bieten kann. Selbst hundesportliche Aktivitäten reichen oft nicht aus. Ein nicht ausgelasteter Kelpie sucht sich ein Ventil, was sich immer negativ auswirkt. Seine Selbstständigkeit bereitet bei der Erziehung mitunter Schwierigkeiten. Das kurze, dichte Haarkleid ist pflegeleicht.

Groenendael
Belgischer Schäferhund

HERKUNFT Bis zum Ende des 19. Jh.s gab es in Belgien viele unterschiedliche Hütehunde. Im Zuge des neuen Interesses an der Rassehundezucht wählte man die typischsten aus und schuf unter fachlicher Beratung von Prof. Reul mit nur wenigen, eng blutsverwandten Zuchtrüden eine Rasse in drei Schlägen, die ab 1901 zuchtbuchmäßig erfasst wurde. Der Groenendael verkörpert den langhaarigen, einfarbig schwarzen Schlag. Er entwickelte sich um das Dörfchen Groenendael.
VERWENDUNG Sportlicher Familienbegleithund.
WESEN UND VERHALTEN Wachsam, rege, von übersprudelnder Lebhaftigkeit, stets aktionsbereit, weder ängstlich noch aggressiv, aber im Ernstfall verteidigungsbereit. Intelligent, arbeitsfreudig und gelehrig.
HALTUNG Er braucht engen Kontakt zu seiner Familie und sinnvolle Beschäftigung. Anpassungsfähiger, gut zu führender Hund, der eine konsequente Erziehung braucht und sportliche Betätigung jeder Art liebt. Er zeigt hervorragende Leistungen von Agility bis hin zum Rettungshund. Kein Hund für bequeme Menschen. Regelmäßige Pflege nötig, aber nicht ausgesprochen pflegeintensiv.

Schäferhund
FCI-Nr. 15
Land Belgien
Schulterhöhe
Rüden i. D. 62 cm,
Hündinnen i. D. 58 cm
Gewicht
Rüden ca. 25–30 kg,
Hündinnen ca. 20–25 kg
Farbe einfarbig schwarz

Erziehung	
Pflege	
Beschäftigung	
Bewegung	
Verbreitung	

Schäferhunde | 15

Malinois
Mechelaer, Belgischer Schäferhund

Schäferhund
FCI-Nr. 15
Land Belgien
Schulterhöhe
Rüden i. D. 62 cm,
Hündinnen i. D. 58 cm
Gewicht Rüden ca. 25–30 kg,
Hündinnen ca. 20–25 kg
Farbe falbfarben-schwarz
gewolkt mit schwarzer
Maske

Erziehung
Pflege
Beschäftigung
Bewegung
Verbreitung

HERKUNFT Bis zum Ende des 19. Jh.s gab es in Belgien viele unterschiedliche Hütehunde. Im Zuge des neuen Interesses an der Rassehundezucht wählte man die typischsten aus und schuf unter fachlicher Beratung von Prof. Reul mit nur wenigen, eng blutsverwandten Zuchtrüden eine Rasse in drei Schlägen, die ab 1901 zuchtbuchmäßig erfasst wurde. Der Malinois stammt aus der Gegend um Maline oder Mechelen.
VERWENDUNG In erster Linie Sporthund und beliebter Diensthund der Polizei. In den letzten Jahren als Spezialist für den Vielseitigkeits- (Schutzhund) Sport gezüchtet. Er gehört zu den anerkannten Diensthundrassen.
WESEN UND VERHALTEN Wachsam, rege, von übersprudelnder Lebhaftigkeit, stets aktionsbereit, oftmals von übertriebenem, kaum zu befriedigendem Arbeitseifer. Intelligent, arbeitsfreudig und gelehrig.
HALTUNG Hunde aus Zuchten mit sportlichen Ambitionen sind nicht mehr als Familienbegleithunde zu empfehlen. Der Malinois braucht viel Beschäftigung und Bewegung sowie sachkundige Führung. Kein Hund für bequeme Menschen und Anfänger. Das kurze Fell ist pflegeleicht, haart jedoch stark.

Tervueren
Belgischer Schäferhund

HERKUNFT Bis zum Ende des 19. Jh.s gab es in Belgien viele unterschiedliche Hütehunde. Im Zuge des neuen Interesses an der Rassehundezucht wählte man die typischsten aus und schuf unter fachlicher Beratung von Prof. Reul mit nur wenigen, eng blutsverwandten Zuchtrüden eine Rasse in drei Schlägen, die ab 1901 zuchtbuchmäßig erfasst wurde. Der Tervueren verkörpert den langhaarigen, braunen Schlag.

VERWENDUNG Sportlicher Familienbegleithund.

WESEN UND VERHALTEN Wachsam, rege, von übersprudelnder Lebhaftigkeit, stets aktionsbereit, weder ängstlich, noch aggressiv, aber im Ernstfall verteidigungsbereit. Sehr sensibler, intelligenter, arbeitsfreudiger und gelehriger Hund.

HALTUNG Er braucht engen Kontakt zu seiner Familie und sinnvolle Beschäftigung. Anpassungsfähiger, gut zu führender Hund, der eine konsequente Erziehung braucht und sportliche Betätigung jeder Art liebt. Der Tervueren zeigt hervorragende Leistungen von Agility bis hin zum Rettungshund. Kein Hund für bequeme Menschen. Regelmäßige Pflege nötig, aber nicht ausgesprochen pflegeintensiv.

Schäferhund
FCI-Nr. 15
Land Belgien
Schulterhöhe
Rüden i. D. 62 cm,
Hündinnen i. D. 58 cm
Gewicht
Rüden ca. 25–30 kg,
Hündinnen ca. 20–25 kg
Farbe falbfarben oder grau-schwarz gewolkt

Erziehung
Pflege
Beschäftigung
Bewegung
Verbreitung

Schäferhunde | 17

Schipperke

Schäferhund
FCI-Nr. 83
Land Belgien
Schulterhöhe
ohne Angaben
Gewicht 3–9 kg,
ideal 4–7 kg
Farbe einfarbig schwarz

Erziehung
Pflege
Beschäftigung
Bewegung
Verbreitung

HERKUNFT Kleiner Schäferhund vom Spitztyp, dessen Name vom flämischen „Scheperke" = kleiner Schäferhund abgeleitet wird. Bis ins 17. Jh. beliebter Haushund, der wachte und Ratten, Mäuse und Maulwürfe vertilgte. Deshalb besonders als Wachhund auf den Kähnen der Binnenschiffer beliebt.
VERWENDUNG Wachhund und Gesellschaftshund.
WESEN UND VERHALTEN Sehr wachsam und verteidigungsbereit, lebhaft, agil, immer neugierig und an der Umwelt interessiert. Fremden gegenüber zurückhaltend bis unfreundlich. Eher dem Spitz als dem Schäferhund nahe stehend. Intelligent, gelehrig und arbeitsfreudig. Nach wie vor leidenschaftlicher Ratten- und Mäusejäger.
HALTUNG Sehr aktiver, anpassungsfähiger Kleinhund, der sich ganz seinen Menschen anschließt. Er fühlt sich im Trubel der Familie ebenso wohl wie auf einem Bauernhof, als Reisebegleiter oder in der Stadt. Guter Wohnungshund, wo jedoch die Bellfreudigkeit stören kann. Er muss sein Temperament bei Spiel und Beschäftigung oder sportlichen Aktivitäten wie Obedience oder Agility ausleben können. Das kurze Haar ist pflegeleicht. Von Geburt an verkürzte Rute kommt vor.

18 | Schäferhunde

Tschechoslowakischer Wolfhund
Ceskoslovenský Vlcak

HERKUNFT 1955 begannen die Kreuzungen Deutscher Schäferhund mit dem Karpatenwolf mit dem Ziel, für militärische Zwecke einen gut auszubildenden Hund mit den scharfen Sinnen des Wolfes zu bekommen. 1982 wurde die Rasse anerkannt.

VERWENDUNG Diensthund, nur bedingt als Begleithund.

WESEN UND VERHALTEN Temperamentvoller, sehr aktiver, ausdauernder Hund. Schnelles Reaktionsvermögen, furchtlos und misstrauisch gegen Fremde. Besitzt komplettes Sozialverhalten, ist sehr territorial und an sein Rudel gebunden. Fremden im eigenen Revier gegenüber unduldsam.

HALTUNG Nur für Kenner in Sachen Hundeverhalten, da in jeder Beziehung sehr ursprünglich. Die konsequente Erziehung muss über eine intakte Beziehung zum Hund führen, denn altherkömmliche Erziehungsmethoden versagen. Er braucht sinnvolle, abwechslungsreiche Beschäftigung und Bewegung. Sehr anspruchsvoller Hausgenosse, der viel Zeit und Einstellung auf seine Eigenarten verlangt. Anspruchslos in der Pflege, haart stark.

Schäferhund
FCI-Nr. 332
Land Slowakei
Schulterhöhe Rüden mind. 65 cm, Hündinnen mind. 60 cm
Gewicht Rüden mind. 26 kg, Hündinnen mind. 20 kg
Farbe gelbgrau bis silbergrau, auch dunkelgrau, mit heller Maske

Erziehung	
Pflege	
Beschäftigung	
Bewegung	
Verbreitung	

Deutscher Schäferhund

Schäferhund
FCI-Nr. 166
Land Deutschland

Schulterhöhe
Rüden 60–65 cm,
Hündinnen 55–60 cm
Gewicht Rüden 30–40 kg,
Hündinnen 22–32 kg
Farbe schwarz, schwarzbraun in verschiedenen Tönen, wolfsgrau

Erziehung	
Pflege	
Beschäftigung	
Bewegung	
Verbreitung	

HERKUNFT Aus alten mittel- und süddeutschen Schäferhundschlägen gezielt für den Einsatz bei Polizei und Militär gezüchteter Arbeitshund.

VERWENDUNG In erster Linie Begleithund für hundesportlich orientierte Menschen und in aller Welt geschätzter Diensthund. Sehr vielseitig einsetzbar vom Blindenführhund bis zum Rettungs- und Lawinensuchhund. Anerkannte Diensthundrasse

WESEN UND VERHALTEN Sehr agiler, starker und arbeitsfreudiger Hund mit sehr viel Temperament. Aufmerksam, intelligent und gelehrig. Sehr territorial veranlagt, wachsam mit ausgeprägtem Schutztrieb.

HALTUNG Der Deutsche Schäferhund ist ein anspruchsvoller Hund, der unbedingt eine sorgfältige, konsequente Erziehung und viel sinnvolle Beschäftigung und engen Kontakt zu seiner Bezugsperson braucht. Nur wenn er voll ausgelastet und gut erzogen ist, kann er auch ein guter Familienbegleithund sein. Kein Hund, der nebenher mitläuft, sondern dem täglich intensive Zuwendung, am besten sportliche Ausbildung, zukommen muss. Stock- und Langhaar sind pflegeleicht, verlieren aber beim Fellwechsel enorm viele Haare.

Gos d'Atura Catalá
Katalanischer Schäferhund, Perro de pastor catalán

HERKUNFT Traditioneller Hütehund der spanischen Pyrenäen in der Provinz Katalonien um Barcelona.
VERWENDUNG Hüte- und Familienbegleithund.
WESEN UND VERHALTEN Der sehr flinke, trittsichere Berghüter ist lebhaft, intelligent und sehr wachsam. Dabei zeigt er sich Fremden gegenüber ausgesprochen zurückhaltend. Gelehrig, führig und an seine Bezugsperson gebunden handelt er dennoch aufgrund seiner Arbeitsweise selbstständig.
HALTUNG Unermüdlicher Begleiter sportlicher Menschen beim Joggen, Radfahren oder Wandern. Er braucht Bewegung und Beschäftigung. Sehr gut geeignet für Agility und Teamsport. Nur wenn er seinen Arbeitseifer ausleben darf, kann er bei einer liebevoll konsequenten Erziehung ein angenehmer Familienbegleithund sein. Der sehr robuste und anspruchslose Vierbeiner liebt den Aufenthalt im Freien bei jedem Wetter, da er Hitze und Kälte gut verträgt. Der agile, immer aktionsbereite Bursche ist kein Hund für bequeme Menschen und keinesfalls für ein Leben in der Stadt geeignet. Das raue, schützende Fell mit viel Unterwolle bedarf regelmäßiger Pflege. Glatthaarige Hunde sind pflegeleichter.

Schäferhund
FCI-Nr. 87
Land Spanien
Schulterhöhe
Rüden 47–55 cm,
Hündinnen 45–53 cm
Farben Lohfarben, graubraun mit mehr oder weniger rot, grau, weiß oder schwarz. Geringe weiße Abzeichen zulässig

Erziehung
Pflege
Beschäftigung
Bewegung
Verbreitung

Berger de Beauce
Beauceron

Schäferhund
FCI-Nr. 44
Land Frankreich
Schulterhöhe
Rüden 65–70 cm,
Hündinnen 61–68 cm
Farbe schwarz mit roten Abzeichen (bas-rouge = rote Strümpfe) und Harlekin (graugefleckt, Merlefaktor) mit roten Abzeichen

Erziehung	
Pflege	
Beschäftigung	
Bewegung	
Verbreitung	

HERKUNFT Übergangsform vom Hirten- zum Schäferhund aus den Flachlandregionen Nordfrankreichs mit Schutzfunktion.

VERWENDUNG In Frankreich in erster Linie Sport-, Dienst- und Schutzhund, in Deutschland Begleithund.

WESEN UND VERHALTEN Furchtloser, selbstbewusster, zur Dominanz neigender Hund mit ausgeprägtem Schutztrieb. Gelassenes Temperament. Sehr territorial orientiert, daher ein zuverlässiger Wächter, der nur ungern fremde Hunde im eigenen Revier duldet.

HALTUNG Der große, starke, selbstständig entscheidende Hund braucht eine konsequente und einfühlsame Ausbildung. Er ist kein Hund für Anfänger oder Menschen ohne natürliche Autorität. Als Arbeitshund mit großer Verantwortung neigt er dazu, die Führung zu übernehmen und sie auch durchzusetzen. Er will und muss arbeiten, ist aber nur bedingt unterordnungsbereit und daher sehr anspruchsvoll in Bezug auf die Erziehung und ihn auslastende Beschäftigung. Der witterungsunempfindliche Hund kann als Familien- und Wachhund auf dem Lande empfohlen werden. Das kurze, derbe Stockhaar ist pflegeleicht, haart aber stark.

Berger de Brie
Briard

HERKUNFT Übergangsform vom Hirten- zum Schäferhund mit Schutzfunktion.
VERWENDUNG Begleithund.
WESEN UND VERHALTEN Der Berger de Brie, auch Briard genannt, ist ein selbstbewusster, lebhafter Arbeitshund. Er ist sehr territorial, daher wachsam, verteidigungsbereit, fremden Hunden gegenüber unduldsam. Zu fremden Menschen ist er eher misstrauisch, zurückhaltend. Unter Freunden stürmisch. Keinesfalls darf ein Briard nervös oder aggressiv sein.
HALTUNG Der Briard weiß sich durchzusetzen und braucht eine sachkundige, hundeerfahrene Hand, die ihn liebevoll konsequent, am besten mit natürlicher Autorität erzieht. Der sehr starke, temperamentvolle Hund ist nicht leicht zu führen. Er liebt sportliche Aktivitäten und ist vielseitig einsetzbar. Nur bei ausreichender Beschäftigung und sorgfältiger Erziehung als Familienhund zu empfehlen. Kein Hund für Stubenhocker, Stadtmenschen und Reinlichkeitsfanatiker! Das ziegenhaarähnliche, korrekte recht pflegeleichte, weniger stark verfilzende Fell ist leider selten, die meisten Hunde sind sehr pflegeintensiv.

Schäferhund
FCI-Nr. 113
Land Frankreich
Schulterhöhe Rüden 62–68 cm, Hündinnen 56–64 cm
Farben alle kräftigen einfarbigen Farben

Erziehung			
Pflege			
Beschäftigung			
Bewegung			
Verbreitung			

Schäferhunde | 23

Berger de Picardie
Berger Picard

Schäferhund
FCI-Nr. 176
Land Frankreich
Schulterhöhe
Rüden 60–65 cm,
Hündinnen 55–60 cm
Farben grau, grauschwarz, grau-blau, grau-rot, hell- oder dunkelfalb

Erziehung
Pflege
Beschäftigung
Bewegung
Verbreitung

HERKUNFT Übergangsform vom Hirten- zum Schäferhund aus den Flachlandregionen Nordfrankreichs mit Schutzfunktion.

VERWENDUNG Begleithund.

WESEN UND VERHALTEN Eigenständiger, sehr selbstbewusster, nicht unterordnungsbereiter Hund. Temperamentvoll, intelligent, arbeitsfreudig. Wachsam und verteidigungsbereit. Fremden Hunden im eigenen Revier gegenüber unduldsam. Zu fremden Menschen ignorant bis misstrauisch.

HALTUNG Der gerne als eigensinnig bezeichnete Hund braucht eine erfahrene Hand und konsequente, einfühlsame Erziehung von klein auf. Eignet sich am besten für Menschen mit natürlicher Autorität, die der Hund anerkennt. Er braucht Beschäftigung und Bewegung, ist kein Hund für Stadtmenschen und Stubenhocker. In disziplinierten Familien mit gut erzogenen Kindern gut zu halten. Er liebt hundesportliche Aktivitäten, wobei ihm häufig die notwendige Führigkeit zum Erfolg fehlt. Robuster, witterungsunempfindlicher Hund. Das derbe Rauhaar ist pflegeleicht, bringt wenig Schmutz ins Haus und haart nicht zu stark.

Berger des Pyrénées (Langhaar)
Langhaariger Pyrenäen-Schäferhund

HERKUNFT Der Berger des Pyrénées ist ein Gebirgshütehund der französischen Pyrenäen.

VERWENDUNG Sportlicher Familienbegleithund, aber auch heute noch engagierter Hütehund.

WESEN UND VERHALTEN Mutiger, schlauer Hund, seinem Menschen ergeben, sehr gelehrig und lernfreudig, dennoch seiner ursprünglichen Aufgabe entsprechend bei Bedarf selbstständig handelnd. Ausgesprochen lebhaft, aber nicht nervös, sehr wachsam, mitunter bellfreudig. Fremden gegenüber misstrauisch.

HALTUNG Der sehr temperamentvolle, stets zu Aktionen bereite, intelligente, zuweilen eigene Entscheidungen treffende Hund braucht eine konsequente, einfühlsame Erziehung und Aufgaben, die ihn auslasten. Daher sehr gut für sportliche Menschen geeignet, denn dieser Pfiffikus unter den Hütehunden macht bei jedem Wetter alles begeistert mit. Kein Hund für Stubenhocker! Fühlt sich in aktiven, unternehmungslustigen Familien sowohl in der Stadt als auch auf dem Land wohl. Sehr robust und langlebig. Das dichte, mittellange bis lange Fell kann Zotten oder Platten bilden. Regelmäßige Pflege nötig.

Schäferhund
FCI-Nr. 141
Land Frankreich
Schulterhöhe Rüden 40–48 cm, Hündinnen 38–46 cm.
Farben beige (fauve), grau, Harlekin (grau gescheckt), gestromt, schwarz, kleine weiße Abzeichen erlaubt

Erziehung
Pflege
Beschäftigung
Bewegung
Verbreitung

Bearded Collie

Schäferhund
FCI-Nr. 271
Land Großbritannien
Schulterhöhe
Rüden 53–56 cm,
Hündinnen 51–53 cm
Farben schiefergrau, rötlich rehfarben, schwarz, blau, braun mit weißen Abzeichen

Erziehung	
Pflege	
Beschäftigung	
Bewegung	
Verbreitung	

HERKUNFT Hütehund aus dem schottischen Hochland.
VERWENDUNG Familienbegleithund.
WESEN UND VERHALTEN Lebhafter, fröhlicher, aktiver Hund, sehr intelligent und gelehrig. Sensibel und menschbezogen. Immer freundlich, sehr sozialverträglich gegenüber Mensch und Tier. Wachsam, aber nicht aggressiv, bellfreudig.
HALTUNG Der bei ruhiger, liebevoller Konsequenz leicht zu erziehende Hund braucht eine klare Führung und viel sinnvolle Beschäftigung. Er liebt Action jeder Art im Freien und bei jedem Wetter, kein Hund für Stubenhocker und Reinlichkeitsfanatiker. Gut zu mehreren und in lebhaften Familien zu halten. Ein Hund, der ganz auf seine Menschen eingeht und immer überall dabei sein will. Er ist ausgesprochen vielseitig im Hundesport von Obedience bis Hüten. Temperamentvoll und bis ins hohe Alter vergnügt und verspielt, liebt der Bearded Collie Action jeder Art. Intensive Beschäftigung mit neuen Aufgaben macht ihn glücklich. Der Beardie ist pflegeintensiv und bringt Schmutz in die Wohnung. Je nach Haarbeschaffenheit, nicht Haarlänge, mehr oder weniger.

Border Collie

HERKUNFT Hütehund aus Nordengland.
VERWENDUNG Vielseitiger Arbeitshund. Weltweit geschätzter Hütehund an großen Herden wie auch an der Koppel, auch Rettungshund und international erfolgreicher Hochleistungssportler. Leider liegt die Rasse im Trend und wird regelrecht vermarktet.
WESEN UND VERHALTEN Aufmerksamer, intelligenter, sehr lebhafter, sehr selbstständiger Arbeitshund, wachsam, sollte jedoch nicht aggressiv sein. Ausgeprägter, teilweise übertriebener Hütetrieb.
HALTUNG Der Workaholic unter den Hütehunden schlechthin braucht konsequente, sachkundige Führung und artgerechte Beschäftigung. Ohne regelmäßige, intensive Arbeitsmöglichkeit kein Familienbegleithund. Selbst hervorragende Leistungen im Hundesport oder ein paar Schafe oder Enten im Garten ändern daran nichts. Er braucht täglich neben ausgiebiger körperlicher Auslastung auch anspruchsvolle Kopfarbeit, die der normale Hundehalter nicht bieten kann. Nicht ausgelastet wird er rasch zum Problemhund von hyperaktiv bis aggressiv. Das stock- oder langhaarige Fell ist pflegeleicht.

Schäferhund
FCI-Nr. 297
Land Großbritannien
Schulterhöhe
Rüden 53 cm, Hündinnen etwas weniger
Farben alle erlaubt, Weiß jedoch nicht vorherrschend.

Erziehung		
Pflege		
Beschäftigung		
Bewegung		
Verbreitung		

Schäferhunde | 27

Collie (Langhaar)
Langhaariger Schottischer Schäferhund

Schäferhund
FCI-Nr. 156
Land Großbritannien

Schulterhöhe
Rüden 56–61 cm,
Hündinnen 51–56 cm
Farben zobel, tricolour,
blue merle mit weißen
Abzeichen

Erziehung	
Pflege	
Beschäftigung	
Bewegung	
Verbreitung	

HERKUNFT Aus Hütehunden gezüchteter Gesellschaftshund. Ende des 19. Jh. durch Barsoieinkreuzung veredelt. Als Liebling der Königin Victoria und später im Lassie-Trend erlangte er weltweite Beliebtheit.
VERWENDUNG Familienbegleithund.
WESEN UND VERHALTEN Feinfühliger, ganz auf seine Menschen eingehender, sanfter, zärtlicher Hund. Sehr intelligent und lernfreudig. Unterordnungsbereit, daher leicht zu führen. Fremden gegenüber oft unnahbar, wachsam, im Ernstfall verteidigungsbereit, bellfreudig. Sehr sozialverträglich, gut zu mehreren zu halten. Ein typischer Collie ist bei hoher Sensibilität niemals ängstlich oder nervös, sondern gelassen und ausgeglichen.
HALTUNG Für Anfänger gut geeignet, passt sich bei engem Familienkontakt an alle Lebensumstände an. Weil er so leichtführig ist, braucht der Collie unbedingt eine liebevoll-konsequente Erziehung ohne Strenge und Härte mit klarer Führung, die ihm Sicherheit gibt. Typische Collies lieben Aktivitäten im Freien und sind vielseitig im Hundesport einzusetzen. Das lange, dichte, rassetypische Fell ist nicht zu pflegeintensiv, ausfallende Haare lassen sich gut entfernen.

Collie (Kurzhaar)
Kurzhaariger Schottischer Schäferhund

HERKUNFT Alte englische Treib- und Bauernhundrasse. Mit seinem kurzen Haar unscheinbarer in der Erscheinung, avancierte er nie zum Modehund.

VERWENDUNG Familienbegleit- und Sporthund.

WESEN UND VERHALTEN Sehr aktiver, arbeitsfreudiger, intelligenter Hund. Sehr schnell, ausdauernd und bewegungsfreudig. Wachsam, verteidigungsbereit im Ernstfall, aber nicht aggressiv. Selbstbewusst mit ausgeprägtem Territorialverhalten. Stark auf seine Menschen bezogener, einfühlsamer Hund.

HALTUNG Der temperamentvolle Hund ist sehr gut geeignet für sportlich orientierte Menschen, die gerne viel mit ihrem Hund unternehmen. Er liebt Hundesport ebenso wie Rettungshundarbeit oder die tägliche Arbeit auf dem Bauernhof an Schafen und Rindern. Der Kurzhaar Collie ist zwar kein Workaholic vergleichbar dem Border Collie, jedoch anspruchsvoller als die meisten Langhaar Collies. Ausgelastet ist er im Haus ruhig und angenehm zu halten. Kein Hund für Stubenhocker! Er ist sehr gelehrig, braucht dennoch eine konsequente Erziehung und Führung. Pflegeleichtes Haarkleid, haart aber stark.

Schäferhund
FCI-Nr. 296
Land Großbritannien
Schulterhöhe Rüden 56–61 cm, Hündinnen 51–56 cm
Gewicht Rüden 20,5–29,5 kg, Hündinnen 18–25 kg
Farben zobel, tricolour, blue merle mit weißen Abzeichen

Erziehung		
Pflege		
Beschäftigung		
Bewegung		
Verbreitung		

Schäferhunde | 29

Old English Sheepdog
Altenglischer Schäferhund, Bobtail,

Schäferhund
FCI-Nr. 16
Land Großbritannien
Schulterhöhe
Rüden 61 cm,
Hündinnen 56 cm.
Farben grau, angegraut oder blau mit Weißzeichnung an Kopf, Brust, Läufen und Rutenspitze

| Erziehung |
| Pflege |
| Beschäftigung |
| Bewegung |
| Verbreitung |

HERKUNFT Nachfahre zotthaariger Herdenschutzhunde, die später als Treibhunde der Viehhändler eingesetzt wurden.

VERWENDUNG Begleithund.

WESEN UND VERHALTEN Selbstbewusster, in der Jugend sehr temperamentvoller, intelligenter und arbeitsfreudiger Hund. Stark auf seine Familie bezogen. Wachsam und zuverlässiger Beschützer. Stark territorial orientiert.

HALTUNG Der sehr selbstbewusste, mitunter eigenwillige Hund, der sich durchzusetzen weiß, braucht eine einfühlsame, aber konsequente Erziehung und Führung. Er liebt den Aufenthalt im Freien und sportliche Aktivitäten, fordert aber nicht so intensiv Beschäftigung wie die klassischen Hüter. Täglich ausgiebiger Auslauf und Bewegung bei jedem Wetter sind jedoch unerlässlich. Er braucht engen Familienanschluss. Das dichte, lange, zur Zottelbildung neigende Fell bedarf intensivster Pflege, die viel Zeit und Aufwand erfordert. Deshalb sieht man ihn häufig geschoren. Kein Hund für bequeme Menschen und Sauberkeitsfanatiker. Angeboren verkürzte Rute (Bobtail) kommt vor.

Shetland Sheepdog
Sheltie

HERKUNFT Wachsamer Haus- und Hofhund der kleinen Bauernhöfe auf den Shetland Inseln und eifriger Helfer bei der Arbeit mit den kleinen Schafen, Ponys und Rindern. Mit Zwergspaniel, Spitz, Papillon und kleinen Collies gekreuzt als Begleithund gezüchtet.
VERWENDUNG Familienbegleithund.
WESEN UND VERHALTEN Sehr lebhafter, agiler kleiner Arbeitshund. Sehr feinfühliger und sensibler Begleiter, der sich eng an seine Bezugsperson anschließt und Fremden gegenüber in der Regel unnahbar ist. Wachsam, mitunter bellfreudig, aber nicht aggressiv. Der Sheltie ist sehr sozialverträglich und gut zu mehreren zu halten.
HALTUNG Ausgesprochen anpassungsfähiger Hund, der sich sowohl in der Stadt als auch auf dem Land bei älteren Menschen und regelmäßigen Spaziergängen ebenso wohlfühlt wie in lebhaften Familien mit gut erzogenen Kindern. Hauptsache immer dabei. Der ausgesprochen anhängliche, leicht erziehbare und unterordnungswillige Hund eignet sich hervorragend für hundesportliche Aktivitäten wie Agility, Teamsport oder Obedience. Das lange, dichte Fell braucht regelmäßige Pflege. Ansonsten robuster Hund mit hoher Lebenserwartung.

Schäferhund
FCI-Nr. 88
Land Großbritannien
Schulterhöhe Rüden 37 cm, Hündinnen 35,5 cm, +/- 2,5 cm.
Farben zobel, schwarz, blue merle mit oder ohne weiße bzw. lohfarbene Abzeichen

Erziehung	
Pflege	
Beschäftigung	
Bewegung	
Verbreitung	

Schäferhunde | 31

Welsh Corgi Cardigan

Schäferhund
FCI-Nr. 38
Land Großbritannien
Schulterhöhe 30 cm
Gewicht im Verhältnis
Farben alle außer rein weiß

Erziehung	
Pflege	
Beschäftigung	
Bewegung	
Verbreitung	

HERKUNFT Walisischer Treibhund, vielseitig einsetzbarer Bauernhund in der Region Cardigan.
VERWENDUNG Begleithund.
WESEN UND VERHALTEN Der Welsh Corgi Cardigan ist ein wachsamer, aktiver, intelligenter Hund. Seiner Arbeit als Viehtreiber entsprechend energischer Hund mit kräftiger Stimme und starkem Durchsetzungsvermögen. Daher nicht ausgesprochen unterordnungsbereit und leichtführig. Selbstbewusste Hundepersönlichkeit, die sich nicht gängeln lässt. Ausgeglichen im Charakter, nicht überaktiv, nervös oder aggressiv. Stark territorial veranlagt.
HALTUNG Ein robuster, mittelgroßer Hund auf kurzen Beinen. Er braucht eine sehr konsequente Erziehung und Beschäftigung. Er ist insgesamt ruhiger als der Pembroke. Gut geeignet für aktive Menschen, die sich gerne im Freien aufhalten und mit dem Hund etwas unternehmen wollen. Wegen des langen Rückens und der kurzen Läufe ist der Welsh Corgi Cardigan aber nur sehr begrenzt für hundesportliche Aktivitäten geeignet. Das derbe, dichte Stockhaar mit viel Unterwolle ist pflegeleicht, haart aber stark.

Welsh Corgi Pembroke

HERKUNFT Vermutlich auf Spitztypen zurückgehend, die die Wikinger nach Wales brachten. Vielseitiger Hofhund und Viehtreiber in der Region Pembroke.
VERWENDUNG Begleithund.
WESEN UND VERHALTEN Selbstbewusster, dreister, intelligenter Bursche, der sich durchzusetzen weiß und nicht gerne unterordnet. Fremden gegenüber selbstsicher, freundlich. Zeigt heute noch das Verhalten des Treibers wie Umrunden und Hackenkneifen. Sehr wachsam mit lauter Stimme.
HALTUNG Der kräftige, mittelgroße Hund auf kurzen Beinen braucht eine konsequente Führung, aber er entscheidet trotzdem gerne selbst. Nicht unbedingt für Anfänger, sondern für Menschen, die eine Herausforderung lieben, geeignet. Genießt ein lebhaftes Familienleben mit viel „Action". Robuster, agiler Hund, der sich gerne im Freien aufhält. Wegen der Überbelastung des langen Rückens für Hundesport nur begrenzt geeignet, dennoch kein Hund für Stubenhocker! Das dichte stockhaarige Fell ist pflegeleicht, haart aber stark. Angeboren kurze oder verkürzte Ruten kommen noch recht häufig, länger behaarte Exemplare gelegentlich, vor.

Schäferhund
FCI-Nr. 39
Land Großbritannien
Schulterhöhe ca. 25,4–30,5 cm,
Gewicht Rüden 10–12 kg, Hündinnen 10–11 kg
Farbe rot, zobel, rehfarben, schwarz mit Brand, mit oder ohne Weiß an Kopf, Brust, Pfoten.

Erziehung	
Pflege	
Beschäftigung	
Bewegung	
Verbreitung	

Schäferhunde | 33

Bergamasker Hirtenhund
Cane da pastore Bergamasco

Schäferhund
FCI-Nr. 194
Land Italien
Schulterhöhe Rüden 60 cm, Hündinnen 56 cm, +/- 2 cm
Gewicht Rüden 32–38 kg, Hündinnen 26–32 kg
Farben schwarz, Grautöne, isabell und rötlich-fahl

Erziehung	
Pflege	
Beschäftigung	
Bewegung	
Verbreitung	

HERKUNFT Uralter Hütehund der Alpenregion Italiens um Bergamo.

VERWENDUNG Begleithund, in seiner Heimat nach wie vor Hütehund.

WESEN UND VERHALTEN Arbeitsfreudiger, temperamentvoller Hund und zuverlässiger Wächter mit bemerkenswerter Geduld und Konzentrationsfähigkeit. Charakterlich dem Hütehund nahestehender, gelehriger und leichtführiger Hund, der eine enge Bindung mit seinem Menschen eingeht. Mit seinem ausgeglichenen, gelassenen Wesen ein angenehmer, charmant-liebenswürdiger Familienbegleithund.

HALTUNG Der Bergamasker braucht eine Aufgabe und Beschäftigung. Er ist deshalb kein Hund für bequeme Menschen. Er eignet sich für vielerlei hundesportliche Aktivitäten und liebt den Aufenthalt im Freien. Er ist robust, widerstandsfähig, wetterhart und genügsam. Kein Stadthund. Ebenso benötigt er eine liebevoll-konsequente Erziehung. Das von sich aus zu Zotteln verfilzende Fell ist an sich nicht pflegeintensiv, was das Bürsten und Kämmen angeht, aber es bringt viel Schmutz ins Haus. Kein Hund für Reinlichkeitsfanatiker.

Maremmen-Abruzzen-Schäferhund
Cane da pastore Maremmano-Abruzzese

HERKUNFT Hirtenhunde aus dem Abruzzengebirge und der Maremma-Ebene Mittelitaliens, wo er zum Schutz gegen Wölfe und wildernde Hunde eingesetzt wird.
VERWENDUNG Herdenschützer, Wach- und Begleithund.
WESEN UND VERHALTEN Sehr territorial, wachsam, verteidigungsbereit. Eigenständiges, unabhängiges, nicht unterordnungsbereites Wesen. Ruhig und gelassen, ihr Revier bei Bedrohung mit Nachdruck verteidigend und dort fremden Hunden gegenüber unduldsam, im fremden Revier eher zurückhaltend bis unsicher.
HALTUNG Welpen müssen sehr früh an Umwelt, verschiedene Hunde, Menschen und Reviere gewöhnt werden. Starkes Rangordnungsempfinden im Rudel macht eine natürlich autoritäre Führung notwendig. Sie sind gelehrig, aber führen Dinge nur aus, wenn sie einen Sinn darin sehen. Daher für hundesportliche Aktivitäten kaum geeignet. Ideal für Menschen, die gerne mit ihren Hunden zusammenleben und ihnen ein sicher eingezäuntes großes Revier zur Bewachung überlassen können, ohne sich ständig mit ihnen beschäftigen zu müssen. Pflegeleicht, haaren stark.

Schäferhund
FCI-Nr. 201
Land Italien
Schulterhöhe
Rüden 65–73 cm,
Hündinnen 60–68 cm
Gewicht Rüden 35–45 kg,
Hündinnen 30–40 kg
Farben weiß, gelbliche Tönungen erlaubt

Erziehung		
Pflege		
Beschäftigung		
Bewegung		
Verbreitung		

Schäferhunde | 35

Komondor

Schäferhund
FCI-Nr. 53
Land Ungarn
Schulterhöhe Rüden mindestens 70 cm, Hündinnen mindestens 65 cm
Gewicht Rüden 50–60 kg, Hündinnen 40–50 kg
Farbe elfenbeinfarben

Erziehung
Pflege
Beschäftigung
Bewegung
Verbreitung

HERKUNFT Herdenschutzhund asiatischer Herkunft, im Mittelalter bereits erwähnt. Das zotthaarige Fell bietet Schutz gegen extreme Witterung, Sandstürme und Verletzungen.
VERWENDUNG Wach- und Schutzhund.
WESEN UND VERHALTEN Der Komondor ist ein ernster, würdevoller, ruhiger Hund, der im Bedarfsfall jedoch blitzschnell reagieren kann. Tagsüber bevorzugt auf Beobachtungsposten liegend, ist er ein nachts aktiver Schutzhund. Sehr selbstbewusst und selbstständig. Sehr territorial, auf seinem Gebiet unbestechlich, keine Fremden duldend. In fremdem Areal verhält er sich neutral.
HALTUNG Ordnet sich nur Personen unter, deren Führung er akzeptieren kann. Er kann mit viel Sachverstand und Einfühlungsvermögen erzogen werden, wird seine Eigenständigkeit jedoch nie aufgeben. Für Hundesport ungeeignet. Braucht Lebensraum, um sein weitläufiges Revier abzuschreiten, das er ungern verlässt. Kein Stadt- und Wohnungshund. Ideal für Menschen, die einen Hund um sich haben wollen, ohne sich ständig mit ihm zu beschäftigen. Das zottige Fell wird nicht gebürstet, sondern mit einem trockenen Handtuch abgerubbelt.

Kuvasz

HERKUNFT Hirtenhund asiatischen Ursprungs. Im Mittelalter zur Wolfs- und Bärenjagd eingesetzt. Danach Wachhund großer Anwesen. Beim Ungarnaufstand 1956 wurde er beinahe ausgerottet, da die Soldaten die verteidigenden Hunde erschossen.

VERWENDUNG Begleithund.

WESEN UND VERHALTEN Sehr eigenständiger, selbstbewusster, temperamentvoller Hund. Ausgesprochen territorial, wachsam und verteidigungsbereit. Im eigenen Revier Fremden gegenüber unnahbar bis misstrauisch, mit fremden Hunden unduldsam. In fremder Umgebung eher zurückhaltend. Ausgeprägter Jagdtrieb.

HALTUNG Kein Hund für Anfänger. Er braucht eine konsequente, mit Hundeverstand durchgeführte Erziehung und muss sich in der Familie unterordnen, wird aber nie seine Eigenständigkeit aufgeben. Für Hundesport ungeeignet, kann jedoch als Fährten- und Rettungshund ausgebildet werden. Von Natur aus zuverlässiger Schutzhund. Er braucht Bewegung und ein sicher eingezäuntes Revier zum Bewachen. Geeignet für Menschen, die den Hund um sich haben, ohne sich ständig mit ihm zu beschäftigen. Fell pflegeleicht, haart aber extrem stark.

Schäferhund
FCI-Nr. 54
Land Ungarn
Schulterhöhe Rüden 71–76 cm, Hündinnen 66–70 cm
Gewicht Rüden 48–62 kg, Hündinnen 37–50 kg
Farben weiß, elfenbeinfarben erlaubt

Erziehung	
Pflege	
Beschäftigung	
Bewegung	
Verbreitung	

Schäferhunde | 37

Mudi

Schäferhund
FCI-Nr. 238
Land Ungarn
Schulterhöhe
Rüden 41–47 cm,
Hündinnen 38–44 cm
Gewicht Rüden 11–13 kg,
Hündinnen 8–11 kg
Farben falb, schwarz, blue merle, aschfarben, braun, weiß

Erziehung	
Pflege	
Beschäftigung	
Bewegung	
Verbreitung	

HERKUNFT In seiner Heimat auf dem Land weit verbreiteter, vielseitig einsetzbarer Arbeitshund. Er hütet die schwierigen Steppenrinder, Zackelschafe und Pferde und hält auf dem Hof Ratten und Mäuse kurz.

VERWENDUNG Begleithund.

WESEN UND VERHALTEN Sehr lebhafter, agiler, immer aktionsbereiter Hütehund. Intelligent, neugierig, gelehrig, unterordnungsbereit, dennoch selbstständig arbeitend. Wachsam und verteidigungsbereit. Bellfreudig. Fremden gegenüber misstrauisch.

HALTUNG Der Mudi ist ein robuster Familienbegleithund, der unbedingt eine liebevoll-konsequente Erziehung und viel sinnvolle Beschäftigung und Bewegung braucht. Kein Hund für Anfänger und bequeme Menschen. Unermüdlicher Begleiter sportlicher Menschen und hervorragend für alle möglichen hundesportlichen Aktivitäten geeignet, wo er seine gute Nase, Intelligenz und Wendigkeit umsetzen kann. Welpen müssen früh an alles Fremde gewöhnt und sorgfältig sozialisiert werden. Fehlt ausreichende Beschäftigung, zeigt er Verhaltensstörungen. Das Fell ist pflegeleicht. Natürliche Stummelrute kommt vor.

Puli

HERKUNFT Hüte- und Treibhund der ungarischen Steppen.
VERWENDUNG Begleithund.
WESEN UND VERHALTEN Sehr agiler, lebhafter, energischer Hund. Sehr territorial, wachsam und verteidigungsbereit. Ausgesprochen selbstbewusst und durchsetzungsfähig. Intelligent und gelehrig, selbstständig arbeitend.
HALTUNG Der Puli braucht eine sehr liebevoll-konsequente Erziehung, gibt aber seine Selbstständigkeit nicht auf. Er liebt den Aufenthalt im Freien und braucht sinnvolle Beschäftigung, um ein angenehmer Gefährte zu sein. Er arbeitet gerne mit und eignet sich für hundesportliche Aktivitäten. Der zuverlässige Beschützer weiß im Ernstfall auch die Zähne einzusetzen und ist sehr bellfreudig. Kein Hund für Anfänger, Stubenhocker oder bequeme Menschen. Das typische Zottelfell wird gezupft, bringt sehr viel Schmutz in die Wohnung und wird nur gelegentlich gewaschen. Die Hirten in Ungarn scheren die Hunde mit den Schafen, die Arbeitshunde haben nicht die sog. „Pusztabehaarung", das in dünne, bodenlange Schnüre gepflegte Haar, der Schauhunde.

Schäferhund
FCI-Nr. 55
Land Ungarn
Schulterhöhe Rüden 39–45 cm, Hündinnen 36–42 cm **Gewicht** Rüden 13–15 kg, Hündinnen 10–13 kg **Farben** schwarz, falb, weiß

Erziehung	
Pflege	
Beschäftigung	
Bewegung	
Verbreitung	

Schäferhunde | 39

Pumi

Schäferhund
FCI-Nr. 56
Land Ungarn
Schulterhöhe Rüden 41–47 cm, Hündinnen 43–45 cm
Gewicht Rüden 10–15 kg, Hündinnen 12–13 kg
Farben einfarbig grau, schwarz, falb, weiß

| Erziehung |
| Pflege |
| Beschäftigung |
| Bewegung |
| Verbreitung |

HERKUNFT Aus mit den Merinoschafen importierten Hüte- und Treibhunden gekreuzt mit einheimischen Rassen und Terrier entstandener robuster Bauernhund, der sich beim Schweinehüten auszeichnete und sogar zur Schwarzwildjagd eingesetzt wurde.
VERWENDUNG Familienbegleithund.
WESEN UND VERHALTEN Sehr lebhafter, schneidiger, rastloser, immer aktionsbereiter, intelligenter, arbeitsfreudiger Hund. Territorial mit starkem Durchsetzungsvermögen und selbstständig arbeitend. Raubwildscharf.
HALTUNG Der Pumi ist dank seiner engen Bindung an seine Menschen sehr gut in der Familie zu halten. Er braucht jedoch eine liebevoll-konsequente Erziehung und unbedingt Beschäftigung, um seinen regen Geist zu befriedigen. Er eignet sich für viele hundesportliche Aktivitäten. Der ausgezeichnete Wächter bellt viel und ist auch verteidigungsbereit. Idealer Hund für aktive, sich viel im Freien aufhaltende, sportlich orientierte Hundefreunde, die viel mit ihrem Hund unternehmen wollen. Ein ausgelasteter Pumi ist ein anpassungsfähiger Begleiter. Kein Stadthund. Das dicht gelockte Fell haart kaum und wird in Form getrimmt.

40 | Schäferhunde

Holländischer Schäferhund
Hollandse Herdershond

HERKUNFT Niederländischer Schäferhund, der seine ursprüngliche Form bewahrt hat. Niederungshütehund für die Arbeit an großen Wanderschafherden.
VERWENDUNG Familienbegleit- und Sporthund.
WESEN UND VERHALTEN Typischer Hütehund, anhänglich, sich eng an seine Bezugsperson bindend, unterordnungsbereit, arbeitsfreudig. Temperamentvoll, aufmerksam und aktiv, wachsam und verteidigungsbereit.
HALTUNG Der intelligente, sehr gelehrige Hund braucht eine liebevoll-konsequente Führung ohne Härte. Er ist empfindsam, stellt sich ganz auf seine Menschen ein und schließt sich eng der Person mit den besten Führungsqualitäten an. Der agile Arbeitshund braucht unbedingt sinnvolle Beschäftigung und eignet sich für fast alle hundesportlichen Aktivitäten vom Hüte- bis zum Blindenführhund. Am sensibelsten sind die Langhaars, gefolgt von den Kurzhaars (Foto), während der Rauhaar etwas mehr Durchsetzungsvermögen zeigt. Kein Hund für bequeme Menschen. Auch für Anfänger geeignet. Alle drei Haararten sind pflegeleicht, der Rauhaar verliert kaum Haare.

Schäferhund
FCI-Nr. 223
Land Niederlande
Schulterhöhe Rüden 57–62 cm, Hündinnen 55–60 cm
Farben Kurz- u. Langhaar: falb- oder grau gestromt, Rauhaar zus. blaugrau, Pfeffer und Salz

Erziehung	
Pflege	
Beschäftigung	
Bewegung	
Verbreitung	

Saarloos Wolfhond
Saarloos-Wolfhund

Schäferhund
FCI-Nr. 311
Land Niederlande
Schulterhöhe
Rüden 65–75 cm,
Hündinnen 60–70 cm
Farben wolfsgrau, braun-wildfarben, hell-creme bis weiß

Erziehung			
Pflege			
Beschäftigung			
Bewegung			
Verbreitung			

HERKUNFT Zuchtziel von Leendert Saarloos war ein Gebrauchshund mit natürlichen Eigenschaften aus der Kreuzung Deutscher Schäferhund mit Wolf. Allerdings wurde das Ziel nicht erreicht, sondern ein Hund mit sehr ursprünglichem Verhalten.
VERWENDUNG Begleithund.
WESEN UND VERHALTEN Lebhafter, vor Energie strotzender Hund mit unabhängigem, nicht unterordnungsbereitem Charakter. Seiner Bezugsperson gegenüber anhänglich. Fremden gegenüber reserviert und misstrauisch. Ausgeprägtes Vorsichtsverhalten allem Fremden gegenüber mit starker Fluchttendenz. Starker Jagdtrieb.
HALTUNG Sehr schwieriger Hund, nur für Kenner, die sich ganz auf seine Eigenheiten einstellen. Sehr eigenständiger Hund, der sich nur unterordnet, wenn er die Führung anerkennt, nicht mit Strenge oder Härte, sondern Hundeverstand zu erziehen, seine Unabhängigkeit jedoch immer bewahrend. Er braucht Bewegung und seiner Art entsprechende Beschäftigung, jedenfalls ein großes, sicher eingezäuntes Anwesen. Pflegeleicht, haart stark.

Niederländischer Schapendoes

HERKUNFT Der Schapendoes ist ein Hütehund aus den niederländischen Heidegebieten, der seit 1953 als anerkannte Rasse rein gezüchtet wird.
VERWENDUNG Familienbegleithund.
WESEN UND VERHALTEN Aufmerksamer, mutiger Charakter. Intelligent, wachsam, fröhlich, freundlich und temperamentvoll. Ausdauernder Hund mit unermüdlicher Arbeitsfreude.
HALTUNG Der Schapendoes braucht Beschäftigung und Bewegung. Er sucht engen Kontakt zu seinen Menschen und möchte überall dabei sein. Der Schapendoes lässt sich mit liebevoller Konsequenz leicht erziehen und schätzt eine klare Führung, denn er ist selbstständiges Handeln als Hütehund gewöhnt. Er ist kein Hund für bequeme Menschen, denn er liebt den Aufenthalt im Freien, kennt kein schlechtes Wetter und will jeden Tag beschäftigt werden. Er eignet sich für viele hundesportliche Aktivitäten, sogar zum Rettungshund. Selbstständiges Jagen liegt ihm nicht, da er sich bei guter Bindung ungern von seinen Menschen entfernt. Das lange Fell bedarf der Pflege, sollte aber bei korrekter Beschaffenheit nicht zu pflegeintensiv sein.

Schäferhund
FCI-Nr. 313
Land Niederlande
Schulterhöhe
Rüden 43–50 cm,
Hündinnen 40–47 cm
Farben alle zulässig

Erziehung
Pflege
Beschäftigung
Bewegung
Verbreitung

Schäferhunde | 43

Polski Owczarek Nizinny
Polnischer Niederungshütehund

Schäferhund
FCI-Nr. 251
Land Polen
Schulterhöhe
Rüden 45–50 cm,
Hündinnen 42–47 cm
Gewicht 15–22 kg
Farben alle von schwarz über braun bis weiß, einfarbig oder gescheckt

Erziehung	
Pflege	
Beschäftigung	
Bewegung	
Verbreitung	

HERKUNFT Hütehund der polnischen Tiefebene, bestens dem Klima und der Landschaft angepasst, auch vielseitig auf den Bauernhöfen als Wach- und Treibhund eingesetzt.

VERWENDUNG Begleithund.

WESEN UND VERHALTEN Lebhafter, temperamentvoller, wendiger Hund, sehr intelligent und gelehrig. Sehr selbstbewusste Persönlichkeit, die sich nur einer anerkannten Führung unterordnet. Zuverlässiger, mutiger, verteidigungsbereiter Wachhund und Beschützer, der gerne und laut bellt. Fremden gegenüber misstrauisch.

HALTUNG Robuster, arbeitsfreudiger, immer aktiver Hund, der eine Aufgabe und Lebensraum braucht. Er liebt den Aufenthalt im Freien bei jedem Wetter mit viel Bewegung und Aktion. Er braucht eine sehr konsequente Erziehung und eine bestimmte, aber liebevolle Führung, denn er weiß sich auch in der Familie durchzusetzen. Nicht unbedingt ein Hund für Anfänger, keinesfalls geeignet für bequeme Menschen und Reinlichkeitsfanatiker. Das dichte, ziegenhaarähnliche Fell bedarf intensiver Pflege, bringt viel Schmutz herein, verliert wenig Haare. Angeborene Stummelrute kommt vor.

44 | Schäferhunde

Polski Owczarek Podhalanski
Tatra-Schäferhund

HERKUNFT Herdenschutzhund aus dem Tatragebirge, der auch häufig als Schutzhund der Bauernhöfe eingesetzt wurde.

VERWENDUNG Wach- und Begleithund.

WESEN UND VERHALTEN Typischer Hirtenhund, tagsüber ruhig, nachts aktiv. Allem Fremden gegenüber misstrauisch. Sehr territorial eingestellt, wachsam, verteidigungsbereit. Selbstbewusst, selbstständig, nicht unterordnungsbereit.

HALTUNG Sehr frühe Prägung an fremde Menschen, Hunde und Umwelt nötig, liebevoll-konsequente Erziehung unerlässlich, ordnet sich nur dem unter, der mit natürlicher Autorität zu führen versteht. Kein Hund für Anfänger, Kenntnis in Hundeverhalten angebracht. Wer mit dem Podhalaner umzugehen weiß, findet einen treuen, umgänglichen Begleiter. Braucht Lebensraum und ein Revier zum Bewachen und Abschreiten, kein Stadt- oder Wohnungshund. Braucht keine ständige Zuwendung und Beschäftigung, wohl aber Familienanschluss. Geht gerne spazieren, für ihn Patrouillengänge seiner Reviergrenzen, ansonsten stellt er keine Ansprüche. Das weiße Fell ist pflegeleicht, aber haart enorm.

Schäferhund
FCI-Nr. 252
Land Polen
Schulterhöhe Rüden 65–70 cm, Hündinnen 60–65 cm
Gewicht 40–55 kg
Farben reinweiß

Erziehung	
Pflege	
Beschäftigung	
Bewegung	
Verbreitung	

Schäferhunde | 45

Cão da Serra de Aires
Portugiesischer Schäferhund

Schäferhund
FCI-Nr. 93
Land Portugal
Schulterhöhe
Rüden 45–55 cm,
Hündinnen 42–52 cm
Gewicht 12–18 kg
Farben gelb, braun, grau, loh, wolfsgrau, schwarz in allen Schattierungen ohne Weiß

Erziehung			
Pflege			
Beschäftigung			
Bewegung			
Verbreitung			

HERKUNFT Zotthaariger Hüte- und Treibhund an Schafen, Ziegen, Rindern, Pferden, Schweinen, aus dem Alentejo im südlichen Portugal.

VERWENDUNG In seiner Heimat Hüte-, Wach- und Hofhund, Familienbegleithund.

WESEN UND VERHALTEN Typischer Hütehund, sehr intelligent, lebhaft, agil, besonders nachts wachsam und auch verteidigungsbereit. Fremden gegenüber ist er misstrauisch, seinen Menschen treu ergeben und unterordnungsbereit, dennoch selbstständig arbeitend. In seiner Familie ist er lustig und liebevoll.

HALTUNG Noch sehr ursprünglicher Hütehund, der eine liebevoll konsequente Führung und Erziehung braucht. Bei großer Arbeitsfreude eignet er sich gut für viele hundesportliche Aktivitäten. Er ist aber kein Hund für bequeme Menschen. Der robuste, witterungsunempfindliche Hund liebt den Aufenthalt im Freien und braucht eine Aufgabe. Bei entsprechender Auslastung und Beschäftigung ein guter Familienbegleithund. Das lange, zottelige Haarkleid ist pflegeintensiv und bringt viel Schmutz herein, verliert aber wenig Haare. In Portugal wird der Hund mit den Schafen geschoren.

Slovenský Cuvac
Slowakischer Tschuvatsch

HERKUNFT Traditioneller Hirtenhund des Tatragebirges auf slowakischer Seite sowie der Karpaten.

VERWENDUNG Wach- und Schutzhund von Herden und Anwesen.

WESEN UND VERHALTEN Typischer Hirtenhund, nachts aktiv wachend, verteidigungsbereit. Sehr territorial, allem Fremden gegenüber misstrauisch, in seinem Revier unduldsam. Außerhalb seines Revieres eher gelassen, neutral.

HALTUNG Welpen müssen sehr früh geprägt und sozialisiert werden, um sich gut in unser modernes Lebensumfeld einzufügen. Ordnet sich nur dem unter, dessen Führung er anerkennt. Der Slovensky Cuvac ist kein Hund für Anfänger, sondern am besten geeignet für Menschen mit natürlicher Autorität und Kenntnis in Hundeverhalten, dann ein angenehmer Begleithund. Er braucht Lebensraum, Familienanschluss, aber keine ständige Zuwendung und Beschäftigung, wenn er seine Aufgabe als Beschützer eines Anwesens mit großem Grundstück erfüllen kann. Für hundesportliche Aktivitäten nur bedingt geeignet. Kein Stadt- und Wohnungshund. Haarpflege gering, haart jedoch stark.

Schäferhund
FCI-Nr. 142
Land Slowakei
Schulterhöhe Rüden 62–70 cm, Hündinnen 59–65 cm
Gewicht Rüden 36–44 kg, Hündinnen 31–37 kg
Farben weiß

Erziehung	
Pflege	
Beschäftigung	
Bewegung	
Verbreitung	

Schäferhunde | 47

Weißer Schweizer Schäferhund
Berger Blanc Suisse

Schäferhund
FCI-Nr. 347
Land Schweiz
Schulterhöhe
Rüden 60–66 cm,
Hündinnen 55–61 cm
Gewicht Rüden 30–40 kg,
Hündinnen 25–35 kg
Farben weiß

Erziehung	
Pflege	
Beschäftigung	
Bewegung	
Verbreitung	

HERKUNFT Im deutschen Standard nicht erlaubte Farbvariante des Deutschen Schäferhundes, die in den USA und Kanada rein gezüchtet und als Deutscher Schäferhund eingetragen werden. Konnte sich in Europa als Rasse etablieren. Die FCI-Anerkennung erfolgte über die Schweiz, wo die ersten Importe aus den USA und Kanada lebten und sich von dort in ganz Europa verbreiteten.
VERWENDUNG Familienbegleithund.
WESEN UND VERHALTEN Aufmerksamer Wächter, freudiger und gelehriger Arbeitshund. Temperamentvoll, nicht nervös; gegenüber Fremden gelegentlich zurückhaltend, darf jedoch nicht aggressiv sein. Selbstbewusst, aber unterordnungsbereit.
HALTUNG Der temperamentvolle Arbeitshund braucht eine liebevoll-konsequente Erziehung. Kein Hund für bequeme Menschen oder Stubenhocker. Er braucht Aktivitäten, eignet sich für viele hundesportliche Aufgaben ebenso wie für die Ausbildung zum Rettungshund. Schutzhundarbeit wurde nie verlangt. Er liebt Familienanschluss und fügt sich gut ein, sofern er körperlich und geistig ausgelastet ist. Das weiße Fell (Lang- oder Stockhaar) ist pflegeleicht, haart aber sehr stark.

Australian Shepherd
Australischer Schäferhund

HERKUNFT Seine Vorfahren kamen mit europäischen Einwanderern und australischen Schafen in die USA. Die „bunte Mischung" aus Collietypen, Pyrenäenschäferhund und australischen Hütehunden gelangte in den 1950er Jahren bei Rodeovorführungen ins öffentliche Interesse und wurde rasch populär. Nach Europa kamen sie mit Westernreitern.
VERWENDUNG Hüte-, Wach- und Begleithund.
WESEN UND VERHALTEN Ausgeglichener, selten streitsüchtiger, arbeitsfreudiger, aktiver, ausdauernder Hüte- und Treibhund. Vielseitig einsetzbar am Vieh und in allen hundesportlichen Aktivitäten. Sehr territorial, wachsam, Fremden gegenüber reserviert, verteidigungsbereit. Sehr intelligent und gelehrig, aber auch selbstständig handelnd.
HALTUNG Bei konsequenter, nicht harter Erziehung ordnet er sich unter, braucht aber eine zuverlässige Führung. Kein Hund für bequeme Menschen oder Stubenhocker. Liebt den Aufenthalt im Freien und braucht viel sinnvolle Beschäftigung, daher ein anspruchsvoller Hund. Bekommt er sie nicht, zeigen sich schnell problematische Verhaltensstörungen. Das Fell ist pflegeleicht.

Schäferhund
FCI-Nr. 342
Land USA
Schulterhöhe
Rüden 51–58 cm,
Hündinnen 46–53 cm
Farben blue merle, red merle, schwarz, rot mit oder ohne weiße Abzeichen und Brand

| Erziehung |
| Pflege |
| Beschäftigung |
| Bewegung |
| Verbreitung |

Altdeutsche Hütehunde

Schäferhunde
FCI-Nr. keine
Schulterhöhe unterschiedlich
Gewicht entsprechend
Farben alle, auch Merlefaktor (Tiger), weiße Abzeichen verpönt

Erziehung
Pflege
Beschäftigung
Bewegung
Verbreitung

HERKUNFT Traditionelle Hütehunde unterschiedlichen Typs deutscher Landschaften, die nicht nach Schönheitsgesichtspunkten gezüchtet werden. Unterschiedliche Schläge werden in den verschiedenen Regionen bewahrt (Harzer Fuchs, Gelbbacke, Strobel, Schafpudel, Hütespitz, Stumper usw.). Körperbau, Größe und Fellbeschaffenheit sind den von Klima und Umfeld gestellten Anforderungen angepasst. Farbe spielt keine Rolle, bei den meisten Schlägen ist weiß unbeliebt.
VERWENDUNG Herdengebrauchshund.
WESEN UND VERHALTEN Sehr aktive, arbeitsfreudige, pflichtbewusste Arbeitshunde, ausgeglichen im Charakter, sich ganz auf ihre Aufgabe konzentrierend. Fremden gegenüber reserviert bis abweisend. Wachsam und zuverlässige Beschützer der Herde und des Schäfers.
HALTUNG Reine Herdengebrauchshunde, die sich nur bedingt als Begleithunde eignen, da sie unbedingt sinnvolle Aufgaben brauchen. Konsequente Erziehung und zuverlässige Führung nötig, dennoch müssen sie, wenn es die Aufgabe erfordert, selbstständig handeln. Robuste, jeder Witterung gewachsene, ausdauernde Hunde. Je nach Fellbeschaffenheit mehr oder weniger pflegeleicht.

Wäller

HERKUNFT Seit 1994 Kreuzung sorgfältig ausgewählter Australian Shepherds mit Briard. Ziel ist eine nicht auf Inzucht basierende, gesunde Rasse. Keine Schönheitszucht. Wäller Dialekt für Westerwälder als Hinweis, wo die Zucht begann.

VERWENDUNG Familienbegleithund.

WESEN UND VERHALTEN Aufgeweckter, verspielter, lustiger, freundlicher Hund mit ausgeglichenem Charakter. Neuem gegenüber vorsichtig aufmerksam, nicht scheu. Zu fremden Menschen zunächst reserviert. Wachsam.

HALTUNG Um glücklich, zufrieden und ausgeglichen zu sein, braucht er regelmäßige Beschäftigung, um seinen Arbeits- und Bewegungsdrang auszuleben. Er liebt den Aufenthalt im Freien bei jedem Wetter und eignet sich für viele hundesportliche Aktivitäten. Ein Hund für sportliche Menschen, die viel mit ihrem Hund unternehmen wollen. Bei liebevoll-konsequenter Erziehung ordnet er sich unter. Zuchtziel ist ein leichtführiger Familienbegleithund, mit dem auch der Anfänger gut zurechtkommt. Der Arbeitseifer sollte nicht übertrieben ausgeprägt sein. Das lange Fell mit leichter Unterwolle soll pflegeleicht sein.

Schäferhund
FCI-Nr. keine
Land Deutschland
Schulterhöhe Rüden 65 cm, Hündinnen 60 cm, +/- 5 cm
Gewicht 26–30 kg
Farben alle, intensiv und klar

Erziehung	
Pflege	
Beschäftigung	
Bewegung	
Verbreitung	

Schäferhunde | 51

Australian Cattle Dog
Australischer Treibhund

Treibhund
FCI-Nr. 287
Land Australien
Schulterhöhe
Rüden 46–51 cm,
Hündinnen 43–48 cm
Farben blau oder rot
gesprenkelt mit loh-
farbenen Abzeichen

Erziehung		
Pflege		
Beschäftigung		
Bewegung		
Verbreitung		

HERKUNFT Aus verschiedenen Rassen europäischer Einwanderer einschließlich Dingo gezüchteter Viehtreibhund Australiens. Welpen werden weiß-gescheckt mit Brand geboren, die gesprenkelte Fellfarbe setzt sich später durch.

VERWENDUNG Vielseitig einsetzbarer Farmhund, sportlicher Begleithund.

WESEN UND VERHALTEN Durchsetzungsfähiger, energischer Treiber, der mit großen Herden in Freiheit aufgewachsener Rinder umgehen kann. Kraftvoller, ausdauernder, wendiger Hund. Zuverlässiger Schutzhund mit natürlichem Misstrauen gegen Fremde. Unduldsam gegenüber fremden Hunden im eigenen Revier. Intelligent, gelehrig und arbeitsfreudig, sehr selbstständig arbeitend.

HALTUNG Braucht unbedingt eine konsequente Führung und Aufgaben. Für eine Vielzahl hundesportlicher Aktivitäten geeignet, durch seine Selbstständigkeit und Intelligenz jedoch nicht leichtführig. Nur für Anfänger geeignet, die bereit sind zu lernen und sich intensiv dem Hund zu widmen. Kein Hund für bequeme Menschen oder die Stadt. Das Stockhaar ist pflegeleicht, haart stark.

Bouvier des Flandres
Flandrischer Treibhund, Vlaamse Koehond

HERKUNFT Treibhund der Viehhändler in Flandern, danach Wach- und Schutzhund, auch im Polizeidienst.
VERWENDUNG Begleit-, Wach- und Schutzhund. Er gehört zu den anerkannten Diensthundrassen.
WESEN UND VERHALTEN Ruhiger, bedächtiger Charakter, klug und beherzt. Intelligent, kühn und energisch. Territorial, Fremdem gegenüber misstrauisch, duldet keine fremden Hunde im Revier.
HALTUNG Der selbstständig arbeitende, sich durchsetzende Hund ist nicht unterordnungsbereit und fügt sich nur einer von ihm anerkannten Führungspersönlichkeit. Die Erziehung ist daher nicht leicht und erfordert Hundeverstand. Deshalb kein Hund für hundeunerfahrene und bequeme Menschen. Neigt dazu, Initiative zu ergreifen und sich auch in der Familie zu behaupten. Daher als Familienbegleithund nur bedingt zu empfehlen. Er braucht eine Aufgabe, Lebensraum – ein Revier zum Beschützen, engen Anschluss an die Familie, dann aber keine ständige Beschäftigung. Trotzdem sollte er sportlich ausgebildet werden. Das dichte, etwas struppige Haar wird in Form getrimmt, den grimmigen Gesichtsausdruck betonend. Mäßiger Pflegeaufwand.

Treibhund
FCI-Nr. 191
Land Belgien/Frankreich
Schulterhöhe
Rüden 62–68 cm,
Hündinnen 59–65 cm
Gewicht Rüden 35–40 kg,
Hündinnen 27–35 kg
Farben grau, gestromt, schwarz gewolkt, schwarz

Erziehung	
Pflege	
Beschäftigung	
Bewegung	
Verbreitung	

Treibhunde ohne Schweizer Sennenhunde | 53

Pinscher und Schnauzer, Molossoide, Schweizer Sennenhunde und andere Rassen

Pinscher und Schnauzer

Traditionelle Hof- und Stallhunde aus der Zeit, als das Pferd wichtigstes Transportmittel war und riesige Stallungen unterhalten wurden. Stallhunde hatten keine enge Bindung an bestimmte Personen, ihre Beziehung galt dem Lebensraum, dem Stall. Um ihn zu schützen entwickelten sich sehr territoriale Hunde, wachsam, Fremden gegenüber miss-

Bordeaux-Dogge mit Welpe

trauisch und fremde Hunde als Bedrohung ihrer Nahrungsgrundlage nicht duldend. Die in warmen, futterreichen Ställen prächtig gedeihenden Ratten und Mäusen boten unerschöpfliche Nahrung für Hund und Katz, die als Vertilger der ungebetenen Gäste geschätzt wurden. Große Hunde begleiteten die Fuhrwerke und bewachten die Ladung. Sie sind zuverlässige Begleiter, die sich eine gewisse Selbstständigkeit bewahrt haben.

Molossoide – Doggenartige

Ihre Vorfahren gehen auf die mittelalterlichen Saupacker und Bärenbeißer zurück, starke, wendige, mutige Hunde, die bei der Jagd Wildschwein, Bär und anderes gefährliches Großwild oftmals unter Einsatz ihres Lebens stellten, bis der Jäger mit Spieß oder Messer kam, um es zu töten. Mit der Erfindung von Gewehren, die das Töten auf Distanz ermöglichten, wurden diese großen wehrhaften Hunde künftig als Wach- und Schutzhunde herrschaftlicher Anwesen genutzt. Einige hielten als sog. Metzgershunde Bullen in Schach.

KONSEQUENTE FÜHRUNG Diese Hunde brauchen eine sehr konsequente, aber verständnisvolle Führung und Lebensraum. Sie sind sehr territorial, wachsam und je nach Rasse mehr oder weniger verteidigungsbereit. Im eigenen Revier sind besonders die Rüden oftmals unduldsam gegen fremde Hunde, im fremden Revier wirken sie eher bescheiden, wohl wissend, dass sie da eigentlich nichts verloren haben. Diese Hunde eignen sich nicht für sportliche Aktivitäten, sie werden spät erwachsen und sind dann bereit, Führung zu übernehmen.

Berghunde

In abgelegenen Regionen schützen sie heute noch die Herden vor Wölfen und Bären. Mehrere Hunde teilen sich die Aufgabe, die besonders nachts ihre

Hovawarte in Blond und Schwarzmarken

Gruppe 2

größte Aufmerksamkeit fordert. Sie arbeiten selbstständig insbesondere dann, wenn der Mensch schläft. Sie sind ausgesprochen territorial und auf ihre Herde fixiert. Welpen werden früh zu den Schafen gebracht und wachsen in ihre Aufgabe, von den Alten lernend, hinein. Ihr Territorium ist die wandernde, lebendige Speisekammer, die Herde, die sie konsequent verteidigen. Größe ist wichtig, um über die Schafe hinweg Überblick zu bewahren. Neues Weideland wird abgeschritten und abgesichert. Ihre Aufgabe ist es nicht, mit Wölfen zu kämpfen, sondern sie von ihrem Vorhaben abzubringen. Sie sind Meister im Drohen, aber blitzschnell, wenn ihnen Angriff nötig erscheint. Hirtenhunde sind Spätentwickler und ausgereift bereit, Verantwortung und Führung zu übernehmen.

Englischer Bulldoggen-Welpe

FRÜHE PRÄGUNG IST WICHTIG Unterordnungsbereitschaft darf man bei diesen Hunden nicht erwarten, sie akzeptieren jedoch Rangordnung und Führung, wenn sie sich bewährt. Sie eignen sich nicht für hundesportliche Aktivitäten, brauchen Lebensraum und ein Revier zum Bewachen. Dabei sind sie recht unabhängig von ihren Menschen, obwohl sie eine innige Beziehung eingehen können. Frühe Prägung auf fremde Hunde, Menschen, Reviere ist wichtig für Hunde in unserem Umfeld.

Schweizer Sennenhunde

Typische Treibhunde für die Arbeit am Vieh. Auf den Bauernhöfen machten sie sich als Zugtiere und Wachhunde nützlich. Erst in jüngerer Zeit unterschied man in die verschiedenen Rassen. Als typische Hofwächter neigen sie nicht dazu, ihr Revier zu verlassen, sie sind selbstständiges Arbeiten gewohnt und können Verantwortung für Haus, Hof und Vieh übernehmen. Unterordnungsbereitschaft war keine wichtige Eigenschaft, den Gehorsam, den sie für die Arbeit brauchten, lernten sie als Bestandteil ihrer Aufgabe. Sie sind wachsam, selbstständig, brauchen eine klare, konsequente Führung und Aufgaben. Territorial orientiert sind sie fremden Hunden im eigenen Revier gegenüber oftmals unduldsam und müssen früh auf fremdes Umfeld und Hunde geprägt werden.

Info

Herdenschutzhunde als Begleithunde

Herdenschutzhundrassen, die schon seit vielen Generationen als Begleithunde gezüchtet werden, zeigen die typischen Eigenschaften meist weniger ausgeprägt. Hunde, die in dichter besiedelten Gebieten aufwachsen und arbeiten, sind Menschen gegenüber umgänglicher als solche, die nur den Schäfer und die Herde kennen.

Hunde | 55

Dobermann

Pinscher	
FCI-Nr. 143	
Land Deutschland	
Schulterhöhe Rüden 68–72 cm, Hündinnen 63–68 cm	
Gewicht Rüden 40–45 kg, Hündinnen 32–35 kg	
Farben schwarz oder braun mit rostroten Abzeichen	

Erziehung	
Pflege	
Beschäftigung	
Bewegung	
Verbreitung	

HERKUNFT Aus verschiedenen Jagd- und Schutzhundrassen speziell zum persönlichen Schutz des Steuereintreibers Louis Dobermann in Apolda gezüchtet, später beliebter Polizeihund.

VERWENDUNG Sportlicher Begleithund, Wach- und Schutzhund. Anerkannter Diensthund.

WESEN UND VERHALTEN Sehr temperamentvoller, aufmerksamer, agiler Hund. Leicht erregbar, immer auf Spannung und arbeitsbereit. Intelligent und gelehrig, jedoch nicht unterordnungsbereit. Sehr territorial veranlagt, daher guter Wach- und Schutzhund, aber auch unduldsam gegenüber fremden Hunden. Starkes Durchsetzungsvermögen, dennoch sensibel. Oftmals ausgeprägtes Jagdverhalten.

HALTUNG Der Dobermann braucht eine sachkundige, erfahrene Hand und konsequente Führung ohne grobe Strenge. Der sehr schnelle, wendige Hund muss körperlich und geistig ausgelastet werden. Gelingt das, ist der Dobermann ein toller Hund, aber anstrengend und nichts für bequeme Menschen. Das kurze Fell ist pflegeleicht, haart mäßig, bietet jedoch wenig Witterungsschutz.

Deutscher Pinscher

HERKUNFT Wachhund und Rattenfänger in Stallungen und auf Bauernhöfen. Ursprünglich die glatthaarige Variante des Schnauzers, die jedoch immer in seinem Schatten stand.
VERWENDUNG Wach- und Begleithund.
WESEN UND VERHALTEN Lebhaft, temperamentvoll, selbstsicher und ausgeglichen, gepaart mit Klugheit und Ausdauer. Selbstständig, unabhängig und wenig unterordnungsbereit. Territorial veranlagt, wachsam, aber kein Kläffer. Er besitzt oftmals ausgeprägtes Jagdverhalten. Leidenschaftlicher Ratten- und Mäusefänger.
HALTUNG Der Pinscher ist mit gebotener Konsequenz und Erfahrung erzogen ein angenehmer, robuster, nicht übelnehmerischer Familienbegleithund, der jedoch nie seine Persönlichkeit aufgibt und gerne die Führung infrage stellt. Er ist für vielerlei hundesportliche Betätigungen geeignet, jedoch nicht leichtführig, deshalb im Leistungswettbewerb schwierig. Bei ausreichender Bewegung und Beschäftigung sehr gut in der Wohnung zu halten und unkomplizierter Reisebegleithund. Das kurze Fell ist pflegeleicht, haart mäßig, bietet jedoch geringen Witterungsschutz.

Pinscher
FCI-Nr. 184
Land Deutschland
Schulterhöhe 45–50 cm
Gewicht 14–20 kg
Farben schwarz-rot und rot

| Erziehung |
| Pflege |
| Beschäftigung |
| Bewegung |
| Verbreitung |

Pinscher und Schnauzer

Zwergpinscher

Pinscher
FCI-Nr. 185
Land Deutschland
Schulterhöhe 25–30 cm
Gewicht 4–6 kg
Farben einfarbig rotbraun, schwarz mit braunen Abzeichen

Erziehung			
Pflege			
Beschäftigung			
Bewegung			
Verbreitung			

HERKUNFT Zwergform des Pinschers, Mäusefänger in Stallungen, einst Damenbegleithund. Die altherkömmliche Bezeichnung Rehpinscher bezieht sich auf die einfarbig rotbraunen Zwergpinscher.
VERWENDUNG Begleithund.
WESEN UND VERHALTEN Kesses Temperament, sehr aufmerksam und spielfreudig. Sehr stark personenbezogen und anhänglich. Selbstbewusstes Persönchen, das sich großen Hunden gegenüber durch sein Auftreten Respekt verschafft. Fremden gegenüber misstrauisch, zuverlässiger Wächter, aber kein Kläffer.
HALTUNG Hervorragender, anpassungsfähiger Wohnungs- und Begleithund lebhafter Familien ebenso wie alleinstehender älterer Menschen. Im Umgang mit Kindern muss auf seine geringe Größe Rücksicht genommen werden. Der ganz in seiner Bezugsperson aufgehende Hund ist leicht zu erziehen, sehr gelehrig und immer aktionsbereit. Er liebt lange Spaziergänge genauso wie ein weiches Sofakissen. Das kurze Fell ist pflegeleicht. Trotz seiner Winzigkeit ein robuster, vollwertiger Sozialpartner, der nur den Anspruch stellt, immer dabei sein zu dürfen. Hohe Lebenserwartung.

58 | Pinscher und Schnauzer

Affenpinscher

HERKUNFT Rauhaarige Zwergpinscher mit dem affenartigen Gesichtsausdruck wurden schon im Mittelalter dargestellt. Früher glaubte man, es handele sich um eine Kreuzung zwischen Affe und Hund, daher der Name.
VERWENDUNG Begleithund.
WESEN UND VERHALTEN Unerschrocken, wachsam, hartnäckig und anhänglich, manchmal von aufbrausender Leidenschaft. Fremden gegenüber unnahbar bis ablehnend, auch Hunden gegenüber. Nach außen mürrisch wirkend, geht er ganz in seiner Bezugsperson auf. Trotz der geringen Größe starke Persönlichkeit, die weiß, was sie will und sich durchsetzen kann.
HALTUNG Wer sein typisches Wesen liebt, findet im Affenpinscher einen zärtlichen, hingebungsvollen Begleiter, der seinen Menschen nicht von der Seite weicht. Er schlägt sofort an, aber seine Stimme ist nicht gewaltig. Anpassungsfähig, geeignet für ein Leben auf dem Land und in der Stadt, in Familien und mit Alleinstehenden, als Reisebegleiter oder im Büro. Hauptsache, er bekommt seine Zuwendung und kann sich beim Spiel und Spaziergang austoben. Das harsche, wirr wirkende Fell wird getrimmt und haart kaum.

Pinscher
FCI-Nr. 186
Land Deutschland
Schulterhöhe 25–30 cm
Gewicht 4–6 kg
Farben schwarz

Erziehung			
Pflege			
Beschäftigung			
Bewegung			
Verbreitung			

Pinscher und Schnauzer

Österreichischer Pinscher

Pinscher
FCI-Nr. 64
Land Österreich
Schulterhöhe
Rüden 44–50 cm,
Hündinnen 42–48 cm
Farben semmelgelb, braungelb, hirschrot. schwarz mit loh mit oder ohne weiße Abzeichen

Erziehung	
Pflege	
Beschäftigung	
Bewegung	
Verbreitung	

HERKUNFT Altösterreichischer Landpinscher, der als genügsamer, vielseitiger Bauernhund weit verbreitet war. Er wurde schon auf Gemälden des Barock und Biedermeier in dörflichen Alltagsszenen dargestellt. Seit 1928 wird er als Rasse rein gezüchtet.
VERWENDUNG Wach- und Begleithund.
WESEN UND VERHALTEN Wesensfest, lebhaft, aufmerksam, spielfreudig und besonders anhänglich und freundlich im Umgang mit vertrauten Menschen. Fremden gegenüber ist er misstrauisch und ein unbestechlicher Wächter. Bellfreudig. Jagdtrieb ist nur schwach ausgeprägt.
HALTUNG Robuster, unkomplizierter Familienbegleithund. Reviertreuer Hund, der wenig Neigung zeigt, auf eigene Faust loszuziehen. Der verspielte, gelehrige Hund lässt sich mit etwas Konsequenz gut erziehen. Er ist anhänglich und möchte überall dabei sein. Eignet sich für allerlei hundesportliche Aktivitäten, lässt sich aber auch gut am Haus und bei Spaziergängen beschäftigen. Er macht alles gerne mit. Doch fühlt er sich auf dem Land wohler als in der Stadt. Das dichte Stockhaar ist pflegeleicht, haart jedoch stark.

Riesenschnauzer

HERKUNFT Treibhundnachkomme, der als schützender Begleiter der Fuhrleute gezüchtet wurde. Bekannt wurde er als Münchener „Bierschnauzer", weil er die Brauereiwagen bewachte.

VERWENDUNG Sportlicher Begleithund. Anerkannter Diensthund.

WESEN UND VERHALTEN Temperamentvoller, selbstbewusster, selbstsicherer, nicht unterordnungsbereiter Hund. Intelligent und gelehrig. Sehr territorial, daher hervorragender Wach- und Schutzhund. Ausgeglichenes Wesen, nicht von sich aus aggressiv, aber keinem Streit aus dem Wege gehend.

HALTUNG Ein Hund für Menschen mit natürlicher Autorität, die ihm eine konsequente, aber nicht harte oder strenge Erziehung zukommen lassen. Akzeptiert er die Führungsqualitäten seiner Menschen, ist er ein hervorragender Begleithund, der Beschäftigung und Bewegung braucht und zu vielen sportlichen Aktivitäten verwendet werden kann. Wird noch als Diensthund bei der Polizei eingesetzt. Kein Hund für Jedermann, aber ein zuverlässiger, robuster Kumpel, wenn man ihn zu nehmen weiß. Das raue Haar wird getrimmt und haart nicht.

Schnauzer
FCI-Nr. 181
Land Deutschland
Schulterhöhe 60–70 cm
Gewicht 35–47 kg
Farben schwarz, Pfeffersalz

Erziehung	
Pflege	
Beschäftigung	
Bewegung	
Verbreitung	

Pinscher und Schnauzer | 61

Schnauzer

Schnauzer	
FCI-Nr. 182	
Land Deutschland	
Schulterhöhe 45–50 cm	
Gewicht 14–20 kg	
Farbe schwarz, Pfeffersalz	

HERKUNFT Bauern- und Stallhund, Wächter und Rattenfänger. Der ehemalige „Rattler" war in Süddeutschland beheimatet. Er lebte in Ställen und Scheunen, hielt Ratten und Mäuse kurz und bewachte den Hof.

VERWENDUNG Familienbegleithund.

WESEN UND VERHALTEN Schneidiges, unerschrockenes, lebhaftes Temperament gepaart mit bedächtiger Ruhe. Gutartiger Charakter. Sehr selbstbewusst und selbstsicher, nicht unterordnungsbereit, von sich aus nicht aggressiv, geht aber keinem Streit aus dem Wege. Unbestechlicher, verteidigungsbereiter Wächter, klug und gelehrig.

HALTUNG Starke Hundepersönlichkeit, ideal für Menschen mit natürlicher Autorität. Bei konsequenter, nicht harter Erziehung ein gehorsamer, sehr auf seinen Menschen fixierter Hund. Fremden gegenüber gleichgültig, unnahbar. Angenehmer, robuster Begleithund, der sich für viele hundesportliche Aktivitäten eignet. Liebt ausgedehnte Spaziergänge und Beschäftigung, ist dann im Haus ruhig und mit seinen Wachaufgaben beschäftigt. Bis ins hohe Alter spielfreudig. Das raue Haar wird getrimmt, ist dann pflegeleicht und haart nicht.

Erziehung
Pflege
Beschäftigung
Bewegung
Verbreitung

Zwergschnauzer

HERKUNFT Aus rauhaarigen Pinschern als Ebenbild des Schnauzers gezüchteter Kleinhund.
VERWENDUNG Familienbegleithund.
WESEN UND VERHALTEN Lebhafter, temperamentvoller, stets aufmerksamer, verspielter Kleinhund, dem nichts entgeht. Unerschrocken, klug und gelehrig. Starke Persönlichkeit, die sich nicht leicht unterordnet. Fremden gegenüber unnahbar bis abweisend, dabei nicht aggressiv, aber auch keinem Streit ausweichend, manchmal sich selbst im Umgang mit fremden Hunden überschätzend.
HALTUNG Der robuste, putzmuntere Zwergschnauzer ist ein ausdauernder entzückender Begleithund, der sich eng an seine Bezugsperson anschließt. Mit Konsequenz ohne Härte gut zu erziehen. Er ist wachsam bis bellfreudig. Ausdauernder Wandergefährte. Er liebt hundesportliche Aktivitäten, Hauptsache dabei und was los. Dann angenehmer, anpassungsfähiger Wohnungshund und Reisebegleiter, für ein Stadt- oder Landleben ebenso geeignet wie für Familien und alleinstehende Menschen. Das raue Fell wird getrimmt, ist dann pflegeleicht und haart nicht. Hohe Lebenserwartung.

Schnauzer
FCI-Nr. 183
Land Deutschland
Schulterhöhe 30–35 cm
Gewicht 4–8 kg
Farben weiß, schwarz, Pfeffersalz, schwarzsilber

Erziehung			
Pflege			
Beschäftigung			
Bewegung			
Verbreitung			

Pinscher und Schnauzer | 63

Schwarzer Terrier
Tchiorny Terrier

Schwarzer Terrier
FCI-Nr. 327
Land Russland
Schulterhöhe
Rüden 66–72 cm,
Hündinnen 64–70 cm
Farbe schwarz, schwarz mit grauen Haaren

HERKUNFT Vom sowjetischen Militär als scharfer Schutzhund aus verschiedenen Schutzhundrassen gezüchtet. Das Zuchtprogramm scheiterte, weil die Hunde zu führerbezogen waren und unter häufigem Führerwechsel litten. Nach der Wende Zucht in Privathand mit Selektion auf Begleithund.

VERWENDUNG Wach- und Begleithund.

WESEN UND VERHALTEN Der einst scharfe Diensthund ist heute zum Familienbegleithund geworden. Er ist robust, intelligent und lernfähig. Sehr stark territorial veranlagter Hund, misstrauisch gegen Fremde mit ausgeprägtem Wachinstinkt, nach wie vor verteidigungsbereiter Schutzhund.

HALTUNG Sehr personenbezogener, mit gebotener Konsequenz und Sachverstand gut zu erziehender Hund, der früh geprägt und sozialisiert in seinem Revier willkommene Gäste akzeptiert. In der Familie sehr anhänglich und umgänglich. Er zieht intensive Beschäftigung, Gehorsamsübungen, Sucharbeit, Spiel usw. mehrmals am Tag für kurze Zeit ausgedehnten langweiligen Spaziergängen vor. Das Fell wird getrimmt, ist dann recht gut zu pflegen und haart nicht.

Erziehung				
Pflege				
Beschäftigung				
Bewegung				
Verbreitung				

64 | Pinscher und Schnauzer

Dogo Argentino
Argentinische Dogge

HERKUNFT Nachkomme der Doggen, die die Spanier bei der Eroberung Südamerikas mitbrachten. Ab 1928 von Dr. Nores Martinez als Großwild-Jagdhund aus Kampfhund- und doggenartigen Rassen gezüchtet.
VERWENDUNG Jagdhund für Großwild.
WESEN UND VERHALTEN In seiner Familie fröhlich, anspruchslos, freundlich; er bellt wenig und ist sich immer seiner Kraft bewusst. Fremden gegenüber misstrauisch, aggressives Verhalten ist zu kontrollieren. Sehr territorial, daher fremden Hunden gegenüber – insbesondere Rüden unter sich – unverträglich. Selbstbewusster, selbstständig handelnder, nicht unterordnungsbereiter Hund, der sich durchzusetzen versteht. Ausgeprägtes Jagdverhalten bei sehr guter Nase, jagt lautlos und geht mutig an wehrhaftes Wild.
HALTUNG Der athletische, kraftvolle, schnelle Hund braucht eine sehr sachkundige, konsequente Führung. Frühe Prägung und Sozialisierung für den späteren Umgang mit fremden Menschen und Hunden unerlässlich. Nur für sportliche Menschen geeignet, die viel mit ihrem Hund unternehmen können. Das kurze Fell ist pflegeleicht.

Doggenartiger Hund
FCI-Nr. 292
Land Argentinien
Schulterhöhe
Rüden 62–68 cm,
Hündinnen 60–65 cm
Farben weiß, dunkle Farbflecken um die Augen erlaubt

Erziehung			
Pflege			
Beschäftigung			
Bewegung			
Verbreitung			

Molossoide | 65

Fila Brasileiro

Doggenartiger Hund
FCI-Nr. 225
Land Brasilien
Schulterhöhe Rüden 65–75 cm, Hündinnen 60–70 cm
Gewicht Rüden ab 50 kg, Hündinnen ab 40 kg
Farben gestromt, kleine weiße Abzeichen erlaubt

Erziehung	
Pflege	
Beschäftigung	
Bewegung	
Verbreitung	

HERKUNFT Aus verschiedenen Doggen und Jagdhunden für die Großwildjagd gezüchtet, auch Viehtreiber und Schutzhund.

VERWENDUNG Begleithund.

WESEN UND VERHALTEN Charakteristisch Mut, Entschlossenheit und Tapferkeit. Sehr territorial veranlagt, allem Fremden gegenüber misstrauisch, im eigenen Revier sehr selbstsicher und selbstbewusst, fremden Hunden gegenüber unduldsam. Hervorragender Wach- und Schutzhund. Ausgeprägter Jagdtrieb bei herausragender Nase.

HALTUNG Der ausgesprochen kraftvolle und schnelle Hund, der sich durch blitzschnelle Reaktionen auszeichnet, ist körperlich nicht zu halten. Der seinem Herrn gegenüber sensible Hund erkennt nur eine klare Führung an und muss mit viel Sachverstand früh geprägt, sozialisiert und konsequent erzogen werden. Er bleibt dennoch ein anstrengender Hund, der alles riecht, sieht und selbstständig entscheidet. Nur für Kenner und sportliche Menschen geeignet, die den Hund geistig und körperlich auslasten können. Das kurze Fell ist pflegeleicht.

Shar Pei

HERKUNFT Sehr alte Hundeform in China, einst Jagd- und Wachhund. In den 1950er Jahren beinahe ausgerottet, wurde er in den 1970ern von einem Chinesen über weltweite Publikationen vor dem Aussterben bewahrt. Die massive, weltweite Werbung mit faltigen Welpen führte zur Zucht von Hunden mit übertriebener, krankhafter Faltenbildung. Der erwachsene Hund darf am Körper nur mäßige Falten auf der Schulter und am Rutenansatz aufweisen. Die Augen dürfen nicht von Haut bedeckt sein.

VERWENDUNG Familienbegleithund.

WESEN UND VERHALTEN Ruhig, unabhängig. In seiner Familie fröhlich, anhänglich, immer gut gelaunt. Er ist intelligent. Fremden gegenüber misstrauisch, guter Wächter.

HALTUNG Anspruchsloser Familienbegleithund, der unbedingt die Nähe zu seinen Menschen braucht. Er ist nicht so schnell aus der Ruhe zu bringen und leicht zu erziehen. Er geht gerne spazieren, ist aber kein ausgesprochen sportlicher Hund, der beschäftigt werden muss. Das raue, borstige Haar ist pflegeleicht, die Hautfalten sind sauber zu halten.

Doggenartiger Hund
FCI-Nr. 309
Land China
Schulterhöhe 44–51 cm
Farben alle außer weiß

Erziehung	
Pflege	
Beschäftigung	
Bewegung	
Verbreitung	

Molossoide | 67

Broholmer

Doggenartiger Hund
FCI-Nr. 315
Land Dänemark

Schulterhöhe
Rüden ca. 75 cm,
Hündinnen ca. 70 cm
Gewicht Rüden 50–70 kg,
Hündinnen 40–60 kg
Farben gelb, rot mit
schwarzer Maske, schwarz

Erziehung	
Pflege	
Beschäftigung	
Bewegung	
Verbreitung	

HERKUNFT Auf mittelalterliche Jagdhunde für die Jagd auf Hirsche zurückgehend, später Wachhund großer Höfe und Anwesen. Die alte dänische Dogge war nahezu ausgestorben. Sie wird seit 1975 unter strengen Auflagen nach altem Vorbild rückgezüchtet.

VERWENDUNG Wach- und Begleithund.

WESEN UND VERHALTEN Ruhig, gutartig, freundlich und dennoch wachsam. Der Hund muss sehr großes Selbstvertrauen zeigen. Bei der Zucht wird auf Gutartigkeit besonderer Wert gelegt.

HALTUNG Der Broholmer muss mit liebevoller Konsequenz erzogen werden. Härte macht ihn unsicher und stur. Er braucht eine klare Führung, einen Menschen, den er akzeptieren kann. Er ist recht selbstständig und lässt sich nicht gängeln, er arbeitet gern mit seiner Bezugsperson, aber bei Drill und Wiederholungen sinnloser Übungen steigt er aus und geht seiner Wege. Der Broholmer braucht engen Familienanschluss, freut sich über gemeinsame Aktionen, muss aber nicht ständig beschäftigt und bewegt werden. Er braucht Lebensraum, kein Stadt- und Wohnungshund. Das dichte Stockhaar ist pflegeleicht, haart stark.

68 | Molossoide

Deutscher Boxer

HERKUNFT Nachfahre der mittelalterlichen Bullenbeißer und Saupacker, die bei der Jagd das gestellte Wild festhielten und Bullen an der Nase packten. Die verkürzte Oberkiefer erlaubte beim Festhalten das Atmen.

VERWENDUNG Begleit-, Schutz- und Gebrauchshund. Anerkannte Diensthundrasse.

WESEN UND VERHALTEN Kraftvoller, in der Jugend sehr temperamentvoller Hund. Nervenstark, selbstbewusst, arbeitsfreudig, intelligent und gelehrig. Fremden Menschen gegenüber misstrauisch, fremden Hunden gegenüber souverän. Er ist heiter und freundlich im Spiel, aber furchtlos im Ernst, wachsam und verteidigungsbereit, im Ernstfall kompromisslos.

HALTUNG Er braucht eine konsequente Erziehung und ordnet sich nur einer von ihm anerkannten Führung unter. Setzt sich durch passive Dominanz wie Ignoranz und Verhaltensweisen, die gerne als Clownerie bezeichnet werden, durch. Braucht aktive sportliche Betätigung und ist vielseitig einsetzbar. Kein Hund für bequeme Menschen. Das kurze Fell ist pflegeleicht, bietet jedoch keinen Schutz. Der Boxer leidet deshalb sehr stark unter Hitze und verträgt Nässe und Kälte nur in Bewegung gut.

Doggenartiger Hund
FCI-Nr. 144
Land Deutschland
Schulterhöhe Rüden 57–63 cm, Hündinnen 53–59 cm
Gewicht Rüden über 30 kg Hündinnen ca. 25 kg
Farben gelb oder gestromt, mit oder ohne weiße Abzeichen

Erziehung			
Pflege			
Beschäftigung			
Bewegung			
Verbreitung			

Molossoide | 69

Deutsche Dogge

Doggenartiger Hund
FCI-Nr. 235
Land Deutschland
Schulterhöhe Rüden mind. 80 cm, Hündinnen mind. 72 cm
Farben gelb, gestromt, gefleckt, schwarz, blau

Erziehung
Pflege
Beschäftigung
Bewegung
Verbreitung

HERKUNFT Nachfahre mittelalterlicher Jagdhunde und Bullenbeißer. 1878 wurden die unterschiedlichen, starken, großen Hunde zur Deutschen Dogge zusammengefasst.

VERWENDUNG Begleithund.

WESEN UND VERHALTEN Sehr sensibel, freundlich, liebevoll anhänglich zu seinen Menschen, zurückhaltend gegen Fremde. Sie soll selbstsicher, unerschrocken, leichtführig und gelehrig sein, aber nicht aggressiv. Territorial veranlagter Hund, in fremder Umgebung eher zurückhaltend, im eigenen Revier fremde Hunde ungern duldend. Wachsam und verteidigungsbereit.

HALTUNG Sachkundige, liebevoll konsequente Erziehung notwendig. Die Dogge ordnet sich nur einer anerkannten Führungsperson unter. Natürliche Autorität ist angebracht, da dieser mit ungeheurer Kraft ausgestattete Hunderiese körperlich nicht zu kontrollieren ist. Sehr anspruchsvoller Hund, der Familienanschluss und viel Lebensraum braucht. Die Dogge muss sehr sorgfältig geprägt, sozialisiert und aufgezogen werden. Kein Stadthund. Das kurze Fell ist pflegeleicht, bietet aber keinen Schutz.

Rottweiler

HERKUNFT Nachfahre der Saupacker, später Treib- und Metzgershund, der bei der Handhabung des Schlachtviehs half. Da Rottweil ein zentraler Viehmarkt war, sah man dort viele dieser Hunde, was zu dem Namen führte.
VERWENDUNG Begleit-, Dienst- und Gebrauchshund. Er gehört zu den anerkannten Diensthundrassen.
WESEN UND VERHALTEN Freundliche, friedliche Grundstimmung, sehr anhänglich und arbeitsfreudig. Selbstsicher, nervenfest und unerschrocken. Stets aufmerksam. Sehr territorial, kompromissloser Wach- und Schutzhund. Bei drohender Gefahr reagiert der Rottweiler blitzschnell.
HALTUNG Sehr starker, gelassener, aber impulsiver Hund, der eine sachkundige und konsequente Erziehung braucht. Muss früh an fremde Umgebung, fremde Menschen und Hunde herangeführt sowie in die Familie integriert werden. Besonders Rüden neigen dazu, Führung zu übernehmen und sich durchzusetzen. Er gehört nur in hundeerfahrene Hände und braucht Beschäftigung und Bewegung, ein sportlicher Hund für sportliche Menschen. Braucht Familienanschluss, aber kein Familien- und Stadthund. Pflegeleichtes, derbes Stockhaar.

Doggenartiger Hund
FCI-Nr. 147
Land Deutschland
Schulterhöhe Rüden 61–68 cm, Hündinnen 56–63 cm
Gewicht Rüden ca. 50 kg, Hündinnen ca. 42 kg
Farben schwarz mit satten braunen Abzeichen

Erziehung			
Pflege			
Beschäftigung			
Bewegung			
Verbreitung			

Molossoide | 71

Bordeaux Dogge
Dogue de Bordeaux

Doggenartiger Hund
FCI-Nr. 116
Land Frankreich
Schulterhöhe
Rüden 60–68 cm,
Hündinnen 58–66 cm
Gewicht
Rüden mind. 50 kg,
Hündinnen mind. 45 kg
Farben einfarbig falbfarben, mit oder ohne Maske

Erziehung			
Pflege			
Beschäftigung			
Bewegung			
Verbreitung			

HERKUNFT Auf die kampfstarken Doggen der Kelten zurückgehende Nachfahren mittelalterlicher Saupacker und Bärenbeißer. Später Helfer der Metzger und Wach- und Schutzhund größer Anwesen.
VERWENDUNG Großer Begleithund.
WESEN UND VERHALTEN Territorialer Hund, der sein Anwesen und seine Menschen mit großem Mut beschützt. Dank seines ruhigen, ausgeglichenen Wesens mit sehr hoher Reizschwelle kommt er mit grimmigem Drohen zum Ziel. Der Rüde ist in der Regel von dominantem Wesen, allerdings eher passiv, ignorant und stur als aggressiv, dennoch sensibel und nachtragend.
HALTUNG Der sehr selbstsichere, kraftvolle Hund braucht eine konsequente Erziehung mit viel Geduld und Einfühlungsvermögen, wird sich aber nie gänzlich unterordnen und ein „folgsamer" Hund sein. Er tut seinen Menschen höchstens einen Gefallen, wenn sie etwas von ihm wollen. Kein Hund für Anfänger oder sportliche Menschen, die viel mit ihm unternehmen wollen. Er fühlt sich bei vollem Familienanschluss auf einem großen Grundstück wohl, für das er verantwortlich sein darf. Das kurze Fell ist pflegeleicht.

Englische Bulldogge

HERKUNFT Alte Bullenbeißerrasse.
VERWENDUNG Familienbegleithund.
WESEN UND VERHALTEN Vermittelt den Eindruck von Entschlossenheit, Kraft und Aktivität. Aufmerksam, kühn, loyal, zuverlässig, mutig, grimmig im Aussehen, aber liebenswürdig im Wesen.
HALTUNG Die Bulldogge wäre gerne ein lebhafter, verspielter, fröhlicher Hund, ist aber in einem funktionsuntüchtigen Körper gefangen. Die Hunde können sich nicht annähernd so bewegen, wie es ihr Temperament vorgibt. Das führt zu Stress. Sie sind extrem hitzeempfindlich, leiden rasch bei kleinen Anstrengungen unter Atemnot, je mehr sie dem „Schönheitsideal" entsprechen, desto schlimmer. Ein Hund für Menschen, die gerne umsorgen und pflegen, nichts für solche, die mit ihrem Hund etwas unternehmen wollen. Kein unterordnungsbereiter Hund mit starker Persönlichkeit, gerne eigensinnig, passiv dominant und ignorant. Geeignet für bequeme Menschen, die einen Hund suchen, der sich mit kurzen Ausgängen zufrieden gibt. Das kurze Fell ist pflegeleicht, dafür müssen die Falten, Augen usw. sauber gehalten werden, sonst riecht er streng.

Doggenartiger Hund
FCI-Nr. 149
Land Großbritannien
Schulterhöhe keine Angaben
Gewicht Rüden 25 kg, Hündinnen 23 kg
Farben einfarbig, gestromt, weiß und gescheckt, außer schwarz

Erziehung		
Pflege		
Beschäftigung		
Bewegung		
Verbreitung		

Molossoide | 73

Bullmastiff

Doggenartiger Hund
FCI-Nr. 157
Land Großbritannien
Schulterhöhe
Rüden 63,5–68,5 cm,
Hündinnen 61–66 cm
Gewicht Rüden 50–59 kg,
Hündinnen 41–50 kg
Farben einfarbig rot, rehbraun, gestromt mit schwarzem Fang

Erziehung		
Pflege		
Beschäftigung		
Bewegung		
Verbreitung		

HERKUNFT Einst Schutzhund der Jagdaufseher, Kreuzung aus Mastiff und Bulldogge, der Wilddiebe stellen, aber nicht verletzen sollte. Später Polizeihund.
VERWENDUNG Wachhund, heute Familienbegleithund.
WESEN UND VERHALTEN Sehr lebhaft, wachsam. Intelligent, gelehrig, territorial und sehr selbstsicher, gelassen und belastbar.

HALTUNG Der Bullmastiff ist ein sportlicher Hund, der gerne viel mit seiner Familie unternimmt. Er ordnet sich nur einer klaren Führung unter, dann ist er zuverlässig gehorsam, wird aber seine Persönlichkeit nie aufgeben, deshalb für Hundesport nur bedingt geeignet. Er braucht eine konsequente, sachkundige Erziehung und liebt aktive Beschäftigung mit seinen Menschen. Er ist ein ausgezeichneter Wächter, im Ernstfall auch Beschützer, aber sehr souverän und nicht von sich aus aggressiv. Stark an seine Familie gebunden, verhält er sich freundlich neutral zu Fremden. Kein Hund für bequeme Menschen. Der Bullmastiff ist kein ausgesprochen lauffreudiger Hund, der seine Spaziergänge liebt und keine Neigung zum Streunen oder gar Wildern zeigt. Das kurze Fell ist pflegeleicht.

Mastiff

HERKUNFT Englische Dogge, Nachfahre alter Saupacker und Bärenbeißer. Schon die Römer waren von den großen Doggen der Britannier beeindruckt, die sie nach Rom in die Arenen brachten.

VERWENDUNG Familienbegleithund.

WESEN UND VERHALTEN Ruhiger, gutmütiger, zuverlässiger Beschützer seiner Familie, der sich nur schwer provozieren lässt und sehr tolerant gegen Mensch und Tier ist. Sehr territorial, sein Drohen nimmt jeder ernst. Sensibel und liebenswürdig in der Familie.

HALTUNG In der Aufzucht anspruchsvoller Hund, der Lebensraum und Familienanschluss braucht. Er ordnet sich nur einer von ihm anerkannten Führung unter und muss deshalb mit liebevoller Konsequenz erzogen werden, er wird jedoch nie ein Hund sein, der auf's Wort folgt, sondern der recht stur sein kann. Kein Hund für sportliche Menschen, die viel mit ihrem Hund unternehmen wollen. Er liebt Spaziergänge, bevorzugt jedoch kühle Temperaturen. Ein sehr gelassener Vierbeiner für Menschen, die mit ihrem Hund leben, aber ihn nicht ständig beschäftigen wollen. Das kurze Fell ist pflegeleicht, sabbert durch die hängenden Lefzen.

Doggenartiger Hund
FCI-Nr. 264
Land Großbritannien
Schulterhöhe keine Angaben
Farben apricot-, silber- und rehbraun, dunkelgestromt mit schwarzer Maske

| Erziehung |
| Pflege |
| Beschäftigung |
| Bewegung |
| Verbreitung |

Molossoide | 75

Mastino Napoletano

Doggenartiger Hund
FCI-Nr. 197
Land Italien
Schulterhöhe
Rüden 65–75 cm,
Hündinnen 60–68 cm
Gewicht Rüden 60–70 kg,
Hündinnen 50–60 kg
Farben grau, schwarz,
braun, falb, rot, auch
gestromt

Erziehung				
Pflege				
Beschäftigung				
Bewegung				
Verbreitung				

HERKUNFT Nachfahre alter römischer Doggen, die sich in Süditalien als Hirten- und Bauernhunde erhalten konnten.

VERWENDUNG Schutz- und Wachhund.

WESEN UND VERHALTEN Sehr territorialer Hund, ausgezeichneter Beschützer, allem Fremden gegenüber misstrauisch. Beeindruckend souverän und lässt sich schwer provozieren, reagiert dann jedoch blitzschnell.

HALTUNG Er braucht eine sachkundige, konsequente und einfühlsame Erziehung und ist kein Hund für Anfänger. Er ordnet sich nur einer von ihm anerkannten Führung unter. Die Verantwortung für Haus und Hof nimmt er ernst, er braucht ein Areal zum Bewachen. Kein Hund für Stadtwohnungen. Er ist zwar intelligent und lernfähig, aber er tut keine für ihn unsinnigen Dinge auf Kommando. Eine starke Hundepersönlichkeit, die fremde Hunde im eigenen Revier nicht duldet und schon früh im Rudel um den Rang streitet. Welpen müssen früh geprägt und sozialisiert werden. Er geht zwar spazieren, fordert aber keine körperliche Aktivitäten. Nicht geeignet für sportliche Menschen. Das kurze Fell ist pflegeleicht.

Cane Corso
Italienischer Corso-Hund

HERKUNFT Nachkomme römischer Molosser, der sich auf den Bauernhöfen Süditaliens als Wach- und Treibhund erhalten konnte und erst vor wenigen Jahren als Rasse anerkannt wurde. Er wird auch zur Großwildjagd eingesetzt.

VERWENDUNG Wach-, Schutz-, Polizei- und Fährtenhund.

WESEN UND VERHALTEN Temperamentvoller Hund, sehr territorial, daher allem Fremden gegenüber im eigenen Revier abweisend und fremde Hunde nicht duldend, in fremdem Gebiet eher zurückhaltend neutral. Sehr auf seine Familie bezogen.

HALTUNG Ein Hund für erfahrene Hundekenner, der eine einfühlsame, konsequente Erziehung und klare Rudelführung bei Familienanschluss braucht. Frühe Prägung und Sozialisierung notwendig, denn der Hund braucht Bewegung und Aufgaben. Kein Hund für bequeme Menschen. Eignet sich nicht für ein Leben in der Stadt oder als Wohnungshund. Lebensraum, ein eigenes Revier zum Bewachen und ausgiebige Bewegungsmöglichkeit sind notwendig, um ihn auszulasten. Das kurze Fell ist pflegeleicht.

Doggenartiger Hund
FCI-Nr. 343
Land Italien
Schulterhöhe Rüden 64–68 cm, Hündinnen 60–64 cm
Gewicht Rüden 45–50 kg, Hündinnen 40–45 kg
Farben schwarz, grau, falb, rot, auch gestromt

Erziehung			
Pflege			
Beschäftigung			
Bewegung			
Verbreitung			

Molossoide | 77

American Bulldog

Doggenartiger Hund
FCI-Nr. keine
Land USA
Schulterhöhe
Rüden 58–71 cm,
Hündinnen 51–66 cm
Gewicht Rüden 41–68 kg,
Hündinnen 32–59 kg
Farben weiß, gestromt, gescheckt rot, falb, braun, mahagoni, creme

Erziehung				
Pflege				
Beschäftigung				
Bewegung				
Verbreitung				

HERKUNFT Die ersten britischen Siedler brachten Bulldoggen mit, die jedoch nicht dem modernen Typ entsprachen, kreuzten sie mit allen möglichen anderen Rassen. Nicht FCI-anerkannte Rasse, kein einheitlicher Standard, daher unterschiedliches Aussehen und Wesen möglich.

VERWENDUNG Vielseitig einsetzbarer Farmerhund zum Schützen des Hofs und Viehs, Vertreiben verwilderter Hunde und Raubtiere, Viehtreiben und zur Wildschweinjagd.

WESEN UND VERHALTEN Lebhafter, in der Familie fröhlicher, umgänglicher Hund, sehr territorial, daher Fremden gegenüber nicht aufgeschlossen, willkommene Familien-Gäste werden akzeptiert. Kein leichtführiger, sondern sehr selbstbewusster, selbstständiger Hund, der Initiative ergreift.

HALTUNG Er braucht eine konsequente Erziehung und klare Führung, frühe Prägung an fremde Hunde, die er in seinem Revier nicht duldet. Ein Hund für sportliche Menschen, die viel mit ihrem Hund unternehmen wollen. Kein Hund für Anfänger. Das kurze Fell ist pflegeleicht.

78 | Molossoide

Anatolischer Hirtenhund
Coban Köpegi

HERKUNFT Herdenschützer in Anatolien. Die Rassebezeichnung ist ein Oberbegriff der FCI, in der Türkei wird als anerkannte Rasse nur der Kangal gezüchtet.
VERWENDUNG Obwohl der deutsche Standard vom Hütehund spricht, ist er ein zuverlässiger Schutzhund der Herden und großer Anwesen.
WESEN UND VERHALTEN Ausgeglichen, unabhängig, sehr intelligent, agil und schnell. Auch hier schönt der Standard „ohne jegliche Aggressivität", „führig". Der Anatolier ist einer der ursprünglichsten Herdenschützer, sehr territorial, aufmerksam, besonders bei Nacht stets verteidigungsbereit. Besonders Rüden sind ausgesprochen dominant, setzen ihren Rang durch, zu Fremden misstrauisch und dulden keine fremden Hunde im eigenen Revier.
HALTUNG Kein Familienbegleithund, gehört nur in Kennerhand. Er braucht Lebensraum, um seine Aufgabe als Wach- und Schutzhund auszuüben. Er ordnet sich nur einer von ihm anerkannten Führung unter, wird jedoch immer selbstständig handeln, wenn er die Notwendigkeit sieht. Frühe Prägung an alles Fremde und sorgfältige Sozialisierung unumgänglich. Robust und pflegeleicht.

Berghund
FCI-Nr. 331
Land Türkei
Schulterhöhe
Rüden 74–81 cm,
Hündinnen 71–79 cm,
Gewicht Rüden 50–65 kg,
Hündinnen 40–55 kg
Farben alle

Erziehung			
Pflege			
Beschäftigung			
Bewegung			
Verbreitung			

Molossoide | 79

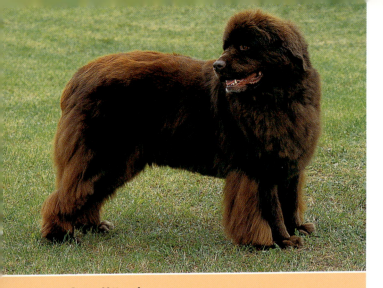

Neufundländer

Berghund
FCI-Nr. 50
Land Kanada
Schulterhöhe
Rüden 71 cm,
Hündinnen 66 cm
Gewicht Rüden 68 kg,
Hündinnen 54 kg
Farben einfarbig schwarz,
braun, schwarz-weiß

Erziehung			
Pflege			
Beschäftigung			
Bewegung			
Verbreitung			

HERKUNFT Wasser-, Rettungs- und Zughund der Fischer an den Küsten Neufundlands, im 19. Jh. nach England gebracht.

VERWENDUNG Begleithund.

WESEN UND VERHALTEN Als Junghund stürmisch, temperamentvoll, erwachsen gelassen, ruhig. Schlägt an, ist aber kein Wach- und Schutzhund. Im Regelfalle Mensch und Tier freundlich gesonnen. Der nicht unterordnungsbereite Hund setzt sich mit liebenswürdiger Sturheit durch.

HALTUNG Selbstsichere Persönlichkeit, die vom Welpenalter an eine konsequente Erziehung und klare Rudelführung braucht, um Auseinandersetzungen im Flegelalter zu vermeiden. Kein Hund für hundesportliche Aktivitäten. Er kann und sollte zur Begleithundprüfung sowie Wasser- und Apportierarbeit ausgebildet werden. Der Neufundländer liebt das Wasser und ist ein ausdauernder Schwimmer. Kein Wohnungs- oder Stadthund. Er liebt den Aufenthalt im Freien, braucht unbedingt die Nähe zu seiner Familie und geht gerne spazieren. Das dichte, fettige Fell ist nicht leicht zu pflegen, muss aber sauber gehalten werden, da es sonst unangenehm riecht.

Hovawart

HERKUNFT Anfang des 20. Jh. begann Kurt F. König mit der Rückzüchtung des seit dem Mittelalter bekannten alten Hofhundes mithilfe noch vorhandener Bauernhunde, Neufundländer, Leonberger, Deutscher Schäferhund u.a. Rasseanerkennung 1937.
VERWENDUNG Sportlicher Begleithund, vielseitiger Gebrauchshund. Anerkannter Diensthund.
WESEN UND VERHALTEN Selbstsicherer, belastbarer, aktiver Schutzhund von mittlerem Temperament. Sehr territorial veranlagt, Fremden gegenüber aufmerksam, neutral, fremde Hunde im eigenen Revier nur ungern duldend. Sehr intelligent, gelehrig, aber nicht leicht führig. Kampf- und Schutztrieb im Standard verankert.
HALTUNG Anspruchsvoller Hund, der von klein auf eine konsequente Erziehung und klare Rangordnung braucht. Er wird erwachsen und setzt dann seine Führung durch. Kein Hund für Anfänger oder bequeme Menschen. Er braucht Arbeit und Beschäftigung, ist ein sehr guter Fährten- und Rettungshund, weniger geeignet für schnelle Sportarten. Der Hovawart fordert Aufgaben und Zuwendung, kein Hund, der mal eben so in der Familie mitläuft. Das schlichte Langhaar ist pflegeleicht.

Berghund
FCI-Nr. 190
Land Deutschland
Schulterhöhe
Rüden 63–70 cm,
Hündinnen 58–65 cm
Farben schwarz-markenfarbig, schwarz, blond

Erziehung	
Pflege	
Beschäftigung	
Bewegung	
Verbreitung	

Molossoide | 81

Leonberger

Berghund	
FCI-Nr. 145	
Land Deutschland	
Schulterhöhe Rüden 72–80 cm, Hündinnen 65–75 cm	
Farben Löwengelb, rot, rotbraun, sandfarben mit schwarzer Maske	

Erziehung	
Pflege	
Beschäftigung	
Bewegung	
Verbreitung	

HERKUNFT Um 1840 von Stadtrat Heinrich Essig aus Leonberg, berühmter Hundehändler- und -züchter, für zahlungskräftige Kunden geschaffene Rasse. Er kreuzte Bernhardiner, Pyrenäenberghund, Landseer etc., um das Wappentier der Stadt Leonberg zu verkörpern.

VERWENDUNG Wach- und Begleithund.

WESEN UND VERHALTEN Der Leonberger ist ein selbstsicherer, furchtloser Begleiter von mittlerem Temperament. Sehr territorial veranlagt, wachsam und verteidigungsbereit, zu fremden Hunden im eigenen Revier unduldsam.

HALTUNG Der Leonberger braucht vom Welpenalter an eine konsequente Erziehung und klare Rangordnung und muss sorgfältig geprägt und sozialisiert werden. Der schnell wachsende, große, starke Hund muss mit großer Sorgfalt aufgezogen werden. Er hält sich gern im Freien auf, braucht unbedingt engen Familienanschluss und Lebensraum. Kein Hund für Anfänger oder im Hundesport engagierte Menschen, kann aber die Begleithundprüfung ablegen und sehr gute Nasenarbeit leisten. Der Leonberger steht im Verhalten noch den Herdenschützern sehr nahe. Das lange Fell ist pflegeleicht.

82 | Molossoide

Landseer
europäisch-kontinentaler Typ

HERKUNFT Nachkomme von Hirtenhunden, die von portugiesischen und baskischen Fischern an die Küsten Neufundlands mitgebracht wurden und als Zug- und Wasserrettungshunde dienten.
VERWENDUNG Wach- und Begleithund.
WESEN UND VERHALTEN Lebhafter, freundlicher, aufmerksamer Hund. Territorial, wachsam, eher drohend als wirklich aggressiv sein Territorium verteidigend. Starke Rüden dulden fremde Rüden nicht im Revier. Klug, gelehrig, anschmiegsam, dennoch selbstsicher und nicht unterordnungsbereit.
HALTUNG Der große, sehr temperamentvolle Junghund braucht vom Welpenalter an eine liebevoll konsequente Erziehung und klare Rudelführung und muss früh an Umwelt und fremde Hunde herangeführt werden. Der Landseer liebt den Aufenthalt im Freien bei vollem Familienanschluss. Gut geeignet für Menschen, die ihren Hund um sich haben können, ohne sich ständig mit ihm zu beschäftigen. Der Landseer braucht Lebensraum und ist nicht geeignet für die Wohnungshaltung oder für das Leben in der Stadt. Das schlichte, dichte Langhaar muss gepflegt werden.

Berghund
FCI-Nr. 226
Land Deutschland / Schweiz
Schulterhöhe
Rüden 72–80 cm, Hündinnen 67–72 cm
Farbe weiß, schwarze Platten am Rumpf, schwarzer Kopf mit Blesse

Erziehung	
Pflege	
Beschäftigung	
Bewegung	
Verbreitung	

Molossoide

Mastin Español
Spanischer Mastiff

Berghund
FCI-Nr. 91
Land Spanien
Schulterhöhe
Rüden mind. 77 cm,
Hündinnen mind. 72 cm
Farben gelb, rot, schwarz,
wolfsgrau, auch gestromt

Erziehung			
Pflege			
Beschäftigung			
Bewegung			
Verbreitung			

HERKUNFT Im westlichen Spanien verbreiteter Herdenschutzhund. Der Mastin Español gewinnt durch den Schutz des Wolfes für die Hirten an Bedeutung.
VERWENDUNG Wach- und Schutzhund.
WESEN UND VERHALTEN Sehr selbstsicherer, eigenständiger Hund. Insbesondere Rüden ausgeprägt dominant. Nicht unterordnungsbereit. Wachsam, besonders bei Nacht, früh meldend und eher drohend verteidigend, im Ernstfall zuverlässiger Beschützer.
HALTUNG Eine physisch und psychisch starke Hundepersönlichkeit, die eine einfühlsame, sehr konsequente Führung braucht. Nur für erfahrene, sachkundige Hundehalter geeignet. Ausgesprochen territorial braucht er ein Anwesen zum Bewachen, ist Fremden gegenüber misstrauisch und fremden Hunden im eigenen Revier gegenüber unduldsam. Kein Hund für Menschen, die ständig mit ihrem Hund etwas unternehmen oder Hundesport betreiben wollen. Er braucht jedoch Familienanschluss und liebt Spaziergänge. Sehr selbstständig im Wesen, obwohl er sehr an seiner Familie hängt. Kein Stadt- und Wohnungshund. Das dichte Stockhaar ist pflegeleicht, haart stark.

Mastin de los Pirineos
Pyrenäen Mastiff

HERKUNFT Ehemaliger Herdenschutzhund aus dem östlichen Spanien und den Pyrenäen.
VERWENDUNG Wach- und Schutzhund von Landgütern und deren Bewohnern, Begleithund.
WESEN UND VERHALTEN Sehr selbstsicherer, ausgeglichener, ruhiger, territorialer Hund, der vor Fremden in seinem Revier niemals zurückweicht. Im fremden Territorium sich eher neutral verhaltend. Typischer Herdenschützer, selbstständig handelnd, wenn es die Situation erfordert. Tagsüber eher ruhig beobachtend, aufmerksamer in der Nacht. Intelligent, aber nicht unterordnungsbereit.
HALTUNG Von klein auf braucht er eine liebevoll konsequente Erziehung und klare Rudelführung. Kein Hund für Anfänger oder für im Hundesport engagierte Menschen, sondern gut geeignet, wenn man den Hund um sich haben möchte, ohne sich ständig mit ihm zu beschäftigen. Er braucht Familienanschluss, Lebensraum und seine Aufgabe als Wächter. Er geht gerne spazieren, fordert aber keine ausgiebige Bewegung. Kein Stadt- und Wohnungshund. Das dichte Fell muss gepflegt werden.

Berghund
FCI-Nr. 92
Land Spanien
Schulterhöhe
Rüden mind. 77 cm,
Hündinnen mind. 72
Farben weiß mit grauen, goldgelben, braunen, schwarzen oder beigen Platten

Erziehung	
Pflege	
Beschäftigung	
Bewegung	
Verbreitung	

Molossoide

Pyrenäen-Berghund
Chien de Montagne des Pyrénées

Berghund
FCI-Nr. 137
Land Frankreich
Schulterhöhe
Rüden 70–80 cm,
Hündinnen 65–75 cm
Farbe weiß mit grauen, blassgelben oder orangefarbenen Flecken an Kopf und Körper

Erziehung	
Pflege	
Beschäftigung	
Bewegung	
Verbreitung	

HERKUNFT Herdenschutzhund der französischen Pyrenäen, auch Wachhund der Schlösser. Gesellschaftshund am Hof Ludwigs XIV.

VERWENDUNG Begleithund, zuverlässiger Wächter und Beschützer.

WESEN UND VERHALTEN Kräftiger, wendiger Hund mit einem Hang zur Unabhängigkeit und Eigeninitiative. Sehr territorial veranlagt, duldet er fremde Hunde in seinem Revier nicht und ist fremden Menschen gegenüber abweisend. Wachsam, verteidigungsbereit, nachts deutlich aufmerksamer als tagsüber. Keine sportlichen Ambitionen.

HALTUNG Er braucht eine liebevoll konsequente Erziehung und ordnet sich nur einer klaren Führung unter. Welpen müssen sehr früh geprägt und sozialisiert werden, um sich dem modernen Familienleben anzupassen. Kein Hund für Anfänger, geeignet für solche, die einen Hund in der Familie um sich haben wollen, sich aber nicht ständig mit ihm beschäftigen müssen. Er hält sich gerne im Freien auf, braucht Lebensraum und eine Aufgabe als Wächter. Kein Stadt- und Wohnungshund. Das weiße Fell muss gepflegt werden.

Sarplaninac
Jugoslovenski Ovcarski Pas, Jugoslawischer Hirtenhund

HERKUNFT Hirtenhund, der die Herden vor Wölfen, Bären und Luchsen, die Dörfer sowie Frauen und Kinder zuverlässig schützte. Er wurde auch für militärische und polizeiliche Zwecke gezüchtet. Die Ausfuhr war bis 1970 verboten.

VERWENDUNG Wach- und Schutzhund.

WESEN UND VERHALTEN Typischer Herdenschützer, sehr territorial, allem Fremden gegenüber abweisend, fremde Hunde im eigenen Revier nicht tolerierend. Im fremden Revier neutral. Deutlich aufmerksamer in der Dämmerung, wachsam, frühzeitig Ungewohntes meldend. Selbstbewusster, ruhiger, gelassener und eigenständig handelnder Hund. Nicht unterordnungsbereit.

HALTUNG Kein Hund für Anfänger. Er muss vom Welpenalter an sorgfältig auf Umwelt und alles Fremde geprägt und sozialisiert werden. Braucht eine sehr konsequente Erziehung. Ordnet sich nur einer anerkannten Führung unter. Braucht Familienanschluss, liebt den Aufenthalt im Freien, benötigt Lebensraum und die Aufgabe als Beschützer. Keine sportlichen Ambitionen. Kein Stadt- oder Wohnungshund. Das dichte Fell braucht Pflege.

Berghund
FCI-Nr. 41
Land Serbien / Makedonien
Schulterhöhe Rüden ab 70 cm, Hündinnen ab 58 cm
Farben eisen- bis dunkelgrau

Erziehung		
Pflege		
Beschäftigung		
Bewegung		
Verbreitung		

Molossoide | 87

Bernhardiner
St. Bernhardshund

Berghund
FCI-Nr. 61
Land Schweiz
Schulterhöhe
Rüden 70–90 cm,
Hündinnen 65–80 cm
Farben weiß mit rotbraunen Platten oder durchgehender Decke

Erziehung
Pflege
Beschäftigung
Bewegung
Verbreitung

HERKUNFT Schweizer Bauernhunde, die auf dem Hospiz des Großen St. Bernhard von den Mönchen als Wegbegleiter und später Suchhunde eingesetzt wurden. Der schwere Bernhardiner eignet sich nicht als Lawinenhund. Leichtere Typen werden wieder angestrebt.
VERWENDUNG Wach- und Begleithund.
WESEN UND VERHALTEN Ruhiges, als Junghund lebhaftes Temperament, wachsam. Territorialer Hund, der sein Revier verteidigt, dort fremde Hunde ungern duldet. In fremder Umgebung verhält er sich neutral. Bekannten Menschen gegenüber freundlich. Sein Ruf, gutmütig zu sein, darf nicht vergessen lassen, dass er eine echte Hundepersönlichkeit ist.
HALTUNG Sorgfältige Aufzucht mit angemessener Ernährung und Bewegung, dazu vom Welpenalter an eine konsequente Erziehung und klare Führung, frühe Prägung und Sozialisierung auf alles Fremde notwendig. Kein Hund für Anfänger oder sportlich ambitionierte Menschen. Er braucht Lebensraum und liebt den Aufenthalt im Freien, geht gerne spazieren, fordert aber weder Aktivität noch ausgiebige Bewegung. Sowohl das Kurz- als auch das Langhaar ist pflegeleicht.

Kaukasischer Owtscharka
Kavkazskaïa Ovtcharka

HERKUNFT Herdenschutzhund der Kaukasusregion, in den Bergen schwerer, in den Steppen leichterer Typ. In der Sowjetunion als scharfe Objekt- und Personenschutzhunde gezüchtet.

VERWENDUNG Herden-, Wach- und Schutzhund.

WESEN UND VERHALTEN Starker, ruhiger, ausgeglichener Wesenstyp mit gut ausgeprägter Verteidigungsreaktion, Schärfe und Misstrauen Fremden gegenüber sind typisch. Sehr territorialer Hund. Sehr selbstbewusst und nicht unterordnungsbereit. Rüden mehr als Hündinnen. In fremder Umgebung eher neutral.

HALTUNG Der imposante, ruhig wirkende, aber blitzschnell agierende Hund gehört nur in Kennerhand. Er ordnet sich nur einer klaren Führung unter, verliert jedoch nie seine Selbstständigkeit. Welpen benötigen frühe, sorgfältige Prägung und Sozialisierung auf alles Fremde. Konsequente Erziehung nötig sowie viel Verständnis für sein Wesen. Der Hund braucht Lebensraum, eine Aufgabe als Wachhund. Kein Stadthund oder für sportliche Menschen. Er geht spazieren, aber bevorzugt den Aufenthalt in seinem Revier. Das dichte Langhaar muss gepflegt werden.

Berghund
FCI-Nr. 328
Land Russland
Schulterhöhe
Rüden mind. 65 cm, Hündinnen mind. 62 cm
Farben grau, rostfarbig, strohgelb, weiß, erdfarben, gestromt und gescheckt

Erziehung		
Pflege		
Beschäftigung		
Bewegung		
Verbreitung		

Molossoide | 89

Zentralasiatischer Owtscharka
Sredneasiatskaïa Ovtcharka

Berghund
FCI-Nr. 335
Land Russland
Schulterhöhe
Rüden mind. 65 cm,
Hündinnen mind. 60 cm
Farben weiß, schwarz, grau, strohfarben, rot, gestromt, gescheckt

Erziehung
Pflege
Beschäftigung
Bewegung
Verbreitung

HERKUNFT Weit verbreiteter Herdenschutzhund Zentralasiens.

VERWENDUNG Herdenschutz- und Wachhund.

WESEN UND VERHALTEN Ruhiges Temperament, sehr selbstsicher und unabhängig. Er schätzt Bedrohungen ein und reagiert, wenn er es für nötig erachtet, ohne Vorwarnung blitzschnell. Sehr territorial, allem Fremden gegenüber abweisend, auch aggressiv. In fremder Umgebung verhält er sich eher neutral. Nicht unterordnungsbereit, selbstständig handelnd.

HALTUNG Der noch sehr ursprüngliche typische Herdenschützer gehört nur in erfahrene Hände mit angeborener Autorität und gründlicher Kenntnis von Hundeverhalten. Der Mittelasiat braucht eine konsequente, einfühlsame Erziehung und klare Führung, die er ein Leben lang immer wieder in Frage stellt. Frühe Prägung und Familienanschluss sind unerlässlich. Er ist gewohnt, viele Kilometer bei der Herde zu laufen und braucht deshalb Bewegung und Lebensraum sowie ein Revier zum Bewachen. Kein Hund für bequeme Menschen oder hundesportliche Aktivitäten. Robuster Hund mit pflegeleichtem Stockhaar.

Do Khyi
Tibet-Dogge

HERKUNFT Herdenschutzhund wandernder Hirten im Himalaya und traditioneller Wachhund der Klöster. Schon in der Antike eine Legende, beschrieb ihn Marco Polo als „eselsgroß".
VERWENDUNG Begleithund, Wach- und Schutzhund.
WESEN UND VERHALTEN Unabhängig, mit Schutzinstinkt. Respekt einflößend. Sehr territorial. Sehr auf seine Familie bezogen. Fremden gegenüber abweisend. Zuverlässiger Schutzhund, der im Ernstfall schnell und furchtlos reagiert. Nicht unterordnungsbereit. Ruhig und nervenstark.
HALTUNG Der selbstbewusste, selbstständige Hund braucht eine frühe Prägung auf fremde Einflüsse und vom Welpenalter an eine konsequente, liebevolle Erziehung, Einbindung in die Familie mit klarer Rudelführung. Er liebt den Aufenthalt im Freien, braucht Lebensraum, eine Aufgabe als Beschützer, ein Revier, das er abschreiten kann. Kein Stadthund, nicht für Hundesport geeignet. Ideal für Menschen, die den Hund gern um sich haben, ohne ihn ständig zu beschäftigen. Er geht gern spazieren, fordert aber keine sportlichen Aktionen. Das lange Fell braucht Pflege.

Berghund
FCI-Nr. 230
Land Tibet
Schulterhöhe Rüden mind. 66 cm, Hündinnen mind. 61 cm
Farben schwarz, blau mit oder ohne lohfarbene Abzeichen, gold

Erziehung		
Pflege		
Beschäftigung		
Bewegung		
Verbreitung		

Molossoide | 91

Appenzeller Sennenhund

Schweizer Sennenhund
FCI-Nr. 46
Land Schweiz
Schulterhöhe
Rüden 52–56,
Hündinnen 50–54 cm
Farben schwarz oder
havannabraun mit roten
und weißen Abzeichen

Erziehung	
Pflege	
Beschäftigung	
Bewegung	
Verbreitung	

HERKUNFT Treib-, Hüte-, Wach- und Hofhund aus der Region Appenzell, seit 1906 rein gezüchtet.

VERWENDUNG Vielseitig einsetzbarer Arbeits- und Familienbegleithund.

WESEN UND VERHALTEN Lebhaft, temperamentvoll, selbstsicher und furchtlos. Territorial veranlagt, leicht misstrauisch gegenüber Fremden; unbestechlicher Wächter. Jedoch bellfreudig und fremden Hunden im eigenen Revier gegenüber unduldsam. Freudig arbeitend und lernfähig, jedoch gern selbstständig handelnd und sich durchsetzend.

HALTUNG Gut geeignet für Menschen, die mit einer robusten Hundepersönlichkeit viel unternehmen wollen. Sehr athletischer, sportlicher Hund, aber nicht leichtführig. Bei konsequenter Erziehung und viel gemeinsamer Beschäftigung und Bewegungsmöglichkeit eignet er sich für vielerlei Aufgaben. Kein bequemer Hund und nicht unbedingt für Anfänger geeignet. Er braucht Familienanschluss und eine Aufgabe. Robust und unempfindlich liebt er den Aufenthalt im Freien. Kein Stadt- und Wohnungshund. Das kurze Fell ist pflegeleicht.

Berner Sennenhund

HERKUNFT Wach-, Treib- und Zughund auf den Bauernhöfen im Kanton Bern. Seit 1907 rein gezüchtet.
VERWENDUNG Familien- und vielseitiger Arbeitshund.
WESEN UND VERHALTEN Sicher, aufmerksam, wachsam und furchtlos in Alltagssituationen; gutmütig und anhänglich im Umgang mit vertrauten Personen, selbstsicher und friedlich gegenüber Fremden, mittleres Temperament, gute Führigkeit.
HALTUNG Der Berner Sennenhund ist ein angenehmer Begleithund, in der Jugend lebhaft, aktiv. Der erwachsene Hund ist eher gelassen und gemächlich. Er braucht eine liebevoll konsequente Erziehung, die auch ein Anfänger meistern kann, und arbeitet gern mit. Aufgrund seines Gewichts nicht geeignet für schnelle Sportarten und Springen, da er zuverlässig sucht, ist er ein guter Rettungs- und Fährtenhund. Er liebt den Aufenthalt im Freien, braucht Lebensraum, geht gern spazieren, aber ist nicht besonders anspruchsvoll. Kein Stadt- und Wohnungshund. Leider ist die Lebenserwartung nicht sehr hoch. Die Pflege des dichten Fells kann anstrengend sein, bei mangelnder Pflege schnell unangenehmer Körpergeruch.

Schweizer Sennenhund
FCI-Nr. 45
Land Schweiz
Schulterhöhe Rüden 64–70 cm, Hündinnen 58–66 cm
Farben schwarz mit braunen und weißen Abzeichen

Erziehung		
Pflege		
Beschäftigung		
Bewegung		
Verbreitung		

Schweizer Sennenhunde | 93

Entlebucher Sennenhund

Schweizer Sennenhund
FCI-Nr. 47
Land Schweiz
Schulterhöhe
Rüden 44–50 cm,
Hündinnen 42–48 cm
Farben schwarz mit roten und weißen Abzeichen

Erziehung	
Pflege	
Beschäftigung	
Bewegung	
Verbreitung	

HERKUNFT Treib-, Hüte-, Wach- und Hofhund. Seit 1927 rasserein gezüchtet.
VERWENDUNG Sportlicher Familienbegleithund.
WESEN UND VERHALTEN Lebhaft, temperamentvoll, selbstsicher und furchtlos; gegenüber vertrauten Personen gutmütig und anhänglich, gegenüber Fremden leicht misstrauisch; fremde Hunde im eigenen Revier ungern duldend. Unbestechlicher Wächter, bellfreudig. Voller Arbeitseifer und gelehrig.
HALTUNG Der Entlebucher ist ein echter Arbeitshund. Er will immer dabei sein, jegliche Aktivitäten schätzend. Er liebt es, Initiative zu ergreifen und selbstständig zu handeln. Er braucht eine konsequente, einfühlsame Erziehung und klare Führung, denn er scheut sich nicht, sie zu übernehmen. Auch für Anfänger geeignet, die sich intensiv mit Hundeverhalten und Erziehung befassen. Kein Hund für bequeme Menschen, bei Auslastung ein fröhlicher Familienbegleithund. Ein großer Hund von handlicher Größe. Der robuste, witterungsunempfindliche Hund liebt den Aufenthalt im Freien. Kein Stadt- oder Wohnungshund. Das kurze derbe Fell ist pflegeleicht. Natürlich verkürzte Ruten kommen noch vor.

94 | Schweizer Sennenhunde

Großer Schweizer Sennenhund

HERKUNFT Der ehemalige Karrenhund der Hausierer, Hofhund der Bauern und Viehtreiber der Metzger war in der ganzen Schweiz verbreitet. Die dreifarbigen Exemplare werden seit 1909 rein gezüchtet.

VERWENDUNG Schutz- und Begleithund.

WESEN UND VERHALTEN Sicher, aufmerksam und furchtlos in Alltagssituationen, gutmütig und anhänglich mit vertrauten Personen, selbstsicher gegenüber Fremden, mittleres Temperament. Sehr territorial veranlagt, fremde Hunde im eigenen Revier nicht duldend. Wenig unterordnungsbereit. Wachsam, aber nicht bellfreudig.

HALTUNG Kein Hund für Anfänger. Er kann sich durchsetzen und braucht von klein auf eine konsequente Erziehung und klare Führung. Frühe Prägung und Sozialisierung auf fremde Hunde und Umwelt notwendig, um gelassen mit ihnen umzugehen. Rüden sind in der Regel schwieriger als Hündinnen. Kein Stadt- und Wohnungshund. Braucht Familienanschluss und eine Aufgabe, am besten ein weitläufiges Gelände zum Bewachen. Geht gern spazieren, fordert aber keine sportlichen Aktivitäten. Das kurze, derbe Fell ist pflegeleicht.

Schweizer Sennenhund
FCI-Nr. 58
Land Schweiz
Schulterhöhe Rüden 65–72 cm, Hündinnen 60–68 cm
Farben schwarz mit roten und weißen Abzeichen

Erziehung		
Pflege		
Beschäftigung		
Bewegung		
Verbreitung		

Terrier

Hoch- und niederläufige Terrier

UNERSCHROCKENE EINZELJÄGER

Terrier kommt von terra = Erde und weist auf ihre Aufgabe als Jagdhunde unter der Erde im Fuchs- und Dachsbau hin. Sie zeichnen sich durch Unerschrockenheit und oft tolldreisten Mut aus, denn bei der Jagd ist der Hund in den engen Bauen ganz auf sich allein gestellt. Zögern und Angst kosten ihn das Leben. Daher galt die Zuchtauslese Hunden mit geringem Selbstschutzverhalten, die bei Bedrohung aggressiv reagieren. Je näher sie dieser ursprünglichen Aufgabe stehen, desto ausgeprägter das Verhalten. Hier dürfen bei der Prägung keine Fehler unterlaufen, der Welpe darf nicht lernen, über aggressives Verhalten erfolgreich Ängste besiegen zu können, weil er sonst ein Leben lang sein Heil im Angriff sucht.

Jack Russell Terrier

Alleskönner, die Haus und Hof bewachten, Vieh trieben, Ratten fingen und bei der Jagd zur Hand gingen.

UNTERNEHMUNGSLUSTIGE BEGLEITER

Terrier sind als Haus- und Begleithunde beliebt, aber man muss ihr raubautziges

Parson Russell Terrier

Airedale Terrier

KLEINTIERJÄGER Einige Terrierrassen waren spezialisiert auf das Fangen von Ratten, Mäusen, Ottern und kleinem Raubzeug. Auch sie sind Einzelkämpfer, denn kleine Beute brauchte kein ausgefeiltes Taktieren einer Meute, um erlegt zu werden. Schnelligkeit, Gewandtheit und beherztes Zupacken waren gefragt. Unter den großen Terriern finden wir

Wesen mögen. Sie lieben selbstständiges Handeln, sind nicht sehr geduldig und immer unternehmungslustig. Soziale Abhängigkeit und Unterordnungsbereitschaft waren keine notwendigen Eigenschaften, sondern bei ihrer Arbeit eher hinderlich. Sie sind jedoch sehr klug und gelehrig und ordnen sich einer klaren, konsequenten Führung unter.

Gruppe 3

Bullartige Terrier

EHEMALIGE BULLENBEISSER Auf die alten Saupacker und Bärenbeißer zurückgehend, wurden die Metzgershunde darauf spezialisiert, Bullen an der Nase zu packen und festzuhalten, einmal als Hilfe für den Metzger, aber auch um die Bullen zu quälen, denn der Adrenalinausstoß sollte das Fleisch genießbarer machen. Daraus entstanden Hundekämpfe gegen andere Tiere und schließlich Hund gegen Hund. Bulldog-Terrierkreuzungen waren besonders wendig und scharf. Die Auslese galt schmerzunempfindlichen Hunden, die ohne hundeübliches Ritual, das ja im Sinne der Arterhaltung der Vermeidung verletzender Auseinandersetzungen dient, sofort angreifen mit der Absicht, zu verletzen und trotz eigener Verletzungen nicht aufzugeben. Solches Verhalten macht sie im Falle einer Auseinandersetzung gefährlich.

SELBSTBEWUSSTE BEGLEITER Nicht für den Kampf gezüchtete und dressierte Hunde sind sehr souverän und lassen sich nur schwer provozieren. Sie sind in der Familie anhänglich und liebenswürdig und begegnen fremden Menschen gelassen bis freundlich. Sie sind jedoch nicht unterordnungsbereit. Sie eignen sich am besten für Menschen mit ebenso gelassenem Gemüt, die natürliche Autorität ausstrahlen, denn nur einer würdigen Führung ordnet sich ein solcher Hund unter.

Info

Kampfhundverordnungen
In den Bundesländern regeln unterschiedliche Gesetze und Ordnungen die Haltung sog. Kampfhunde, über die man sich vor der Anschaffung unbedingt informieren muss.

Zwerg-Terrier

Diese Winzlinge gehen auf echte Arbeitsterrier zurück, gelangten aber schon früh in der Rassehundezucht in die Gunst der Damenwelt und wurden als Begleithunde geschätzt. Sie alle haben sich eine gute Portion des schneidigen Terrier-Temperaments bewahrt. Sie gehen ganz in ihrer Bezugsperson auf, sind klug und gelehrig. Wird ihre Hundepersönlichkeit nicht ernst genommen, können sie sich zu kleinen Haustyrannen aufschwingen.

Links: American-Staffordshire-Terrier-Welpe
Rechts: Westie mit Welpe

Terrier | 97

Brasilianischer Terrier

Hochläufiger Terrier
FCI-Nr. 341
Land Brasilien
Schulterhöhe
Rüden 35–40 cm,
Hündinnen 33–38 cm
Gewicht max. 10 kg
Farben weiß mit schwarzen, braunen oder blauen Abzeichen mit Brand

Erziehung	
Pflege	
Beschäftigung	
Bewegung	
Verbreitung	

HERKUNFT Nachkomme von Terriern, die von Europäern importiert wurden und sich mit einheimischen Hafenhunden vermischten. Es entstand ein eigener Terrierschlag, der sich besonders bei der Rattenvertilgung nützlich machte. Der „Fox Paulistinha" gilt als Nationalhund Brasiliens. Angeborene Stummelrute kommt vor.
VERWENDUNG Familienbegleithund.
WESEN UND VERHALTEN Lebhafter, aufgeweckter, intelligenter, immer aktiver, aber nicht nervöser Begleiter. Sehr anhänglich und seinen Menschen verbunden, freundlich und zutraulich zu Bekannten, Fremden gegenüber zurückhaltend. Sozialverträglicher und umgänglicher als manch andere Terrier. Wachsam, aber kein Kläffer.
HALTUNG Unkomplizierter, sehr anpassungsfähiger und auch für den Anfänger mit Konsequenz leicht zu erziehender Hund. Er liebt Aktion und Beschäftigung mit seinen Menschen, ohne sie einzufordern. Angenehmer, sauberer Wohnungshund, auch in der Stadt gut zu halten. Ausdauernder Begleiter sportlicher Menschen, gut geeignet für hundesportliche Aktivitäten wie Agility. Das kurze Fell ist pflegeleicht.

Deutscher Jagdterrier

HERKUNFT Nach dem 1. Weltkrieg gezielt aus schwarzroten jagdlich geführten Fox Terriern und englischen Jagdterrierschlägen gezüchtet.

VERWENDUNG Vielseitig einsetzbarer Jagdgebrauchshund, besonders für die Baujagd und als Stöberhund. Bei ausgeprägter Wasserfreude guter Wasserwildstöberer, geht vorzüglich auf Schweiß, besitzt angeborenen Spurlaut.

WESEN UND VERHALTEN Mutig, hart, arbeitsfreudig und ausdauernd, vital und temperamentvoll. Sehr selbstständiger, unabhängiger Hund, mit dem oft die Jagdpassion durchgeht. Geringes Selbstschutzverhalten, greift selbst wehrhaftes Wild wie Wildschweine an und riskiert, verletzt zu werden. Vergisst im Eifer des Gefechts oft jeglichen Gehorsam und Bindung an den Führer.

HALTUNG Reiner Jagdgebrauchshund, bei dessen Zucht größter Wert auf jagdliche Brauchbarkeit, Wesensfestigkeit, Mut und Schneid gelegt wird. Kein Familienbegleithund, nicht einmal für sog. Freizeitjäger. Er gehört in die Hand des Fachmannes und Jägers. In der Familie lustig und nett. Rau- oder Glatthaar, beides pflegeleicht. Sehr robuster Hund. Rute für den Jagdgebrauch kupiert.

Hochläufiger Terrier
FCI-Nr. 103
Land Deutschland
Schulterhöhe 33–40 cm
Gewicht Rüden 9–10 kg, Hündinnen 7,5–8,5 kg
Farben schwarz, dunkelgrau, schwarzgrau meliert mit gelben Abzeichen

Erziehung		
Pflege		
Beschäftigung		
Bewegung		
Verbreitung		

Hochläufige Terrier | 99

Westfalen Terrier

Hochläufiger Terrier
FCI-Nr. keine
Land Deutschland
Schulterhöhe 39 cm
Gewicht 8 kg
Farben saufarben, dunkler Fang und Behänge

Erziehung				
Pflege				
Beschäftigung				
Bewegung				
Verbreitung				

HERKUNFT In den 1960er Jahren aus Deutschem Jagdterrier, Fox- und Lakeland Terrier gezüchtet mit dem Ziel, einen passionierten, vielseitigen kleinen Jagdhund zu schaffen, der sich durch ruhiges Wesen und Führigkeit auszeichnet. Nicht FCI-anerkannt.

VERWENDUNG Reiner Jagdgebrauchshund auf Fuchs, Dachs und Schwarzwild. Der Westfalenterrier wird vorwiegend auf Drückjagden auf Schwarzwild eingesetzt, wobei er mit überlegter Schärfe arbeitet.

WESEN UND VERHALTEN Sehr behende, spurlaut jagender spuren- und fährtensicherer Stöberhund. Sicherer Finder bei der Nachsuche, apportierfreudig, auch im Wasser. Ruhig und zuverlässig bei der Arbeit, folgsam und leicht führig. Mutiger, tapferer Kämpfer unter und über der Erde mit gutem Selbstschutzverhalten. Verträglich mit anderen Hunden.

HALTUNG Reiner Jagdgebrauchshund, der sich aber bestens in die Familie einfügt. Trotz hoher Jagdpassion anhänglich und führerbezogen. Robuster, unkomplizierter, anpassungsfähiger Begleiter, sofern er seine Passion ausleben kann. Sowohl das Rau- als auch das Glatthaar sind pflegeleicht. Rute für den Jagdgebrauch kupiert.

Airedale Terrier

HERKUNFT Der „König der Terrier" stammt aus dem Tal der Aire in Yorkshire und ist eine Kreuzung verschiedener Terrier mit Otterhund und anderen Rassen. Er gehört zu den anerkannten Diensthunderassen.

VERWENDUNG Ursprünglich scharfer, wasserfreudiger Jagdhund auf Otter, Wasserratte, Iltis, Marder, aber auch Wasservögel. Gehört zu den ersten Rassen, die als Sanitäts- und Meldehunde im 1. Weltkrieg ausgebildet wurden. Sehr vielseitig einsetzbarer Hund. Heute Familienbegleithund. Anerkannte Diensthundrasse.

WESEN UND VERHALTEN Temperamentvoll, gelassen, unerschrocken, immer in gespannter Erwartung. Lern- und arbeitsfreudig, wachsam, zeigt Schutztrieb, wenn gefordert.

HALTUNG Dieser aktive Hund braucht viel Beschäftigung und Bewegung. Kein Hund für bequeme Menschen. Der robuste Hund ist bei jedem Wetter gerne unterwegs und eignet sich für viele hundesportliche Aktivitäten bis hin zum Rettungshund. Ausgelastet und mit liebevoller Konsequenz erzogen ist er ein angenehmer Gefährte. Das raue Haar wird getrimmt und ist dann pflegeleicht, haart nicht.

Hochläufiger Terrier
FCI-Nr. 7
Land Großbritannien
Schulterhöhe
Rüden 58–61 cm,
Hündinnen 56–59 cm
Farben schwarzer oder gräulicher Sattel, sonst lohfarben

Erziehung	■■
Pflege	■
Beschäftigung	■■■
Bewegung	■■■
Verbreitung	■■

Hochläufige Terrier | 101

Bedlington Terrier

Hochläufiger Terrier
FCI-Nr. 9
Land Großbritannien
Schulterhöhe ca. 41 cm
Gewicht 8,2–10,4 kg
Farben blau, leber- oder sandfarben

Erziehung
Pflege
Beschäftigung
Bewegung
Verbreitung

HERKUNFT Einst von armen englischen Bergarbeitern im Gebiet um Bedlington zum Wildern und für die Jagd auf Otter und Ratten gezüchteter Terrier. Er geht zurück auf schottische Terrier, gekreuzt mit Whippet, Otterhound usw.
VERWENDUNG Familienbegleithund.
WESEN UND VERHALTEN Temperamentvoll und mutig, ein „Wolf im Schafspelz". Intelligenter Begleiter mit stark ausgeprägtem Jagdinstinkt. Sehr anhänglich und auf seine Menschen fixiert, zärtlicher Hausgenosse, ruhig und angenehm, aber aufbrausend in der Erregung. Insbesondere Rüden sind unduldsam gegen fremde Hunde im eigenen Revier, zu Menschen freundlich, neutral. Wachsam und verteidigungsbereit, bellt wenig.
HALTUNG Der Bedlington ist niemals aufdringlich oder fordernd, jedoch immer mit Begeisterung dabei, wenn es etwas zu tun gibt. Er lässt sich leicht erziehen und eignet sich für vielerlei hundesportliche Betätigungen. Er liebt Bewegung und Beschäftigung, spielt gern. Sehr guter, anpassungsfähiger Wohnungshund. Die Frisur wird mit der Schere geschnitten, haart nicht. Das feine Haar bietet keinen Witterungsschutz.

Border Terrier

HERKUNFT Aus dem Grenzgebiet zwischen England und Schottland (Border) stammender Terrier für die Fuchsjagd zu Pferde. Er musste ausdauernd und schnell sein, um die Pferde zu begleiten und klein genug, um die Füchse aus ihren Verstecken zu treiben.
VERWENDUNG Häufig in England jagdlich geführt. Familienbegleithund.
WESEN UND VERHALTEN Vereint Unternehmungslust mit jagdlichem Schneid. Lebhaft und mutig. Sozialverträglich, da er immer zu mehreren eingesetzt und Raufereien nicht geduldet wurden. Fröhlich, verspielt, intelligent und gelehrig.
HALTUNG Leicht zu erziehender Hund, der sich in die Familie einfügt und gerne als Zweithund gehalten wird. Ausdauernder Begleiter für sportliche Menschen. Er liebt Abwechslung und Bewegung, aber er ist immer auf der Jagd! Bei entsprechender Auslastung sehr guter Wohnungshund, obwohl sich der robuste Naturbursche gerne bei jedem Wetter im Freien aufhält. Er fühlt sich auf einem Reiterhof ebenso wohl wie als Begleiter einzelner Personen. Das Fell wird mit den Fingern in Form gezupft, haart dann kaum, pflegeleicht.

Hochläufiger Terrier
FCI-Nr. 10
Land Großbritannien
Schulterhöhe keine Angaben
Gewicht Rüden 6–7 kg, Hündinnen 5–6,5 kg
Farben rot, weizenfarben, grizzle, braun mit oder ohne lohfarbene Abzeichen

Erziehung		
Pflege		
Beschäftigung		
Bewegung		
Verbreitung		

Hochläufige Terrier | 103

Fox Terrier Glatthaar
Smooth

Hochläufiger Terrier
FCI-Nr. 12
Land Großbritannien
Gewicht Rüden 7,3–8,2 kg
Hündinnen 6,8–7,7 kg
Farben weiß mit oder ohne lohfarbene und/oder schwarze Abzeichen

Erziehung			
Pflege			
Beschäftigung			
Bewegung			
Verbreitung			

HERKUNFT Zur Fuchsjagd gezüchtete Terrier. Jeder Jagdherr hatte seinen eigenen Jagdterrier nach seinen speziellen Vorlieben oder örtlichen Gegebenheiten. Weißbunte Hunde wurden bevorzugt, da sie nicht so leicht mit dem Fuchs verwechselt wurden.

VERWENDUNG Der Glatthaar-Fox wird heute noch jagdlich geführt, meist Familienbegleithund.

WESEN UND VERHALTEN Lebhaft, wachsam, gespannt vor Erwartung, freundlich, aufgeschlossen und furchtlos. Passionierter Jäger, immer aktiv, voller Lebensfreude und sprühendem Temperament. Wachsam. Fremden Hunden gegenüber oftmals nicht verträglich. Menschenfreundlich. Sehr selbstbewusst.

HALTUNG Kein Hund für bequeme Menschen. Der Fox braucht eine Aufgabe und Beschäftigung. Er will immer dabei sein und passt sich allen Lebensumständen an. Der intelligente Hund eignet sich für viele hundesportliche Aktivitäten, ist aber kein unterordnungsbereiter Hund und hat seinen eigenen Kopf. Er braucht eine konsequente Erziehung. Der robuste, widerstandsfähige Hund liebt den Aufenthalt im Freien bei jedem Wetter. Das kurze Fell ist pflegeleicht, haart aber stark.

Fox Terrier Drahthaar
Wire

HERKUNFT Einst zur Fuchsjagd gezüchtet. Weiß, um ihn nicht mit dem Fuchs zu verwechseln. In den 1920er Jahren weltweit Modehund Nr. 1. Heute jagdlich kaum noch geführt.

VERWENDUNG Familienbegleithund.

WESEN UND VERHALTEN Lebhaft, voll gespannter Erwartung, freundlich, aufgeschlossen und furchtlos. Territorial, geht keinem Streit aus dem Wege. Ausdauernd und voll überschäumendem Temperament, verspielt bis ins hohe Alter. Anhänglich und verschmust, dabei selbstbewusst und sehr intelligent immer seinen Vorteil nutzend.

HALTUNG Der liebenswerte Fröhlichmacher passt sich an alle Lebensumstände an, genießt ein Landleben ebenso wie den Luxus einer Stadtwohnung. Hauptsache er ist immer dabei. Er lässt sich mit etwas Konsequenz leicht erziehen, gibt seine Eigeninteressen aber nie auf und ist immer auf der Jagd! Für vielerlei hundesportliche Aktionen geeignet. Der drahthaarige Fox Terrier ist kein Hund für bequeme oder nervöse Menschen. Er wird zur Zeit des Haarwechsels getrimmt, haart dann nicht und ist pflegeleicht.

Hochläufiger Terrier
FCI-Nr. 169
Land Großbritannien
Schulterhöhe Rüden 39 cm, Hündinnen etwas kleiner.
Gewicht Rüden 8,25 kg, Hündinnen etwas weniger
Farben weiß mit schwarzen und lohfarbenen Abzeichen

Erziehung	
Pflege	
Beschäftigung	
Bewegung	
Verbreitung	

Hochläufige Terrier | 105

Lakeland Terrier

Hochläufiger Terrier
FCI-Nr. 70
Land Großbritannien
Schulterhöhe max. 37 cm
Gewicht Rüden 7,7 kg,
Hündinnen 6,8 kg
Farben schwarz, blau, rot, weizen, rotgrizzle, leberbraun, blau oder schwarz mit oder ohne loh

Erziehung	
Pflege	
Beschäftigung	
Bewegung	
Verbreitung	

HERKUNFT In den Schafzuchtgebieten des Lake Distrikt zur Jagd auf Füchse gezüchtet mit dem Ziel, sie zu vernichten, nicht zur „sportlichen" Jagd. Seit 1912 als Rasse gezüchtet.

VERWENDUNG Familienbegleithund.

WESEN UND VERHALTEN Fröhlich, furchtloses Auftreten, flink in der Bewegung, kühn, menschenfreundlich mit Selbstvertrauen. Unter seinesgleichen geht er keinem Streit aus dem Wege. Sehr wachsam und immer aufmerksam. Jedoch starke Jagdpassion.

HALTUNG Handlicher, anpassungsfähiger Begleithund, der sich mit etwas Konsequenz leicht erziehen lässt. Er ist intelligent, anhänglich und verschmust, sehr auf seine Person bezogen, doch niemals seine Persönlichkeit aufgebend. Angenehmer Wohnungs- und Begleithund, der Bewegung und Beschäftigung braucht. Kein Hund für nervöse und bequeme Menschen. Er liebt das Landleben ebenso wie den Luxus einer Stadtwohnung, vorausgesetzt, er bekommt seinen Auslauf und Beschäftigung. Der Lakeland Terrier zeigt bei sich bietender Gelegenheit noch starke Jagdpassion. Das Fell wird getrimmt, haart dann nicht und ist pflegeleicht.

Manchester Terrier

HERKUNFT Uralter Terrierschlag, einst Stallhund zum Kurzhalten von Ratten und Mäusen, mit Whippet gekreuzt auch zum Kaninchenfangen. Später brachte er den armen Bergarbeitern hohe Wettgelder beim Massentöten von Ratten ein.

VERWENDUNG Begleithund.

WESEN UND VERHALTEN Lebhaft, wachsam, fröhlich, arbeitsfreudig, scharfsinnig. Fremden gegenüber misstrauisch.

HALTUNG Reinlicher, angenehm in der Wohnung zu haltender Hund, der sich eng an seine Bezugsperson anschließt, anhänglich und liebevoll. Er ist intelligent und gelehrig, bewegungsfreudig, verspielt und immer aktiv. Der schnelle, elegante Hund passt sich allen Lebensumständen an, ob ältere Menschen, die gerne spazieren gehen, oder lebhafte Familie, Stadt- oder Landleben. Er lässt sich mit liebevoller Konsequenz leicht erziehen, braucht jedoch eine klare Führung, die er hin und wieder antestet. Der temperamentvolle Manchester Terrier verleugnet sein Terrierblut nicht und hat noch viel Jagdpassion. Das kurze Fell ist pflegeleicht, bietet aber wenig Schutz.

Hochläufiger Terrier
FCI-Nr. 71
Land Großbritannien
Schulterhöhe Rüden 40–41 cm, Hündinnen 38 cm
Farben schwarz mit lohfarbenen Abzeichen

Erziehung	■	■
Pflege	■	
Beschäftigung	■	■
Bewegung	■	■
Verbreitung	■	

Hochläufige Terrier | 107

Parson Russell Terrier

Hochläufiger Terrier
FCI-Nr. 339
Land Großbritannien
Schulterhöhe
Rüden 36 cm,
Hündinnen 33 cm
Farben weiß mit schwarzen und lohfarbenen Abzeichen

Erziehung		
Pflege		
Beschäftigung		
Bewegung		
Verbreitung		

HERKUNFT Urform des Fox Terriers, die heute noch bei der Fuchsjagd eingesetzt wird. Benannt nach dem Züchter Parson Russell.
VERWENDUNG Jagdgebrauchs- und Familienbegleithund.
WESEN UND VERHALTEN Stöbert führerbezogen, stellt das Wild mit viel Schneid, aber gutem Selbstschutzverhalten. Ausgesprochen temperamentvoller, arbeitsfreudiger, ausdauernder, niemals müder Hund. Sehr intelligent und gelehrig. Menschenfreundlich, aber gelegentlich aggressiv gegen fremde Hunde.
HALTUNG Sehr guter Familienhund für Jäger, braucht unbedingt eine sehr konsequente, nicht harte Erziehung und klare Führung, die er immer wieder antestet. Der Parson Russell Terrier fordert viel Beschäftigung und Bewegung, besonders, wenn er nicht jagdlich geführt wird, geeignet für hundesportliche Aktivitäten. Bis ins hohe Alter verspielter Begleiter mit hoher Jagdpassion. Welpen müssen sehr früh auf andere Hunde geprägt werden und Unterordnung lernen. Nicht geeignet für bequeme und nervöse Menschen. Das knappe Rau- oder Glatthaar ist pflegeleicht.

Welsh Terrier

HERKUNFT Der walisische Jagdterrier trieb bei Fuchsjagden mit Hundemeuten den Fuchs unverletzt aus dem Bau, damit die Jagd weitergehen konnte.
VERWENDUNG Familienbegleithund.
WESEN UND VERHALTEN Liebenswürdiger, fröhlicher, auch launischer Terrier, unerschrocken und furchtlos. Territorial veranlagt duldet er fremde Hunde in seinem Umfeld ungern, sollte aber nicht überaggressiv sein. Sehr intelligent, arbeitsfreudig, aber auch selbstständig mit hoher Jagdpassion.
HALTUNG Durch sein liebenswertes Wesen, große Spielfreude und Immer-im-Geschehen-sein-wollen ein netter Familienhund, der jedoch eine sehr konsequente Erziehung und klare Rudelführung braucht, die er immer wieder antestet. Welpen müssen früh Umgang mit anderen Hunden und Unterordnung lernen. Kein Hund für bequeme und konfliktscheue Menschen. Der aktive Hund liebt Bewegung und Beschäftigung. Wer ihn zu nehmen weiß, wird viel Spaß mit ihm haben. Bei entsprechender Beschäftigung auch gut in der Stadt zu halten, sehr guter Wohnungshund. Das Fell wird getrimmt, ist dann pflegeleicht und haart nicht.

Hochläufiger Terrier
FCI-Nr. 78
Land Großbritannien
Schulterhöhe 39 cm
Gewicht 9–9,5 kg
Farben schwarz oder grizzle mit loh

Erziehung			
Pflege			
Beschäftigung			
Bewegung			
Verbreitung			

Hochläufige Terrier | 109

Irish Glen of Imaal Terrier

Hochläufiger Terrier
FCI-Nr. 302
Land Irland
Schulterhöhe Rüden 35,5 cm, Hündinnen weniger.
Gewicht Rüden 16 kg, Hündinnen weniger
Farben blau gestromt oder weizenfarben

Erziehung	■ ■
Pflege	■
Beschäftigung	■ ■
Bewegung	■ ■
Verbreitung	■

HERKUNFT Der Irish Glen of Imaal Terrier ist ein sehr alter Bauernhund aus dem Imaal-Tal im County Wicklow in Irland. Er diente der Fuchs- und Dachsjagd, zum Rattenfangen, Antreiben von Tretmühlen und Hundekämpfen für Wettgelder.
VERWENDUNG Familienbegleithund.
WESEN UND VERHALTEN Aktiv, beweglich, lautlos arbeitend; wenn erforderlich entschlossen und temperamentvoll mit großem Mut, sonst sanft und gelehrig, viel Persönlichkeit ausstrahlend. Liebenswert in der Familie, weniger leicht erregbar als andere Terrier. Wachsam, bellt kaum, im Ernstfall verteidigungsbereit.
HALTUNG Angenehmer Begleithund, robust und unempfindlich. Er passt zu sportlichen Menschen, die einen Hund wünschen, der sie durch dick und dünn begleitet. Der aparte Irische Glen of Imaal Terrier gilt als beliebter Männerhund. Der mittelgroße Hund auf kurzen Beinen ist selbstbewusst, braucht eine konsequente Erziehung und muss früh den friedlichen Umgang mit fremden Hunden lernen. Macht auch dem Anfänger Freude. Das mittellange Fell wird so getrimmt, dass die Konturen ordentlich sind und ist dann pflegeleicht.

110 | Hochläufige Terrier

Irish Terrier

HERKUNFT Alter irischer Terrierschlag, als „roter Teufel" Irlands berühmter schneidiger Draufgänger.

VERWENDUNG Vielseitig einsetzbarer Jagd-, Hof-, Wach- und Familienhund. Im Jagdgebrauch Stöberer und für die Arbeit nach dem Schuss.

WESEN UND VERHALTEN Sehr temperamentvoll, selbstbewusst, sehr territorial, oft fremden Hunden gegenüber unverträglich. Wachsam, verteidigungsbereit, wenn er kämpft, dann bis zum bitteren Ende. Jagdpassion. Intelligent und gelehrig. Seinen Menschen liebevoll zugetan.

HALTUNG Man muss sein hitzköpfiges Temperament lieben, denn er ist kein bequemer Hund. Er braucht eine liebevoll konsequente Erziehung und klare Führung, die er immer wieder infrage stellt. Sehr sportlicher Hund, der viel Bewegung und Beschäftigung liebt. Wer ihn zu nehmen versteht, findet in ihm einen fröhlichen, immer einsatzbereiten, anhänglichen und seinen Menschen liebevoll zugetanen Hund, der viel Freude macht. Der Irish Terrier eignet sich nicht für Stubenhocker und konfliktscheue Menschen. Das knappe Rauhaar wird getrimmt, haart dann nicht und ist pflegeleicht.

Hochläufiger Terrier
FCI-Nr. 139
Land Irland
Schulterhöhe ca. 45,5 cm
Gewicht Rüden ca. 12 kg, Hündinnen ca. 11 kg
Farben rot, rot-weizenfarben, gelblich rot

Erziehung		
Pflege		
Beschäftigung		
Bewegung		
Verbreitung		

Hochläufige Terrier | 111

Kerry Blue Terrier

Hochläufiger Terrier
FCI-Nr. 3
Land Irland
Schulterhöhe
Rüden 45,5–49,5 cm,
Hündinnen 44,5–48 cm
Gewicht Rüden 15–18 kg,
Hündinnen weniger
Farben blau mit oder
ohne schwarze Abzeichen

Erziehung	■■■
Pflege	■■■
Beschäftigung	■■■
Bewegung	■■■
Verbreitung	■■

HERKUNFT Alter irischer Terrier aus der Region des „Ring of Kerry", wo er die Höfe bewachte, Vieh trieb, Mäuse und Ratten kurzhielt und für Wettgelder gegen Dachse kämpfte.

VERWENDUNG Begleithund.

WESEN UND VERHALTEN Temperamentvoller, intelligenter zuverlässiger Wachhund und Beschützer. Kein Kläffer. Sehr selbstbewusst und eigenständig. Arbeitsfreudig, aber nicht leichtführig. Fremden Menschen gegenüber unnahbar, fremde Hunde nicht duldend. Ausgeprägte Jagdpassion.

HALTUNG Der aparte Hund ist nichts für Anfänger. Er braucht eine konsequente Erziehung und klare Führung, die er immer wieder infrage stellt. Lebhaft und gelehrig muss man sich mit ihm beschäftigen. Er apportiert gerne, auch aus dem Wasser. Kein Hund für Stubenhocker, sondern für sportliche Menschen, die mit ihrem Hund etwas anfangen möchten, z. B. im Turniersport. Welpen werden schwarz geboren und bekommen erst später die stahlblaue Farbe. Das weiche, wellige, üppige Haarkleid wird mit der Schere in Form geschnitten und braucht regelmäßige Pflege, dafür verliert er keine Haare.

Irish Soft Coated Wheaten Terrier

HERKUNFT Vielseitiger, sehr robuster Bauernhund, Wächter, Viehtreiber, Rattenfänger, der auch bei der Fuchs- und Dachsjagd eingesetzt wurde.
VERWENDUNG Begleithund.
WESEN UND VERHALTEN Temperamentvoll, entschlossen, sehr intelligent, seinem Besitzer zugetan. Territorial. Wachsam und zuverlässiger Beschützer, aber nicht von sich aus aggressiv. Von fremden Hunden angegriffen, weiß er sich mutig zu verteidigen. In der Familie fröhlich, verspielt, anhänglich und klug.
HALTUNG Aufgeweckter, lebenslustiger Begleiter, der mit liebevoller Konsequenz erzogen auch dem Anfänger Freude macht. Allerdings braucht er eine klare Führung und viel Beschäftigung und Bewegung. Er eignet sich gut für alle möglichen hundesportlichen Aktivitäten. Kein Hund für bequeme Menschen und Stubenhocker. Sowohl im Aussehen als auch Wesen Spätentwickler. Das lange, weiche Fell bringt Schmutz herein und muss gepflegt werden. Besonders das leicht verfilzende Junghundfell des Irish Soft Coated Wheaten Terrier ist ausgesprochen pflegeintensiv. Fell entweder beschnitten oder naturbelassen.

Hochläufiger Terrier
FCI-Nr. 40
Land Irland
Schulterhöhe
Rüden 46–48 cm,
Hündinnen weniger
Gewicht Rüden 18–20,5 kg,
Hündinnen weniger
Farben weizenfarben

Hochläufige Terrier | 113

Australian Terrier

Niederläufiger Terrier
FCI-Nr. 8
Land Australien
Schulterhöhe
Rüden 25 cm,
Hündinnen weniger
Gewicht Rüden ca. 6,5 kg,
Hündinnen weniger
Farben blau mit sattem
Loh, sandfarben, rot

Erziehung	
Pflege	
Beschäftigung	
Bewegung	
Verbreitung	

HERKUNFT Schottische Siedler brachten ihre Arbeitsterrier mit nach Australien, wo sie mit anderen Terrierrassen vermischt wurden. Sie waren für ihre unbestechliche Wachsamkeit sowie als Ratten- und Schlangentöter berühmt.

VERWENDUNG Familienbegleithund

WESEN UND VERHALTEN Robuster, wachsamer, draufgängerischer, fröhlicher, intelligenter, anhänglicher Terrier, Menschen gegenüber aufgeschlossen. Selbstbewusst, gut zu mehreren zu halten.

HALTUNG Unkomplizierter Begleithund, der mit liebevoller Konsequenz erzogen auch dem Anfänger Freude macht. Er gibt jedoch seine Persönlichkeit nie auf. Er liebt Beschäftigung und Bewegung, ist ein sehr guter, ruhiger Wohnungshund, auch in der Stadt, vorausgesetzt, er bekommt Abwechslung und Beschäftigung, um seinen regen Geist wach zu halten. Anpassungsfähig, ob ein Leben in der Familie, auf dem Land oder bei Einzelpersonen. Verspielt bis ins hohe Alter. Der Australian Terrier ist ein widerstandsfähiger, unempfindlicher Begleiter in allen Lebenslagen. Das pflegeleichte Fell wird nur in Form gezupft und haart dann kaum.

Jack Russell Terrier

HERKUNFT Kleiner Schlag des alten englischen Fox Terriers, benannt nach dem Züchter Pfarrer Jack Russell. In Australien lange rein gezüchtet, ehe man die Rasse in England anerkannte. Er unterscheidet sich im Aussehen und Charakter nicht wesentlich vom etwas ruhigeren, hochläufigeren Parson Russell Terrier.
VERWENDUNG Jagdhund unter der Erde, Begleithund.
WESEN UND VERHALTEN Lebhafter, wachsamer, aktiver Terrier. Kühn, furchtlos mit ruhigem Selbstvertrauen. Freundlich zu Menschen, fremden Hunden gegenüber gelegentlich unverträglich. Jagdpassion.
HALTUNG Seit vielen Generationen als Begleithund gezüchtet, ist ein Jack Russell guter Herkunft ein fröhlicher Familienbegleithund für aktive Menschen. Er bellt gerne, ist verspielt bis ins hohe Alter und macht voller Leidenschaft hundesportliche Aktivitäten mit. Muss sehr früh auf fremde Hunde geprägt werden und lernen, sich unterzuordnen. Mit Konsequenz erzogen und klarer Führung, die er gerne in frage stellt, auch für Anfänger. Bei entsprechender Auslastung anpassungsfähiger Begleiter auch in der Stadt. Pflegeleicht, rau- und glatthaarig, letztere haaren stark.

Niederläufiger Terrier
FCI-Nr. 345
Land Australien
Schulterhöhe 25–30 cm
Gewicht 5–6 kg
Farben weiß mit schwarzen und/oder lohfarbenen Abzeichen

Erziehung			
Pflege			
Beschäftigung			
Bewegung			
Verbreitung			

Niederläufige Terrier | 115

Cairn Terrier

Niederläufiger Terrier
FCI-Nr. 4
Land Großbritannien
Schulterhöhe 28–31 cm
Gewicht 6–7,5 kg
Farben creme, weizen, rot, grau, fast schwarz

| Erziehung |
| Pflege |
| Beschäftigung |
| Bewegung |
| Verbreitung |

HERKUNFT Schottischer Arbeitsterrier, zum Töten der für die Lämmer gefährlichen Füchse eingesetzt.
VERWENDUNG Familienbegleithund.
WESEN UND VERHALTEN Aktiver, mutiger, robuster Terrier. Furchtlos und fröhlich, sehr selbstsicher und unabhängig, sollte nicht aggressiv sein, geht jedoch keinem Streit aus dem Wege und überschätzt sich oft großen Hunden gegenüber. Zu Menschen freundlich. Wachsam, bellfreudig. Intelligent, gelehrig.
HALTUNG Der Cairn (gesprochen Kern) Terrier ist in der Tat ein kerniger Terrier, der eine konsequente Erziehung und klare Führung braucht, die er immer wieder infrage stellt. Er muss früh an den Umgang mit fremden Hunden gewöhnt werden, um sozialverträglich zu sein, und Unterordnung seinen Menschen gegenüber lernen. Mit Konsequenz erzogen und klarer Führung, die er immer wieder infrage stellt, lernt er sich anzupassen und ist dann ein angenehmer, liebenswürdiger, nie langweiliger Begleiter für ein Leben auf dem Land ebenso wie in der Stadt. Der robuste kleine schottische Terrier ist mit seiner starken Persönlichkeit ein beliebter Männerhund. Das Fell wird nur in Form gezupft. Haart kaum.

Dandie Dinmont Terrier

HERKUNFT Alter schottischer Jagdterrier, zu Beginn des 19. Jh.s als Hunde der Romanfigur Dandie Dinmont zum Modehund avanciert.

VERWENDUNG Begleithund.

WESEN UND VERHALTEN Mutiger, arbeitsfreudiger Terrier, unabhängig, intelligent, entschlossen, hartnäckig, gleichzeitig feinfühlig. Ruhig wenn nötig, lebhaft wenn möglich. Fremden gegenüber äußerst skeptisch und reserviert, zu seinen Menschen zärtlich und umgänglich. Wachsam mit beeindruckender Stimme, kein Kläffer. Er lässt sich nicht leicht aus der Ruhe bringen, aber wenn, reagiert er umso heftiger. Begeisterter Ratten- und Mäusefänger.

HALTUNG Ein Hund für besonnene, ruhige Menschen, weniger für Familien mit Kindern geeignet. Er braucht eine konsequente Erziehung und Führung, wird aber seine Eigenständigkeit nie aufgeben. Etwas eigenbrödlerischer Geselle, der gut zu ebensolchen Menschen passt. Der robuste kleine Haudegen gilt als Philosoph unter den Terriern. Angenehmer Wohnungshund und Reisebegleiter. Das weiche Haarkleid wird in Form gezupft, soll aber nie frisiert wirken. Haart nicht.

Niederläufiger Terrier
FCI-Nr. 168
Land Großbritannien
Schulterhöhe ohne Angaben
Gewicht 8–11 kg
Farben pfeffer- oder senfkornfarben

Erziehung		
Pflege		
Beschäftigung		
Bewegung		
Verbreitung		

Niederläufige Terrier | 117

Norfolk Terrier

Niederläufiger Terrier
FCI-Nr. 272
Land Großbritannien
Schulterhöhe 25–26 cm
Farben rot, weizenfarben, schwarz mit loh, grizzle

HERKUNFT Im Getreideanbaugebiet Norfolk von Bauern als Ratten- und Mäusefänger gezüchtet und zur Fuchsjagd eingesetzt. Bevorzugter Begleiter der Studenten von Cambridge, die mit den kleinen Terriern in der wasserreichen Umgebung zum Zeitvertreib Ratten und andere Tiere jagten.

VERWENDUNG Familienbegleithund.

WESEN UND VERHALTEN Teufelskerl für seine Größe, temperamentvoll, aber nicht nervös, liebenswürdig, nicht streitsüchtig, robust, aufmerksam und furchtlos. Da in engen Studentenbuden gehalten und viel mit anderen Menschen und Hunden zusammen, ist er sozialverträglicher als manch anderer Terrier. Wachsam, aber kein Kläffer. Intelligent und gelehrig.

HALTUNG Unkomplizierter, anpassungsfähiger, kleiner Terrier, der sich auch von Anfängern leicht erziehen lässt. Angenehmer Wohnungshund und Reisebegleiter. Fühlt sich in der Stadt wie auf dem Land, in lebhaften Familien oder bei alleinstehenden Menschen wohl, vorausgesetzt, der pfiffige Kerl hat Beschäftigung und darf alles mitmachen. Das raue Haar wird nur in Form gezupft und ist pflegeleicht.

Erziehung		
Pflege		
Beschäftigung		
Bewegung		
Verbreitung		

Norwich Terrier

HERKUNFT Wie der Norfolk Terrier wurde er ursprünglich als Ratten- und Mäusefänger auf den Farmen gezüchtet und war später beliebter Studentenhund. Die Aufspaltung in zwei Rassen – Norwich mit Stehohren, Norfolk mit Kippohren – erfolgte erst in den 1960ern.
VERWENDUNG Familienbegleithund.
WESEN UND VERHALTEN Liebenswürdig, nicht streitsüchtig, aktiv, fröhlich und furchtlos.
HALTUNG Der robuste kleine Terrier ist wie der Norfolk ein ausgesprochen angenehmer Familienhund, der immer dabei sein möchte. Er lässt sich leicht erziehen, deshalb auch für Anfänger geeignet oder solche, die nicht ständig um die Rangordnung streiten möchten, wobei Konsequenz immer angebracht ist. Sehr anpassungsfähig, liebt ein Leben auf dem Land oder in der Stadt und fühlt sich in lebhaften Familien ebenso wohl wie bei alleinstehenden Menschen, die ihn mit zur Arbeit nehmen. Er liebt Bewegung und Beschäftigung, muss aber nicht stundenlang spazieren gehen. Jagt nach wie vor gerne Ratten. Ist anhänglich und sehr personenbezogen. Das dichte Fell wird nur in Form gezupft und haart dann nicht.

Niederläufiger Terrier
FCI-Nr. 72
Land Großbritannien
Schulterhöhe 25–26 cm
Farben rot, weizenfarben, schwarz mit loh oder grizzle

Erziehung	■■
Pflege	■■
Beschäftigung	■■■
Bewegung	■■
Verbreitung	■

Niederläufige Terrier | 119

Scottish Terrier

Niederläufiger Terrier
FCI-Nr. 73
Land Großbritannien
Schulterhöhe 25,4–28 cm
Gewicht 8,6–10,4 kg
Farben schwarz, weizenfarben, gestromt

Erziehung		
Pflege		
Beschäftigung		
Bewegung		
Verbreitung		

HERKUNFT Alter schottischer Jagdterrier auf Fuchs, Dachs und Otter, der schon sehr früh als Showhund gezüchtet wurde. In den 1930er Jahren war der „Scotch" Terrier weltweit Modehund.

VERWENDUNG Begleithund.

WESEN UND VERHALTEN Ruhiger, gesetzter Hund, zurückhaltend und unabhängig, der sich stets sehr würdevoll zeigt. Er freundet sich schwer mit Fremden an, ist seiner Familie treu ergeben und vergisst Freunde nie. Territorial, daher fremden Hunden gegenüber unduldsam, wenn gefordert, mutig und unerschrocken. Wachsam, bellt aber wenig, da er auf Umweltreize gelassen reagiert.

HALTUNG Dieser ernste Hund besitzt eine starke Persönlichkeit und muss mit Konsequenz erzogen werden, wird aber nie zu einem unterordnungsbereiten Hund. Er eignet sich für Menschen, die gerne einen Hund um sich haben, der nicht ständig Beschäftigung sucht, gerne mit spazieren geht, aber nicht sportlich engagiert ist. Guter Wohnungs- und Stadthund, der mit Gängen im Park durchaus zufrieden ist. Das Fell wird getrimmt, ist dann gut zu pflegen und haart nicht.

Niederläufige Terrier

Sealyham Terrier

HERKUNFT In der zweiten Hälfte des 19. Jh. schuf Capt. Edwardes auf seinem Gut Sealy Ham in Wales mit der Einkreuzung von Dandie Dinmont Terrier und Bull Terrier seinen Sealyham Terrier. Vornehmlich für die Jagd auf Dachse eingesetzt und zu mehreren jagend. Rauflustige Hunde wurden nicht geduldet.

VERWENDUNG Familienbegleithund.

WESEN UND VERHALTEN Ruhiger, unerschrockener, aufmerksamer und furchtloser Hund mit freundlicher Grundstimmung, sozialverträglicher als die meisten Terrier. Wachsam, aber nicht bellfreudig.

HALTUNG Ein angenehmer Hund, der sich mit etwas Konsequenz leicht erziehen lässt. Gelehrig, aufmerksam und verspielt macht er viel Freude, stellt aber keine Ansprüche an sportliche Betätigung. In seiner Familie zu leben und deren freundliche Aufmerksamkeit zu genießen, macht ihn zufrieden. Er schlägt mit unerwartet tiefer, voller Stimme an und schreckt dadurch schon ab, ist notfalls verteidigungsbereit. Angenehmer Wohnungs- und Stadthund, wenn er seinen Auslauf bekommt. Das weiße Fell wird getrimmt, ist dann pflegeleicht und haart nicht.

Niederläufiger Terrier
FCI-Nr. 74
Land Großbritannien
Schulterhöhe max. 31 cm
Gewicht Rüden 9 kg, Hündinnen 8,2 kg
Farben weiß mit oder ohne gelbe, braune, blaue oder dachsfarbene Abzeichen am Kopf

Erziehung	■ ■
Pflege	■ ■
Beschäftigung	■
Bewegung	■
Verbreitung	■

Niederläufige Terrier | 121

Skye Terrier

Niederläufiger Terrier
FCI-Nr. 75
Land Großbritannien
Schulterhöhe 25–26 cm
Länge Nase bis Rutenspitze 103 cm
Farben schwarz, grau, falb, creme mit schwarz an Fang und Ohren

Erziehung			
Pflege			
Beschäftigung			
Bewegung			
Verbreitung			

HERKUNFT Schottischer Jagdterrier von der Isle of Skye. Einst ausgesprochen harter, scharfer Terrier für die Fuchsjagd. Schon sehr früh als Show- und Begleithund gezüchtet. Der Skye Terrier eignet sich in seiner modernen Zuchtform nicht mehr für den Jagdgebrauch.
VERWENDUNG Begleithund.
WESEN UND VERHALTEN Sehr eigenwilliger, selbstständiger, großer, sehr kraftvoller Hund auf kurzen Beinen. Fremden kann er nichts abgewinnen, er ist ganz auf seine Menschen fixiert. Fremde Hunde duldet er in seinem Umfeld ungern. Er zeigt sich ausgesprochen ignorant, ist nicht von sich aus aggressiv, doch wenn gefordert setzt er sich blitzschnell durch. Wachsam, bellt wenig, im Ernstfall Beschützer.
HALTUNG Der Skye ist eine starke Hundepersönlichkeit, er braucht eine konsequente Erziehung und klare Führung. Wer mit seinem Wesen klarkommt, erfreut sich einer ganz besonderen Freundschaft. Ein Hund für ruhige Menschen, die gerne mit dem Hund spazieren gehen, aber keine sportlichen Ambitionen haben. Guter Wohnungs- und Stadthund. Das lange Fell ist ausgesprochen pflegeintensiv.

West Highland White Terrier

HERKUNFT Schottischer Jagdterrier vom Schlag der Cairn Terrier. Gelegentlich weiß geborene Hunde waren verpönt und wurden ausgemerzt, doch ein Jagdherr spezialisierte seine Zucht mit Erfolg auf diese weißen Launen der Natur. Wurde in den letzten Jahren durch die Fernsehwerbung entdeckt, zum Modehund.
VERWENDUNG Familienbegleithund.
WESEN UND VERHALTEN Aktiver, unerschrockener, robuster Hund mit beträchtlichem Selbstvertrauen. Wachsam, sehr bellfreudig. Menschenfreundlich, fremden Hunden gegenüber oft unduldsam. Viele Westies zeigen noch starke Jagdpassion.
HALTUNG Der Westie wurde zum Modehund der 1990er Jahre und folglich in großem Stil vermarktet. Er braucht eine konsequente Erziehung und weiß sich trotzdem stets mit viel Charme durchzusetzen. Anpassungsfähiger Familienhund, der gerne spazieren geht, keine sportlichen Ambitionen hat, aber gut mit Spiel beschäftigt werden kann. Daher sehr guter Wohnungs- und Stadthund. Das weiße Fell bleibt im Alltagsleben nur bei sorgfältiger Pflege und regelmäßigem Trimmen schön weiß. Haart dann nicht.

Niederläufiger Terrier
FCI-Nr. 85
Land Großbritannien
Schulterhöhe 28 cm
Farben weiß

| Erziehung |
| Pflege |
| Beschäftigung |
| Bewegung |
| Verbreitung |

Niederläufige Terrier | 123

Česky Teriér
Tschechischer Terrier

Niederläufiger Terrier
FCI-Nr. 246
Land Tschechische Republik
Schulterhöhe Rüden 29 cm, Hündinnen 27 cm
Gewicht 6–10 kg
Farben graublau, milchkaffeefarben

Erziehung			
Pflege			
Beschäftigung			
Bewegung			
Verbreitung			

HERKUNFT Ab 1949 von Prof. Horak aus der Kreuzung von Scottish mit Sealyham Terrier gezüchteter leichtführiger Terrier für die Jagd auf Fuchs und Dachs. 1963 wurde er offiziell anerkannt und als angenehmer Gefährte weit über die Grenzen seiner Heimat bekannt.
VERWENDUNG Familienbegleithund.
WESEN UND VERHALTEN Ruhiger, nicht aggressiver, leichtführiger, fröhlicher Gesellschafter. Fremden gegenüber zurückhaltend. Ausgesprochen sanfter, intelligenter und unterordnungsbereiter Hund.
HALTUNG Der gehorsame, sanfte Terrier passt sich allen Lebensumständen an und ist ein idealer Begleiter älterer Menschen, die noch viel spazieren gehen können, ebenso wie für lebhafte Familien. Der Cesky tobt sich beim Spiel und mit Artgenossen aus, da er sehr sozialverträglich ist. Leicht zu erziehen und sehr anhänglich, neigt er nicht zum selbstständigen Jagen. Für Neulinge in der Hundehaltung und Menschen, die nicht ständig Führung behaupten wollen, geeignet. Angenehmer Wohnungs- und Stadthund, wenn er genug Auslauf bekommt. Das seidige Fell wird geschoren und häufig gekämmt, haart nicht.

124 | Niederläufige Terrier

Bull Terrier

HERKUNFT Der Bull Terrier entstammt der Kreuzung alter englischer kurzhaariger Terrier mit Bulldoggen. Zuchtziel war ein starker wendiger Hund für Tierkämpfe. Nach dem Tierkampfverbot als Showhund gezüchtet.
VERWENDUNG Seit über 100 Jahren Begleithund.
WESEN UND VERHALTEN Sehr selbstsicherer, passiv dominanter Hund, der sich alleine mit seiner Kraft und Ignoranz, gerne eigensinnig genannt, durchsetzt. Besonders Rüden sind fremden Artgenossen gegenüber unduldsam und gehen keinem Streit aus dem Wege. In friedlicher Situation freundlich und gelassen, im Ernstfall verteidigungsbereit. Eine Ausbildung braucht er dazu nicht.
HALTUNG Er braucht unbedingt eine erfahrene Hand und eine liebevoll konsequente Erziehung. Kein Hund für Anfänger. Er muss in der Familie eine klare Führung akzeptieren. Dann ist er ein ausgesprochen liebevoller Begleiter, der sich eng an seine Menschen anschließt. Ein Hund für sportliche Menschen, die gerne etwas mit dem Hund unternehmen, sich aber der starken Persönlichkeit bewusst sind, die sich niemals gänzlich unterordnet. Das kurze Fell ist pflegeleicht.

Bullartiger Terrier
FCI-Nr. 11
Land Großbritannien
Schulterhöhe keine Angaben
Gewicht keine Angaben
Farben weiß mit oder ohne Flecken am Kopf, schwarz gestromt, rot, rehbraun, tricolour

Bullartige Terrier | 125

Miniature Bull Terrier

Bullartiger Terrier
FCI-Nr. 11
Land Großbritannien
Schulterhöhe max. 35,5 cm
Farben weiß mit oder ohne Flecken am Kopf, schwarz gestromt, rot, rehbraun, tricolour

Erziehung			
Pflege			
Beschäftigung			
Bewegung			
Verbreitung			

HERKUNFT Schon immer gab es eine Miniaturform des Bull Terriers, die nach dem gleichen Standard gezüchtet wird, nur eben kleiner.

VERWENDUNG Begleithund.

WESEN UND VERHALTEN Lebhafter und agiler als der Große, dabei ebenso selbstsicher und souverän, doch zeigt er im Allgemeinen etwas weniger ausgeprägtes Dominanzverhalten. Dennoch gegenüber fremden Hunden keinem Streit aus dem Wege gehend, wenn er provoziert wird. Wachsam und verteidigungsbereit. In friedlicher Situation gelassen, menschenfreundlich und diszipliniert.

HALTUNG Er ist allein schon wegen seiner Größe einfacher zu halten, dennoch ein Hund mit starker Persönlichkeit, der sich durchzusetzen versteht. Auch er braucht eine liebevoll konsequente Erziehung. Er liebt sportliche Aktivitäten und macht alles gerne mit. Ein kleines Kraftpaket mit liebenswürdigem Charakter unter Freunden und aufgeschlossen zu Fremden. Er schließt sich eng an seine Menschen an, wird sich jedoch nie gänzlich unterordnen. Er ist bei ausreichender Bewegung ein angenehmer Wohnungshund. Pflegeleicht.

Staffordshire Bull Terrier

HERKUNFT Ebenfalls eine Kreuzung zwischen alten Terrierschlägen und Bulldoggen, wobei züchterisch der ursprüngliche Typ erhalten blieb. Er wurde auch für Tierkämpfe eingesetzt.

VERWENDUNG Begleithund.

WESEN UND VERHALTEN Temperamentvoller, selbstbewusster Hund, mutig und intelligent. Seit Verbot der Tierkämpfe Zuchtauslese auf freundliches Wesen, dennoch ist er ein sehr dominanter, selbstsicherer Hund, hartnäckig und ausdauernd sein Ziel verfolgend, fremde Hunde in seinem Revier ungern duldend. Allgemein menschenfreundlich, in der Familie liebenswert. Sensibel und hart im Nehmen zugleich. Wachsam, verteidigungsbereit.

HALTUNG Er braucht eine erfahrene Hand und konsequente Führung, wird sich aber nie gänzlich unterordnen. In der Familie liebenswürdig und geduldig, er muss aber seinen Platz respektieren. Kein Hund für Anfänger oder bequeme Menschen, da man sich immer wieder mit ihm auseinandersetzen muss. Er liebt gemeinsame Aktionen, Beschäftigung und Bewegung. Angenehmer Wohnungshund. Pflegeleicht.

Bullartiger Terrier
FCI-Nr. 76
Land Großbritannien
Schulterhöhe 35,5–40,5 cm
Gewicht Rüden 12,7–17 kg, Hündinnen 11–15,4 kg
Farben rot, falb, weiß, schwarz oder blau, gestromt, mit oder ohne weiße Abzeichen

Erziehung	■ ■
Pflege	■
Beschäftigung	■ ■
Bewegung	■ ■
Verbreitung	■

Bullartige Terrier | 127

American Staffordshire Terrier

Bullartiger Terrier
FCI-Nr. 286
Land USA
Schulterhöhe
Rüden 46–48 cm,
Hündinnen 43–46 cm
Farben alle außer dreifarbig und leberfarben

Erziehung			
Pflege			
Beschäftigung			
Bewegung			
Verbreitung			

HERKUNFT Erste britische Siedler brachten Bulldoggen und Terrier mit in die USA, die sich zu einer wehrhaften Rasse zum Schutz gegen Koyoten und Wölfe entwickelten. Hundekämpfe waren ein derber Zeitvertreib, bei dem es um viel Geld ging. Leider werden heute noch Hunde solchen Typs als „Pit Bulls" in manchen Ländern für Hundekämpfe gezüchtet und missbraucht.
VERWENDUNG Begleithund.
WESEN UND VERHALTEN Sehr sportlicher, aktiver Hund von großer Kraft und Ausdauer. Sehr verspielt, wachsam und stets bereit, sein Territorium, wo immer er sich befindet, gegen fremde Hunde zu verteidigen. Liebenswert und sensibel im Umgang mit seiner Familie. Sehr dominanter, selbstsicherer Hund, der sich durchzusetzen versteht und sich nie gänzlich unterordnet. Intelligent und gelehrig, ist er immer für Aktionen zu haben.
HALTUNG Kein Hund für Anfänger und bequeme Menschen. Er braucht eine erfahrene Hand, konsequente Erziehung und klare Führung, die er immer wieder infrage stellt. Natürliche Autorität ist angebracht. Auslastung durch Auslauf und Beschäftigung notwendig. Das kurze Fell ist pflegeleicht.

Australian Silky Terrier

HERKUNFT Die Zucht begann 1820 mit einer rauhaarigen Hündin mit stahlblauem Fell mit Dandie Dinmont Terrier gekreuzt und später Einzüchtung von Australian und Yorkshire Terrier entstand der Silky.

VERWENDUNG Familienbegleithund

WESEN UND VERHALTEN Lebhafter, wachsamer, fröhlicher Hausgenosse, sozialverträglich, intelligent und leicht erziehbar.

HALTUNG Der Silky Terrier soll zwar das typische Terrierwesen zeigen, d.h. selbstbewusst, aufgeschlossen und immer noch am Rattenfangen interessiert sein. Der Silky ist aber trotzdem ein umgänglicher, folgsamer Hund. Voller Temperament, quicklebendig und stets vergnügt liebt er Auslauf, Beschäftigung und Bewegung, die er sich gut über Spiel verschafft. Er geht gerne spazieren und kann ausdauernd wandern. Er passt sich allen Lebensumständen an und fühlt sich sowohl bei älteren Menschen in einer Stadtwohnung als auch in einer lebhaften Familie auf dem Land wohl. Der Australian Silky Terrier ist zwar klein, aber robust und darf nicht verzärtelt werden. Das seidige, nicht bodenlange Haar bedarf regelmäßiger Pflege. Haart nicht.

Zwerg-Terrier
FCI-Nr. 236
Land Australien
Schulterhöhe
Rüden 23–26 cm,
Hündinnen weniger
Farben blau mit loh

Erziehung
Pflege
Beschäftigung
Bewegung
Verbreitung

Zwerg-Terrier | 129

English Toy Terrier (Black and Tan)

Zwerg-Terrier
FCI-Nr. 13
Land Großbritannien
Schulterhöhe 25–30 cm
Gewicht 2,7–3,6 kg
Farben schwarz mit loh

Erziehung			
Pflege			
Beschäftigung			
Bewegung			
Verbreitung			

HERKUNFT Kleiner Schlag des Manchester Terriers, der eigens zum Rattentöten gezüchtet wurde. Je mehr Ratten der Hund in vorgegebener Zeit in einer Arena tötete, desto mehr Wettgelder brachte er ein. Klein genug für die Jackentasche, verteidigte er die Gewinne gegen Taschendiebe. Obwohl es schon immer winzige Terrier gab, führt man den zierlichen, flinken Hund auf die Einkreuzung von italienischen Windspielen zurück.

VERWENDUNG Begleithund.

WESEN UND VERHALTEN Sehr wachsam, selbstbewusst, niemals nervös. Anschmiegsam, auf seine Menschen bezogen, Fremden gegenüber unnahbar.

HALTUNG Angenehmer, zärtlicher Begleiter, der wenig Neigung hat, selbstständig loszuziehen. Er ist leicht zu erziehen, darf aber seinen Terriercharakter nicht verleugnen. Flink, lebhaft und verspielt, liebt Spaziergänge, fordert aber keine sportlichen Aktivitäten. Er passt sich allen Lebensumständen an und ist ein besonders angenehmer Begleiter älterer Menschen. Idealer, reinlicher Wohnungshund, auch gut in der Stadt zu halten, und unkomplizierter Reisebegleiter. Das dichte, kurze Fell ist pflegeleicht, bietet aber keinen Witterungsschutz.

Yorkshire Terrier

HERKUNFT Der ursprüngliche Rattenfänger wurde schon sehr früh mit anderen Rassen wie Skye Terrier und Malteser gekreuzt zum attraktiven Damenbegleithund.

VERWENDUNG Begleithund.

WESEN UND VERHALTEN Quirlig mit überschäumendem Temperament. Keck und selbstbewusst, sich häufig überschätzend. Sozialverträglich und gut zu mehreren zu halten. Kontrollierter Kontakt mit fremden Artgenossen angebracht. Er ist intelligent und gelehrig, anschmiegsam und sehr personenbezogen. Fremden gegenüber zurückhaltend. Sehr wachsam, bellfreudig.

HALTUNG Stets gut gelaunter Begleiter, der mit liebevoller Konsequenz erzogen werden muss, da er – verwöhnt und ohne Führung – zum Haustyrann werden kann. Ausdauernder, robuster Begleiter wanderfreudiger Menschen, liebt Beschäftigung und Bewegung und macht alles mit. Leidenschaftlicher Mäusejäger. Idealer Wohnungs- und Stadthund, guter Reisebegleiter. Passt sich allen Lebensumständen an. Sehr pflegeintensives Fell, haart nicht. Das für Ausstellungen geschätzte bodenlange Haar bedarf besonderer Pflege.

Zwerg-Terrier
FCI-Nr. 86
Land Großbritannien
Gewicht bis 3,1 kg
Farben dunkles Stahlblau mit lohfarbenen Abzeichen

| Erziehung |
| Pflege |
| Beschäftigung |
| Bewegung |
| Verbreitung |

Zwerg-Terrier | 131

Gruppe 4
Dachshunde

Kurzbeinige Lebenskünstler

KURZBEINIGE BRACKEN Die bei Hunden nicht ungewöhnliche Mutation befähigt sie, in Dachs- und Fuchsbaue „einzuschliefen" und diese wehrhaften Tiere aus ihrem sicheren Höhlensystem hinaus vor die Flinte der Jäger zu treiben. Oft genug kommt es jedoch im Bau zu einem erbitterten Kampf, und mancher tapfere Dackel lässt dabei sein Leben, wenn der Jäger nicht rechtzeitig mit dem Spaten zu Hilfe kommt und ihn ausgräbt. Um sich einer solchen Aufgabe zu

Kurzhaarteckel – getigert und schwarz-rot

Links: Langhaar, rechts: Rauhaar

stellen, muss ein Hund ausgesprochen mutig, ja über seine eigenen Selbstschutzmechanismen hinaus, ans Werk gehen. Dabei darf er nicht tolldreist sein, sondern muss gezielt taktieren, abwägen und Entscheidungen treffen.

LEBENSKÜNSTLER Genau diese Mischung aus Intelligenz, Entscheidungsfreudigkeit und blitzschnellem Einschätzen der Lage und das Beste daraus machen, zeichnet den Dackel aus. Nicht umsonst gehört er zu den beliebtesten Familienbegleithunden.

Dackel beherrschen meisterlich die Kunst des Verführens, sind begnadete Schauspieler und erreichen immer das Ziel ihrer Wünsche. Sei es ein bevorzugter Platz oder ein Leckerbissen. Intelligent und gelehrig, gerne mit ihren Menschen arbeitend, lassen sich Dackel sehr gut erziehen. Aber sie sind immer bereit selbst zu entscheiden, ob sich die geforderte Aufgabe auch lohnt. Gehorsam um des Gehorsams Willen ist ihnen vollkommen fremd.

Ausgebildete Jagdhunde folgen aufs Wort, denn nur bestens aufeinander abgestimmte Team-Arbeit führt zum Jagderfolg. Auch der nicht am Jagdgebrauch interessierte Teckelbesitzer sollte seinem Hund eine konsequente, liebevolle Erziehung angedeihen lassen.

Drei Schläge

Der älteste Dackelschlag ist der Kurzhaar, später kam der Langhaar, der es rasch zum Modehund brachte, hinzu. Die jüngste Kreation ist der allseits beliebte Rauhaarteckel, entstanden durch Terriereinkreuzungen. Er wird auch von Jägern bevorzugt.

Info

Größenmessung
Die Größe wird am Brustumfang, wichtigstes Kriterium für die Fähigkeit, in Fuchsbaue eindringen zu können, gemessen. Der kleinste Dackel kommt noch in Kaninchenbaue, daher Kaninchenteckel genannt, gefolgt vom Zwergteckel und dem Normalschlag.

Dachshund
Dackel, Teckel

HERKUNFT Von kurzbeinigen, mittelalterlichen Bracken abstammend. Drei Haararten: Kurzhaar, die alte Brackenform, Langhaar und Rauhaar (Terriereinkreuzung). Drei Größen: Normal, Zwerg und Kaninchen, die ab dem 15. Monat durch Messen des Brustumfangs festgestellt werden.

VERWENDUNG Jagd- und Begleithund.

WESEN UND VERHALTEN Freundlich, ausgeglichenes Temperament. Passionierter, ausdauernder, spurlauter Jagdhund unter und über der Erde, der stöbert und auf Schweiß geht. Wachsam, sich Respekt verschaffend. Selbstständig und eigenwillig. Der Rauhaar ist draufgängerischer als die anderen, wobei der Langhaar am anhänglichsten und sensibelsten ist.

HALTUNG Alle Teckel brauchen eine liebevoll konsequente Erziehung und klare Führung, denn sie sind Meister darin, ihre Menschen um den Finger zu wickeln und ihre Interessen zu verfolgen. Nie langweiliger, bei guter Erziehung auch gehorsamer Hund, der jedoch nie seine Persönlichkeit aufgibt und immer Jagdhund bleibt. Bei entsprechender Beschäftigung guter Wohnungshund und Reisebegleiter. Pflegeleicht.

Dachshund
FCI-Nr. 148
Land Deutschland
Brustumfang
Normal über 35 cm,
Zwerg 30–35 cm,
Kanin bis 30 cm
Gewicht Normal 9 kg
Farben vielfältig außer weiß und schwarz

Erziehung			
Pflege			
Beschäftigung			
Bewegung			
Verbreitung			

Dachshunde | 133

Spitze und Hunde vom Urtyp

Die FCI-Einteilung ist nach meinem kynologischen Verständnis in dieser Gruppe nicht konsequent. Während sich die Gruppeneinteilung sonst an der Funktion orientiert, lässt man sich hier vom äußeren Erscheinungsbild leiten. Urtyp bezeichnet Hunde, die sich vom Aussehen her im Laufe der Jahrtausende kaum verändert haben. Typisch sind die Stehohren und meist die Ringelrute. Sie sind auch im Verhalten noch sehr ursprünglich, selbstständig und unabhängig. Es gibt Rundum-Talente, die Schlitten ziehen, jagen und hüten.

Links: Shiba Inu, rechts: Großspitz

Nordische Schlittenhunde

Als „Arbeitsmittel" gezüchtet, müssen sie unabhängig vom Benutzer funktionieren, sie binden sich nicht an bestimmte Personen, ordnen sich nur soweit unter, als es ihre Arbeit erfordert, und sind in der Regel keine Wach- und Schutzhunde. Die Sozialverträglichkeit ist unterschiedlich. Alle zeichnet ein hoher Jagdtrieb und unbändiger Freiheitsdrang aus.

Nordische Jagdhunde

Selbstständig jagende Hunde, die im dichten Gehölz und undurchdringlichen Wäldern Skandinaviens und Russlands das Wild finden, verfolgen und bellend den Jäger heranrufen. Dabei entfernen sie sich weit vom Jäger, ohne jedoch den Kontakt zu verlieren, denn nur mit dem Jäger gibt es Beute.

Nordische Wach- und Hütehunde

Sie treiben, ähnlich dem Berghüter, die frei im weitläufigen Gelände grasenden Schafe und Rentierherden mehrmals im Jahr zusammen. Es sind sehr agile, lebhafte, intelligente und gelehrige Hunde. Sie sind territorialer als die Jagdhunde und daher sehr wachsam, aber keine wirklichen Schutzhunde.

Europäische Spitze

Die klassischen Hofhunde sind außerordentlich territorial und wurden für ihre Wachsamkeit schon in der Antike geschätzt. Eigenmächtig das Grundstück zu verlassen kommt ihnen höchstens auf Freiersfüßen in den Sinn, man sagt ihnen deshalb nach, dass sie nicht jagen. Stets aufmerksam und wachsam melden sie alles, was kommt. Sie sind sehr eng mit ihrer Familie verbunden und Fremden gegenüber misstrauisch.

**Links: Siberian Husky,
Rechts: Norwegischer Elchhund**

Gruppe 5

Asiatische Spitze
Sie sind allesamt selbstständige Jäger mit sehr eigenwilliger Persönlichkeit. Sie gehen eine enge Beziehung mit den Menschen ein, die Verständnis für ihr Wesen aufbringen und klare Führung vermitteln. Doch ihre Bestimmung als Jagdhunde vergessen sie dabei nicht. Der Eurasier wurde gezielt als Familienbegleithund gezüchtet, kann seine asiatische Herkunft aber nicht ganz verleugnen, während der Japan Spitz ganz aus der Rolle fällt.

Podengo Português Pequeno

Urtyp
Hierunter fallen sehr unterschiedliche Rassen vom territorialen Herdenschutzhund der Beduinen Israels über den Stöberhund Zentralafrikas und die Kaninchenjäger des Mittelmeerraums bis zu den haarlosen Hunden Perus und Mexikos. Alle sind sehr eigenständige Persönlichkeiten, die hohe Anforderungen an ihre Besitzer stellen.

HAARLOSE HUNDE Haarlosigkeit ist beim Hund keine ungewöhnliche Mutation, die sich in den warmen Regionen erhalten konnte, es handelt sich aber um einen Lethalfaktor, der zum Absterben der Embryonen führen kann. Außerdem ist die Zahnentwicklung beeinträchtigt, so dass oft mehrere Zähne fehlen. Haarlose Hunde müssen deshalb mit behaarten Exemplaren verpaart werden. Haarlose Hunde haben ihre Daseinsberechtigung für gegen Hundehaare allergische Hundefreunde.

Urtyp – Hunde zur jagdlichen Verwendung
Uralte Jagdhundform im gesamten Mittelmeerraum. Sie jagen in kargem, steinigem, trockenem Gebiet hauptsächlich Kaninchen, aber auch Wildschweine und setzen dabei Augen, Ohren und Nase ein. Sehr selbstständige, unabhängige, sozialverträgliche Hunde, die ganz ihrer Jagdleidenschaft verschrieben sind.

Jagdhunde vom Urtyp mit einem Ridge auf dem Rücken
Einziger Vertreter ist der Thai Ridgeback, ein unabhängiger, selbstständig jagender Stöberhund im dichten Urwald Thailands auf alles mögliche Wild, der rein nur noch im Norden des Landes bei seiner ursprünglichen Aufgabe zu finden ist.

Info

Was Urtyp bedeutet
Urtyp deshalb, weil diese Hunde ein sehr ursprüngliches Verhalten zeigen, der Mensch machte sich ihre Eigenschaften zunutze, züchtete sie aber nicht zu Spezialisten heran.

Grönlandhund

Nordischer Schlittenhund
FCI-Nr. 274
Land Grönland
Schulterhöhe
Rüden ab 60 cm,
Hündinnen ab 55 cm
Farben alle außer Albinos

Erziehung		
Pflege		
Beschäftigung		
Bewegung		
Verbreitung		

HERKUNFT Transport- und Jagdhund der Eskimos.
VERWENDUNG Ausdauernder Lastenzieher sowie Robben- und Eisbärenjäger.
WESEN UND VERHALTEN Passionierter, unermüdlicher Schlittenhund mit ausgeprägtem Jagdtrieb. Menschen gegenüber freundlich unbefangen, nicht personenbezogen, kein Wach- und Schutzhund. Sehr starkes Rangordnungsempfinden, daher häufige Streitereien untereinander. Voller Energie, Beharrlichkeit und Mut. Als „reine Arbeitsmittel" zeigen diese Hunde keine enge Bindung an den Menschen, sie müssen für jeden arbeiten.
HALTUNG Reine, sehr harte Arbeitshunde, die für jeden funktionieren müssen, außerordentlich robust, widerstandsfähig und nur auf Leistung gezüchtet. Ein Hund für Kenner, der nur eine klare Führung akzeptiert und nicht unterordnungsbereit ist. D. h. auch bei konsequenter Erziehung seine Selbstständigkeit nicht aufgibt. Er braucht eine Aufgabe und körperliche Auslastung. Nur für sportliche Menschen, die sich viel in der Natur bewegen und ihn als Zughund oder Gepäckträger einsetzen können. Keinesfalls Wohnungs- oder Stadthund. Pflegeleicht, haart aber stark.

Samojede
Samoiedskaïa Sabaka

HERKUNFT Hüte-, Jagd- und Schlittenhunde der Samojeden in Sibirien. Der britische Zoologe Scott brachte sie nach England, hinzu kamen die Schlittenhunde der Polarforscher. Die Reinzucht als Rasse erfolgte zunächst in England.

VERWENDUNG Schlitten- und Begleithund.

WESEN UND VERHALTEN Freundlich, aufgeschlossen, munter und lebhaft. Sehr gesellig. Kein Wach- oder Schutzhund. Sehr selbstständig und unabhängig, klug und gelehrig, aber nicht unterordnungsbereit.

HALTUNG Sehr temperamentvoller, unternehmungslustiger, nie langweiliger Hund. Er braucht eine konsequente Erziehung und klare Führung, bewahrt jedoch bei aller Liebenswürdigkeit seinen Menschen gegenüber seinen eigenwilligen Charakter und geht gerne eigene Wege, auch jagen. Anstrengender Familienbegleithund, der zwar wegen seiner Sanftmütigkeit besticht, aber unausgelastet viel Unsinn anstellt. Für Wagen- und Schlittenrennen geeignet, aber der Samojede ist nicht so schnell wie der Husky. Kein Hund für bequeme Menschen, kein Wohnungshund. Intensive Fellpflege besonders beim Junghund, haart stark.

Nordischer Schlittenhund
FCI-Nr. 212
Land Russland
Schulterhöhe
Rüden 57 cm,
Hündinnen 53 cm
+/- 3 cm
Farbe einfarbig weiß, creme oder bisquit

Erziehung	
Pflege	
Beschäftigung	
Bewegung	
Verbreitung	

Nordische Schlittenhunde | 137

Alaskan Malamute

Nordischer Schlittenhund
FCI-Nr. 243
Land USA
Schulterhöhe
Rüden 63,5 cm,
Hündinnen 58,5 cm
Gewicht Rüden 38 kg,
Hündinnen 34 kg
Farben hellgrau bis
schwarz und sable mit
oder ohne weiß

Erziehung			
Pflege			
Beschäftigung			
Bewegung			
Verbreitung			

HERKUNFT Schlittenhund der Malamuten im westlichen Alaska. Bekannt geworden durch Polarexpeditionen. Ausdauernde, kraftvolle Lastenzieher, nie für den Schlittenrennsport gezüchtet.
VERWENDUNG Schlittenhund.
WESEN UND VERHALTEN Menschen gegenüber freundlich, aber nicht personenbezogen. Gelassenes, ruhiges Wesen. Unabhängiger, oftmals dominanter, nicht unterordnungsbereiter Hund, der sich durchzusetzen weiß, sowohl seinem Herrn als auch anderen Hunden gegenüber. Er ist anders als andere Schlittenhunde wachsam und verteidigungsbereit. Starker Jagdtrieb.
HALTUNG Der größte und mächtigste Schlittenhund, der sich trotz seines stämmigen Körperbaus mühelos bewegt, ist nur geeignet für Menschen mit Sachverstand, Erfahrung und dem Willen, sich intensiv mit dem Hund auseinander- und durchzusetzen und Führungsqualitäten zu zeigen, die der Hund akzeptiert. Er braucht unbedingt die Möglichkeit, am Schlitten oder Wagen zu arbeiten. Kein Haus- und Wohnungshund, Lebensraum mit engem Kontakt zu seinen Menschen muss gegeben sein. Das dichte Fell ist pflegeleicht, haart aber stark.

Siberian Husky

HERKUNFT Jagd-, Hüte- und Schlittenhund der Ureinwohner Sibiriens. Russische Pelzhändler brachten sie nach Alaska, wo sich die kleinen Hunde bei den Schlittenhundrennen als erstaunlich schnell erwiesen und rasch beliebt wurden.
VERWENDUNG Schlittenhund.
WESEN UND VERHALTEN Freundlich, sanftmütig, sozialverträglich, aufmerksam und kontaktfreudig. Kein Wach- und Schutzhund. Sehr temperamentvoll, arbeitsfreudig, gelehrig, aber nicht personenbezogen, sehr selbstständig und freiheitsliebend.
HALTUNG Sportlicher Hund, der viel Beschäftigung und Bewegung am Schlitten oder Wagen, beim Joggen oder Radfahren braucht. Kein Hund für bequeme Menschen. Liebt den Aufenthalt im Freien, kein Stadthund. Intelligent und gelehrig, doch konsequente Erziehung notwendig, ordnet sich jedoch nie unter. Nicht aggressiv dominant, eher ignorant sein „Ding" machend. Sicher eingezäuntes Grundstück wichtig. Freilauf wegen ausgeprägter Jagdpassion und Unabhängigkeit schwierig. Trotz liebenswürdigen Wesens kein Familienhund. Ausgesprochener Outdoorhund. Pflegeleicht, haart stark.

Nordischer Schlittenhund
FCI-Nr. 270
Land USA
Schulterhöhe
Rüden 53,5–60 cm,
Hündinnen 50,5–56 cm
Gewicht Rüden 20,5–28 kg,
Hündinnen 15,5–23 kg
Farben alle von schwarz
bis reinweiß

Erziehung	
Pflege	
Beschäftigung	
Bewegung	
Verbreitung	

Nordische Schlittenhunde | 139

Norwegischer Elchhund schwarz

Nordischer Jagdhund
FCI-Nr. 268
Land Norwegen
Schulterhöhe
Rüden 46–49 cm,
Hündinnen 43–46 cm
Farben schwarz

HERKUNFT Traditioneller Jagdhund Norwegens.
VERWENDUNG Elch- und Bärenjagd.
WESEN UND VERHALTEN Furchtlos, energisch und mutig bei der Jagd. Er verfolgt den Elch oder Bären lautlos, stellt ihn und ruft den Jäger durch Bellen, das Ort und Nähe des Wildes anzeigt, heran. Menschenfreundlich, sozialverträglich und liebenswert in der Familie. Wachsam, aber kein Wach- und Schutzhund. Führerbezogen, weniger selbstständig als der graue Elchhund, da er bei der Jagd enger mit dem Jäger zusammen arbeitet.
HALTUNG Auf seine Menschen bezogener Hund, der sich mit etwas Konsequenz leicht erziehen lässt. Er bleibt allerdings ein Jagdhund, der unausgelastet, nicht erzogen und ohne Bindung an seine Menschen natürlich seinen Jagdtrieb auslebt. Kein Hund für bequeme Menschen. Er braucht Bewegung und Beschäftigung, eignet sich auch für sportliche Aktivitäten, da gelehriger, sehr agiler und beweglicher, ausdauernder Hund. Dann auch gut in der Wohnung zu halten. Der schwarze norwegische Elchhund ist robust und hält sich gerne im Freien auf. Das kurze, dichte Fell ist pflegeleicht.

Erziehung		
Pflege		
Beschäftigung		
Bewegung		
Verbreitung		

Norwegischer Lundehund

HERKUNFT Spezialist für die Jagd auf Papageientaucher und das Einsammeln der Eier an den Klippen der norwegischen Küste und Inseln. Sehr bewegliche Schulterpartie und verschließbare Ohren befähigen ihn zu der Arbeit in den unterirdischen Gängen der Vögel. Besondere Trittsicherheit auf felsigem Grund durch Pfoten mit fünf ausgebildeten Zehen. Nach dem Schutz der Papageientaucher (Lunde) beinahe ausgestorben.
VERWENDUNG Begleithund.
WESEN UND VERHALTEN Aufmerksam, energisch, lebhaft. Sehr selbstständig und unabhängig, aber kein jagender Hund. Fremden gegenüber zurückhaltend. Wachsam. Verträglich mit anderen Hunden.
HALTUNG Der kleine Hund ist ein angenehmer, anspruchsloser Begleiter, der sich gut erziehen lässt, aber seine Selbstständigkeit und Unabhängigkeit bewahrt und sich niemals so ganz unterordnet. Er liebt Bewegung und Beschäftigung, und sofern er diese bekommt, ist er ein angenehmer Familienbegleithund für sportliche Menschen. Er ist robust und hält sich gerne im Freien auf, passt sich aber an die Lebensweise seiner Menschen an. Das kurze Fell ist pflegeleicht.

Nordischer Jagdhund
FCI-Nr. 265
Land Norwegen
Schulterhöhe
Rüden 35–38 cm,
Hündinnen 32–35 cm
Gewicht Rüden ca. 7 kg,
Hündinnen ca. 6 kg
Farben rot- bis falbbraun
mit schwarzen Haarspitzen

Erziehung		
Pflege		
Beschäftigung		
Bewegung		
Verbreitung		

Nordische Jagdhunde | 141

Westsibirischer Laika
Zapadno – Sibirskaïa Laïka

Nordischer Jagdhund
FCI-Nr. 306
Land Russland
Schulterhöhe
Rüden 54–60 cm,
Hündinnen 52–58 cm
Farben weiß, schwarz, auch gescheckt, alle Schattierungen von Grau und Rot

Erziehung	
Pflege	
Beschäftigung	
Bewegung	
Verbreitung	

HERKUNFT Von Finnland bis Ostsibirien verbreiteter Jagdhund, auch Wächter und Zughund.

VERWENDUNG Vielseitig einsetzbarer Jagdgefährte, der im dichten Wald lautlos stöbert, verfolgt und bellend stellt, bis der Jäger nahe genug ist. Jagt alles jagdbare Wild vom Eichhörnchen über Vögel bis hin zu Elch und Bär. Diese Arbeit erfordert ausdauernde, robuste, mutige Hunde, die sich stundenlang ohne zu ermüden auch in hohem Schnee fortbewegen können.

WESEN UND VERHALTEN Als eigenständiger Jäger sehr unabhängig, selbstständig, hochintelligent und sehr passioniert. Sehr agiler, aktiver Hund, in der Familie freundlich, manche sind wachsam und beschützen.

HALTUNG Als anerkannter Jagdgebrauchshund sollte er nur dort gehalten werden, wo man ihm als Jagdhund sinnvolle Beschäftigung bieten kann. Er braucht eine konsequente Ausbildung und klare Führung, bewahrt trotzdem seine Selbstständigkeit. Sehr anspruchsvoll und nur für sportlich aktive Menschen, die ihm ausreichend Bewegung und Jagdmöglichkeit bieten können sowie seinen eigenständigen Charakter mögen. Kein Wohnungs- oder Stadthund. Pflegeleicht, haart stark.

Finnenspitz
Suomenpystykorva

HERKUNFT Traditioneller Jagdhund im Norden und Osten Finnlands auf kleines Raubwild, Wasservögel und Elch, später speziell auf Auer- und Birkhuhn.

VERWENDUNG Jagd auf Vögel, die sich in den Baumwipfeln in Sicherheit bringen. Durch Gebell zieht er deren Neugier auf sich, bis der Jäger nahe genug zum Schuss ist. Die durchdringende Stimme des Finnenspitzes ist ein wichtiges Merkmal.

WESEN UND VERHALTEN Lebhaft, kraftvoll, mutig und entschlossen. Entsprechend der Jagdweise ein sehr selbstständiger und unabhängiger, dennoch kooperativer Hund. Seiner Familie freundlich zugetan. Sehr bellfreudig und wachsam.

HALTUNG Er braucht eine konsequente Erziehung, ordnet sich aber nie ganz unter, da sein reger Geist immer auf der Jagd ist. Er läuft nicht weg, geht aber seiner Wege, da man ihm hier keine ihm sinnvoll erscheinende Aufgabe bieten kann. Sehr intelligent und gelehrig, aber sich wiederholende Aufgaben langweilen ihn. Kein bequemer Hund, kein Wohnungshund. Nur für aktive Menschen, die den eigenwilligen Charakter akzeptieren. Pflegeleicht.

Nordischer Jagdhund
FCI-Nr. 49
Land Finnland
Schulterhöhe
Rüden 47 cm,
Hündinnen 42 cm,
Gewicht Rüden 12–13 kg,
Hündinnen 7–10 kg
Farben rot- oder goldbraun

Erziehung		
Pflege		
Beschäftigung		
Bewegung		
Verbreitung		

Nordische Jagdhunde | 143

Islandhund
Islenskur Fjárhundur

Nordischer Wach- und Hütehund
FCI-Nr. 289
Land Island
Schulterhöhe
Rüden 46 cm,
Hündinnen 42 cm
Farben creme- bis rot- und schokoladenbraun, grau, schwarz mit weißen Abzeichen

| Erziehung |
| Pflege |
| Beschäftigung |
| Bewegung |
| Verbreitung |

HERKUNFT Mit den Wikingern nach Island gekommener, der Insel angepasster Hütehund. Verbreitete sich mit den Islandpferden in aller Welt.

VERWENDUNG Robuster, wendiger Treiber von Pferden, Vieh und Schafen.

WESEN UND VERHALTEN Sehr lebhafter, aktiver Hund, fröhlich, freundlich, neugierig, verspielt und nicht ängstlich. Meldet alles bellend, dennoch freundlich zu Fremden und anderen Hunden. Sehr gelehrig. Geringe Neigung zum selbstständigen Jagen. Islandhunde hängen voller Hingabe an ihren Menschen.

HALTUNG Der temperamentvolle Arbeitshund braucht Beschäftigung und Bewegung. Bekommt er sie nicht, sucht er sie auf eigene Faust. Kein Hund für Stubenhocker oder für bequeme Menschen. Er braucht eine liebevoll, konsequente Erziehung, bleibt seiner Arbeitsweise entsprechend selbstständig. Kein Wohnungshund, fühlt sich auf dem Land, Reiter- und Bauernhof ebenso wohl wie in lebhaften Familien. Sehr guter Begleiter sportlicher Menschen, besonders Reiter. Eignet sich für viele hundesportliche Aktivitäten. Das lange oder kurze dichte Fell ist pflegeleicht.

Schwedischer Lapphund
Lappenspitz

HERKUNFT Traditioneller Rentierhütehund der wandernden Samen (Lappen) in Nordschweden.
VERWENDUNG Wach-, Treib- und Hütehund, Begleithund.
WESEN UND VERHALTEN Lebhaft, wachsam, freundlich und liebevoll. Sehr gelehrig und arbeitsfreudig. Unterordnungsbereit, leicht erziehbar, sehr ausdauernd und zäh. Nicht aggressiv zu Mensch und Tier. Ausdauernde, robuste, witterungsunempfindliche, genügsame Tiere, die Schwerstarbeit beim Treiben und Hüten leisten.
HALTUNG Der typische agile Hütehund braucht eine einfühlsame Erziehung, klare Führung und viel Beschäftigung. Er eignet sich für vielerlei sportliche Aktivitäten wie Obedience, Agility, Hütearbeit, Fährtenarbeit usw. Kein Hund für bequeme Menschen oder Stubenhocker. Er liebt den Aufenthalt im Freien. Anhänglicher und freundlicher Familienhund, der jedoch eine Aufgabe braucht. Er weiß sich seine Langeweile zu vertreiben, jedoch oft nicht im Sinne der Besitzer. Gut geeignet für ein Leben auf dem Land mit der Möglichkeit zum Umgang mit Tieren, die er hüten kann. Kein Stadt- oder Wohnungshund. Das lange dichte Fell bedarf der Pflege.

Nordischer Wach- und Hütehund
FCI-Nr. 135
Land Schweden
Schulterhöhe
Rüden 48 cm,
Hündinnen 43 cm
Farben schwarz, braun, kleine weiße Abzeichen erlaubt

Erziehung			
Pflege			
Beschäftigung			
Bewegung			
Verbreitung			

Nordische Wach- und Hütehunde | 145

Wolfspitz

Europäischer Spitz
FCI-Nr. 97
Land Deutschland
Schulterhöhe
49 cm, +/- 6 cm
Farben grau gewolkt

Erziehung	
Pflege	
Beschäftigung	
Bewegung	
Verbreitung	

HERKUNFT Ehemals Wachhund der Binnenschiffer, in Holland beliebt als „Keeshond", Maskottchen des niederländischen Patrioten Kees. Der Name Wolfspitz bezieht sich auf die Farbe, nicht auf Wolfskreuzung.

VERWENDUNG Wach- und Begleithund.

WESEN UND VERHALTEN Stets aufmerksamer, lebhafter, gelehriger Hund. Sehr selbstbewusst ordnet er sich nur einer klaren Führung unter. Sehr territorial, daher guter Wächter und Fremden gegenüber unnahbar, unduldsam gegenüber fremden Hunden im eigenen Revier. Ortstreu neigt er nicht zum Streunen, doch Jagdpassion kommt auch bei ihm vor.

HALTUNG Eigenständige Persönlichkeit, deren Erziehung viel Einfühlungsvermögen und Konsequenz bedarf. Bei entsprechender Motivation eignet er sich für vielerlei hundesportliche Aktivitäten. Der robuste Hund liebt den Aufenthalt im Freien bei jedem Wetter und eignet sich nicht für bequeme Menschen. Liebt ein Leben auf dem Land, wo er seiner Aufgabe als Wachhund gerecht werden kann. Das häufig nicht korrekte, zu weiche Fell neigt zum Verfilzen und ist pflegeintensiv, ebenso das Jugendfell.

146 | Europäische Spitze

Großspitz

HERKUNFT Hüte- und Bauernspitz, seit Jahrhunderten typischer Hofwächter. Leider gehört der inzwischen seltengewordene deutsche Großspitz zu den von vom Aussterben bedrohten Rassen.

VERWENDUNG Wach- und Begleithund.

WESEN UND VERHALTEN Stets aufmerksamer, lebhafter, gelehriger, aber sehr selbstbewusster Hund, der sich nur ungern unterordnet. Sehr reviertreu, neigt nicht zum Streunen. Zuverlässiger, unbestechlicher Wächter, durchaus verteidigungsbereit, Fremden gegenüber reserviert, fremden Hunden gegenüber unduldsam.

HALTUNG Der Großspitz braucht eine konsequente Erziehung und klare Führung, wird aber immer eine eigenständige Persönlichkeit bleiben, die zwar ihrer Familie liebevoll zugetan ist, sich aber niemals gänzlich unterordnet. Er geht gerne spazieren, fordert aber nicht zuviel Beschäftigung und Auslauf, wenn er seine Aufgabe als Wachhund eines größeren Anwesens ausüben kann. Sehr gut geeignet für landwirtschaftliche Betriebe, Reiterhöfe usw., weniger als Wohnungshund für bequeme Menschen. Fellpflege beim Junghund aufwendig, später regelmäßiges Bürsten nötig.

Europäischer Spitz
FCI-Nr. 97
Land Deutschland
Schulterhöhe
46 cm, +/- 4 cm
Farben schwarz, braun, weiß

Erziehung	
Pflege	
Beschäftigung	
Bewegung	
Verbreitung	

Europäische Spitze | 147

Mittelspitz, Kleinspitz

Europäischer Spitz
FCI-Nr. 97
Land Deutschland
Schulterhöhe
Mittel 34 cm +/-4,
Klein 26 cm +/-3 cm
Farben schwarz, braun, weiß, orange, graugewolkt und andere

Erziehung	
Pflege	
Beschäftigung	
Bewegung	
Verbreitung	

HERKUNFT Wachhund, Ratten- und Mäusevertilger, seit Jahrhunderten in ganz Deutschland verbreitet, später bürgerlicher Begleithund. Es handelte sich ursprünglich um eine Rasse, die man der Größenvariationen wegen in zwei eigenständig gezüchtete Rassen aufteilte.

VERWENDUNG Wach- und Begleithund.

WESEN UND VERHALTEN Stets aufmerksamer, lebhafter, gelehriger, selbstbewusster, leicht erziehbarer Hund, der sich eng an seine Bezugsperson anschließt. Sehr territorial, misstrauisch zu Fremden, fremde Hunde im eigenen Revier ablehnend. Innerhalb der Hausgemeinschaft gut zu mehreren zu halten. Keine Neigung zum Streunen. Wachsam, meldet alles.

HALTUNG Unkomplizierter, robuster Familienhund, der mit etwas Konsequenz leicht zu erziehen und folgsam ist, da er sich sehr eng an seine Menschen bindet. Er geht gerne spazieren, ist gut im Spiel zum Rennen und Toben zu motivieren, fordert aber keine sportlichen Aktionen. Sehr angenehmer Begleiter für Leute, die gerne spazieren gehen, guter Wohnungshund, auch in der Stadt bei entsprechendem Auslauf. Sehr gut für ältere Menschen geeignet. Das Fell ist pflegeleicht.

Zwergspitz
Pomeranian

HERKUNFT Besonders in den USA und England als Zwergrasse kultiviert und sehr beliebt. In Deutschland wurden die kleinen bunten Fellkugeln zunächst abgelehnt, konnte sich dann aber durchsetzen.
VERWENDUNG Begleithund.
WESEN UND VERHALTEN Für seine Größe enormes Selbstbewusstsein ausstrahlender Hund. Lebhafter, freundlicher, verspielter, sehr anhänglicher Hund, wachsam, aber immer freundlich und gut zu mehreren zu halten. Er geht ganz in seiner Bezugsperson auf.
HALTUNG Nicht gerade robuster Hundezwerg, schwierig in der Zucht. Sehr gelehrig und immer vergnügt eignet er sich für Menschen, die ihren Hund überall hin mitnehmen wollen. Sehr guter Reisebegleiter, der sich allen Lebensumständen anpasst, Hauptsache, er ist bei seinem Menschen. Wohnungshund, der zwar gerne spazieren geht, sich aber im Spiel gut beschäftigen lässt. Er fordert keine sportlichen Aktionen, daher sehr gut geeignet für ältere oder körperlich behinderte Menschen oder Berufstätige, die ihn mit zur Arbeit nehmen können, weniger für lebhafte Familien mit kleinen Kindern. Das lange Fell bedarf sorgfältiger Pflege.

Europäischer Spitz
FCI-Nr. 97
Land Deutschland
Schulterhöhe
20 cm +/- 2 cm
Farben schwarz, braun, weiß, orange, graugewolkt und andere

Erziehung		
Pflege		
Beschäftigung		
Bewegung		
Verbreitung		

Europäische Spitze | 149

Chow Chow

Asiatische Spitze und verwandte Rassen
FCI-Nr. 205
Land China
Schulterhöhe
Rüden 48–56 cm,
Hündinnen 46–51 cm
Farben schwarz, rot, blau, rehfarbe, creme, weiß

| Erziehung |
| Pflege |
| Beschäftigung |
| Bewegung |
| Verbreitung |

HERKUNFT Jahrtausende alter Hundetyp, diente als Jagd- und Wachhund und wurde auch gegessen. Namensdeutung: „lecker, lecker, alles sehen, wachsam, klug, geschickt".

VERWENDUNG Begleithund.

WESEN UND VERHALTEN Sehr ruhiger, selbstständiger, unabhängiger Hund. Wachsam, Fremden gegenüber zurückhaltend. Nicht unterordnungsbereit, sehr territorial und unverträglich mit fremden Hunden im eigenen Revier. Starke Jagdpassion.

HALTUNG Der Chow Chow ist eine eigenwillige Hundepersönlichkeit, die sich mit Einfühlungsvermögen und Konsequenz bis zu einem gewissen Grade erziehen lässt, sich aber höchstens einer Bezugsperson unterordnet, die klar zu führen versteht. Er wird aber niemals ein aufs Wort folgsamer Hund sein. Dazu ist er zu unabhängig. Wer damit leben kann, findet in ihm einen interessanten Gefährten, der Spaziergänge liebt, aber weder ausdauernde Wanderungen noch hundesportliche Aktionen fordert. Er liebt den Aufenthalt im Freien. Jedoch verträgt der langhaarige Chow Chow Hitze nicht gut. Langhaar sehr pflegeintensiv, Kurzhaar nicht.

150 | Asiatische Spitze und verwandte Rassen

Eurasier

HERKUNFT Seit 1960 zunächst als Wolfspitz-Chow-Chow-Kreuzung, 1973 mit Einkreuzung von Samojede speziell als Familienbegleithund gezüchtete Rasse.
VERWENDUNG Begleithund.
WESEN UND VERHALTEN Selbstbewusst, ruhig, ausgeglichen. Wachsam, aufmerksam, aber nicht bellfreudig. Fremden gegenüber zurückhaltend, fremden Hunden im eigenen Revier gegenüber gelegentlich unduldsam, Jagdtrieb bei einigen noch stark ausgeprägt. Der Eurasier ist anhänglich und feinfühlig und geht auf die Stimmungen seiner Menschen ein.
HALTUNG Der Hund braucht engen Kontakt zu seinen Menschen und eine verständnisvolle, konsequente Erziehung. Er ordnet sich nur einer klaren Führung unter. Er ist kein Hund für Anfänger, da er zu gelassener Dominanz neigt, insbesondere Rüden, die recht ignorant sein können. Wer ihn zu führen weiß, findet einen aktiven, robusten und ausdauernden Begleiter, der alles mitmacht, gerne viel läuft und sich über gemeinsame Beschäftigung freut, sie aber nicht einfordert. Kein Hund für bequeme Menschen oder die Stadtwohnung. Das Fell ist nicht besonders pflegeintensiv.

Asiatische Spitze und verwandte Rassen
FCI-Nr. 291
Land Deutschland
Schulterhöhe Rüden 52–60 cm, Hündinnen 48–56 cm, **Gewicht** Rüden 23–32 kg, Hündinnen 18–26 kg
Farben alle außer weiß, gescheckt und leberbraun

Erziehung			
Pflege			
Beschäftigung			
Bewegung			
Verbreitung			

Asiatische Spitze und verwandte Rassen | 151

Elo® groß

Spitztyp
FCI nicht anerkannt
Land Deutschland
Schulterhöhe 46–60 cm
Gewicht 22–35 kg
Farben alle

HERKUNFT Seit 1987 gezüchteter Familienbegleithund basierend auf den Rassen Old English Sheepdog, Chow Chow und Eurasier. Bei Zuchttieren strenge Selektion auf erwünschtes Verhalten, weniger auf Aussehen. Es gibt glatt- und rauhaarige Exemplare.

VERWENDUNG Begleithund.

WESEN UND VERHALTEN Ruhiges bis mittleres Temperament, wachsam aber nicht bellfreudig, lern- und spielfreudig, verträglich mit Artgenossen und anderen Tieren des Hauses. Von gelassener Dominanz, Fremden gegenüber zurückhaltend, aber nicht scheu und stressanfällig. Geringe Neigung zum Wildern für entspannte Spaziergänge.

HALTUNG Der Elo ist ein selbstsicherer, selbstständiger Hund, der keine hundesportlichen Aktionen fordert, dennoch Spaziergänge und Aufmerksamkeit seiner Menschen genießt. Konsequente Erziehung nötig, da wenig unterordnungsbereit, aber er lernt rasch die notwendigen Regeln und fügt sich in die Hausordnung. Der robuste Elo liebt den Aufenthalt im Freien. Kein Stadthund. Pflegeleichtes Fell erwünscht, Rauhaar kann pflegeintensiv sein.

Erziehung	
Pflege	
Beschäftigung	
Bewegung	
Verbreitung	

Elo® klein

HERKUNFT Von den Züchtern der Elos ab 1995 dem Wunsch nach einem kleineren Begleithund folgend aus dem Groß-Elo durch Einkreuzung von Pekingese, Kleinspitz und Japan Spitz gezüchtet. Gleiche Zuchtziele wie beim Groß-Elo, jedoch bei handlicher Größe.
VERWENDUNG Begleithund.
WESEN UND VERHALTEN Der Klein-Elo ist ein freundlicher, wachsamer, aber nicht bellfreudiger und niemals aggressiver Hund. Lebhafter als der Große, aber nicht nervös. Gelehriger, dennoch selbstbewusster Hund. Sozialverträglich.
HALTUNG Alleine aufgrund seiner Größe praktischer Begleithund, der gut in einer Stadtwohnung zu halten ist. Dennoch ist der Klein-Elo kein Hund für Stubenhocker oder bequeme Menschen. Er ist gelehrig, lässt sich mit gebotener Konsequenz gut erziehen, wenn er auch seine Persönlichkeit nicht aufgibt. Er liebt ausdauernde Spaziergänge und Beschäftigung und passt sich allen Lebensumständen an, sei es bei älteren Menschen, die gerne laufen oder einer Familie auf dem Land. Es gibt beide Fellarten, Glatthaar ist pflegeleicht, Rauhaar kann intensiver Pflege bedürfen.

Spitztyp
FCI nicht anerkannt
Land Deutschland
Schulterhöhe 35–45 cm
Gewicht 10–15 kg
Farben alle erlaubt

Erziehung	
Pflege	
Beschäftigung	
Bewegung	
Verbreitung	

Spitztyp | 153

Akita Inu

Asiatische Spitze und verwandte Rassen
FCI-Nr. 255
Land Japan
Schulterhöhe
Rüden 67 cm,
Hündinnen 61 cm
Farben rot-falb, sesam, gestromt und weiß

Erziehung	
Pflege	
Beschäftigung	
Bewegung	
Verbreitung	

HERKUNFT Einst zur Bärenjagd und bis 1903 mit Mastiff und Tosa gekreuzt für Hundekämpfe gezüchtet. Später mit deutschem Schäferhund gekreuzt. Wiederaufbau und Reinzucht des ursprünglichen Spitztyps nach dem 2. Weltkrieg.

VERWENDUNG Begleithund.

WESEN UND VERHALTEN Intelligenter, ruhiger, robuster, starker Hund mit ausgeprägtem Jagd- und Schutztrieb. Sehr territorial, fremden Hunden gegenüber unverträglich, gegen fremde Menschen unnahbar, misstrauisch. Ausgeprägtes Rangordnungsempfinden, nicht unterordnungsbereit, eher ignorant dominant als aggressiv.

HALTUNG Kein Hund für Anfänger und jedermann! Er braucht unbedingt Familienanschluss, eine frühe Prägung auf fremde Menschen, Hunde und Umwelt. Konsequente Erziehung mit viel Hundeverstand und Einfühlungsvermögen notwendig, da er sich nur einer klaren Führung unterordnet. Er wird aber niemals ein aufs Wort gehorsamer Hund werden, da er seine Persönlichkeit und seine Interessen nie aufgibt. Pflegeleicht, haart aber stark.

American Akita

HERKUNFT Auf Importe aus Japan in die USA zurückgehende Zucht, wo man die tosa-mastiff-schäferhundblütigen, großen, eindrucksvollen Hunde weiterzüchtete. Ohne Einfuhr japanischer Akitas entwickelte sich seit den 1950er Jahren ein eigener Rassetyp, der 1998 zunächst als Großer Japanischer Hund, dann als American Akita anerkannt wurde.

VERWENDUNG Begleithund.

WESEN UND VERHALTEN Starker, selbstbewusster und selbstständiger Hund. Sehr territorial, unverträglich gegen fremde Hunde im eigenen Revier, Fremden gegenüber gleichgültig bis reserviert misstrauisch. Ausgeprägter Jagdtrieb.

HALTUNG Kein Hund für Anfänger! Welpen müssen früh auf Hunde, Menschen und Umwelt geprägt und sozialisiert werden. Sachkundige Erziehung notwendig, da besonders Rüden ausgeprägtes Dominanzverhalten zeigen und sich niemals gänzlich unterordnen. Bei klarer Führung lernen sie Umgangsregeln, sind meist gelassen, eher ignorant stur als aggressiv. Der robuste Hund liebt den Aufenthalt im Freien, er ist kein Wohnungshund. Das dichte Fell ist pflegeleicht, haart aber stark.

Asiatische Spitze und verwandte Rassen
FCI-Nr. 344
Land Japan
Schulterhöhe Rüden 66–71 cm, Hündinnen 61–66 cm
Farben alle wie rot, falb, weiß, gestromt, gescheckt

Erziehung		
Pflege		
Beschäftigung		
Bewegung		
Verbreitung		

Asiatische Spitze und verwandte Rassen | 155

Japan Spitz
Nihon Supittsu

Asiatische Spitze und verwandte Rassen
FCI-Nr. 262
Land Japan
Schulterhöhe
Rüden 30–38 cm,
Hündinnen etwas kleiner
Farben weiß

Erziehung	
Pflege	
Beschäftigung	
Bewegung	
Verbreitung	

HERKUNFT Laut Standard von weißen deutschen Großspitzen abstammend, die seit den 1920er Jahren in Japan auftauchten. Später folgten Importe aus Nordamerika, Australien und China. Für japanische Wohnverhältnisse geschaffener, kleiner, handlicher, freundlicher Hund.
VERWENDUNG Familienbegleithund.
WESEN UND VERHALTEN Klug, fröhlich, aufgeweckt, „darf keinen Lärm" machen. Der Japan Spitz ist ein angenehmer, sozialverträglicher Hausgenosse, der zwar wachsam sein darf, aber nie bellfreudig. Fremden gegenüber ist er freundlich zurückhaltend, aber nicht nervös oder scheu.
HALTUNG Ein netter, stets gut gelaunter Spitz, der sich allen Lebensumständen anpasst und sich ebenso in einer lebhaften Familie auf dem Land wie bei älteren Menschen in der Stadt wohlfühlt, die mit ihm viel spazieren gehen können. Er ist lebhaft, aber nicht zu temperamentvoll, er liebt Beschäftigung und Aufmerksamkeit, ohne sportliche Aktionen zu fordern. Leicht zu erziehen und anhänglich. Dieser als Wohnungshund gezüchtete Spitz ist unkompliziert und macht auch dem Anfänger Freude. Das lange Fell bedarf regelmäßiger Pflege.

Shiba Inu

HERKUNFT Uralter Jagdhund für die Jagd auf kleines Wild und Vögel. Durch Vermischung mit westlichen Jagdhunden beinahe ausgestorben, seit 1928 Reinzucht, ab 1934 nach Standard.
VERWENDUNG Jagd- und Begleithund.
WESEN UND VERHALTEN Scharfsinnig und sehr aufgeweckt. Ausgesprochen selbstständiger, unabhängiger Hund mit starker Jagdpassion. Territorial, sehr wachsam, unduldsam gegen fremde Hunde, fremden Menschen gegenüber misstrauisch, muss als Welpe früh auf Umwelt geprägt und sozialisiert werden. Nicht unterordnungsbereit.
HALTUNG Kein Hund für Anfänger! Der Shiba besitzt ausgeprägtes Dominanzverhalten. Er weiß sich durchzusetzen und verfolgt seine Interessen mit Nachdruck. Einfühlsame und konsequente Erziehung notwendig. Er ordnet sich nur einer klaren Führung unter, liebt Beschäftigung und Bewegung in der Natur, ist robust und widerstandsfähig. Bekommt er das, ist er ein angenehmer Wohnungshund. Wegen seines Jagdtriebs und seiner Unabhängigkeit kaum Freilauf möglich. Kein Hund für bequeme Menschen. Pflegeleicht, haart stark.

Asiatische Spitze und verwandte Rassen
FCI-Nr. 257
Land Japan
Schulterhöhe Rüden 40 cm, Hündinnen 37 cm
Farben rot, schwarzloh, sesam

Erziehung		
Pflege		
Beschäftigung		
Bewegung		
Verbreitung		

Asiatische Spitze und verwandte Rassen | 157

Kanaan Hund
Canaan Dog

Urtyp
FCI-Nr. 273
Land Israel
Schulterhöhe 50–60 cm
Gewicht 18–25 kg
Farben sandfarben bis rot, weiß, schwarz, auch gefleckt

Erziehung	
Pflege	
Beschäftigung	
Bewegung	
Verbreitung	

HERKUNFT Pariahund Israels, vor dem 2. Weltkrieg von Prof. Menzel als Rasse kultiviert. Herdenschützer der Beduinen, am Rande der menschlichen Gesellschaft lebend.

VERWENDUNG Schutz- und Wachhund.

WESEN UND VERHALTEN Sehr intelligent und gelehrig. Lebhaft, reaktionsschnell, misstrauisch gegenüber Fremden, hohe Verteidigungsbereitschaft. Wachsam. Extrem territorial, im eigenen Revier fremden Hunden gegenüber unduldsam, fühlt sich in fremder Umgebung unwohl und wirkt daher oft scheu. Welpen müssen sehr früh geprägt und sozialisiert werden, um sich unseren modernen Lebensumständen stressfrei anzupassen.

HALTUNG Kein Hund für Anfänger und bequeme Menschen. Er braucht eine einfühlsame, konsequente Erziehung und Führung ebenso wie sinnvolle Aufgaben. Bei guter Prägung vielseitig hundesportlich einzusetzen, doch gleichbleibende Übungen langweilen ihn. Robuster, ursprünglicher Hund mit starkem Rangordnungsempfinden, daher nicht gut zu mehreren zu halten. Er liebt den Aufenthalt im Freien bei jedem Wetter. Pflegeleicht, haart aber stark.

Pharaonenhund
Kelb tal Fenek, Pharao Hound

HERKUNFT In der Antike von den Phöniziern nach Malta gebracht, typischer mediterraner Jagdhund.
VERWENDUNG Sowohl mit den Augen als auch der Nase jagend. Bei der Arbeit auf kurze Distanz gebraucht er die Ohren.
WESEN UND VERHALTEN Wachsam, auch bellfreudig, intelligent, zutraulich und verspielt mit seinen Menschen, Fremden gegenüber eher zurückhaltend. Unabhängig und eigenwillig. Sozialverträglich.
HALTUNG Der schon sehr früh als Show- und Begleithund gezüchtete Jagdhund ist ein charmanter Begleiter, jedoch vergisst er seine Herkunft nie. Er ist zwar anhänglich, bei einfühlsamer Erziehung gehorsam, seiner Familie zugetan, aber Freilauf ist kaum möglich, da er mit allen Sinnen auf Jagd orientiert ist. Ein weitläufig, sicher eingezäuntes Grundstück, wo sich mehrere Hunde austoben können, ist ideal. Ansonsten ist es nicht leicht, ihm die notwendige Bewegung und geistige Anregung zu verschaffen, die der lebhafte Jäger braucht. Bei ausreichender Bewegungsmöglichkeit ist der Pharaonenhund ein angenehmer, ruhiger Wohnungshund. Kein Hund für bequeme Menschen. Pflegeleicht.

Urtyp
FCI-Nr. 248
Land Malta
Schulterhöhe
Rüden 56–63,5 cm,
Hündinnen 53–61 cm
Farben rostbraun mit oder ohne kleine weiße Abzeichen

Erziehung	■■
Pflege	■
Beschäftigung	■■■
Bewegung	■■■
Verbreitung	■■

Urtyp | 159

Xoloitzquintle
Mexikanischer Nackthund

Urtyp
FCI-Nr. 234
Land Mexiko
Schulterhöhe
groß 45–55cm,
mittel 35–45 cm,
klein 25–35 cm
Farben schwarz, grau, braun, bronze, gelb, auch gefleckt

Erziehung			
Pflege			
Beschäftigung			
Bewegung			
Verbreitung			

HERKUNFT Schon die alten Tolteken und Azteken schätzten den Xolo als Opfergabe und Delikatesse. Als Vertreter des Gottes Xolotl begleiteten die Xolos Seelen Verstorbener zu ihrer ewigen Ruhestätte.

VERWENDUNG Wach- und Begleithund.

WESEN UND VERHALTEN Stiller und ruhiger Hund, fröhlich, aufmerksam, aufgeweckt, Fremden gegenüber misstrauisch, sehr guter Wächter, wobei der große durchaus verteidigungsbereit ist. Intelligent und leicht zu erziehen.

HALTUNG Anpassungsfähiger Hausgenosse, idealer Wohnungshund und Begleiter für Menschen, die unter Hundehaarallergien leiden oder für behinderte Menschen, für die Pflege und Sauberhaltung ein Punkt ist. Anspruchslos und unkompliziert, fordert er keine sportlichen Aktivitäten, obwohl er gerne alles mitmacht. Xolos lieben Bewegung und Beschäftigung im Freien, wobei sie auch bei Regen und Schnee erstaunlich unempfindlich sind, so lange sie sich bewegen. Die drei Größen bieten für jeden etwas. Haarpflege entfällt, dafür muss die Haut hin und wieder gepflegt werden. Häufig fehlen Zähne.

Peruanischer Nackthund
Perro sin Pelo del Perú

HERKUNFT Darstellungen haarloser Hunde in Peru datieren bis 1.400 n. Chr. zurück. Wie und mit wem sie letztlich dahin kamen oder ob es sich um eine haarlose Form alter heimischer Hunde handelt, ist unbekannt.
VERWENDUNG Begleithund.
WESEN UND VERHALTEN In der Familie anhänglich, lebhaft, aufgeweckt. Fremden gegenüber misstrauisch und wachsam. Athletisch und lauffreudig.
HALTUNG Hunde, die sich allen Lebensumständen anpassen, sehr auf ihre Menschen bezogen und gesellig zu mehreren zu halten sind. Sie sind anspruchslos, fügen sich in die Familie ein und lassen sich leicht erziehen. Ideal für Menschen mit Hundehaarallergien oder Behinderte, für die Haarpflege und Sauberhaltung ein Problem darstellen. Die drei Größen bieten für jeden etwas. Idealer Wohnungshund, der aber gerne läuft und Beschäftigung liebt, dabei erstaunlich robust auch bei schlechtem Wetter ist, sofern er sich bewegt. Auch diese haarlose Rasse benötigt zum Überleben die Kreuzung mit behaarten Exemplaren. Fellpflege entfällt und wird durch gelegentliche Hautpflege ersetzt. Häufig fehlen Zähne.

Urtyp
FCI-Nr. 310
Land Peru
Schulterhöhe klein 25–40 cm, mittel 40–50 cm, groß 50–65 cm
Gewicht klein 4–8 kg, mittel 8–12 kg, groß 12–25 kg
Farben schwarz, grau, braun, blond, auch gefleckt

Erziehung			
Pflege			
Beschäftigung			
Bewegung			
Verbreitung			

Urtyp | 161

Basenji

Urtyp
FCI-Nr. 43
Land Zentrales Afrika
Schulterhöhe Rüden 43 cm, Hündinnen 40 cm
Gewicht Rüden 11 kg, Hündinnen 9,5 kg
Farben schwarz, weiß, rot, schwarz-loh, gestromt, mit weißen Abzeichen

Erziehung				
Pflege				
Beschäftigung				
Bewegung				
Verbreitung				

HERKUNFT Jagdhund der Ureinwohner Zentralafrikas.
VERWENDUNG Jagdhund, Begleithund.
WESEN UND VERHALTEN Sehr intelligente, unabhängige, passionierte Jagdhunde. In der Familie liebevoll, aufgeweckt, aktiv, Fremden gegenüber reserviert. Wachsam, bellen nicht, sondern äußern sich mit glucksendem Lachen und dem Jodeln ähnlichen Tönen.
HALTUNG Interessante und eigenwillige Hundepersönlichkeit, etwas an Katzen erinnernd, die selbstständiges Handeln und Unabhängigkeit bei der Jagd gewohnt ist. In seiner Heimat folgt der Mensch den Hunden, die alles jagdbare Wild anzeigen. Unterordnung und echte Kooperation sind dabei nicht gefordert. In den Familien leben sie ohne enge Bindung an bestimmte Menschen und sind die Unratvertilger der Dörfer. Sehr freiheitsliebend und immer auf der Jagd ist sinnvolle Beschäftigung angebracht, wobei Hundesport wegen der geringen Unterordnungsbereitschaft kaum infrage kommt. Sie müssen liebevoll konsequent erzogen werden, brauchen eine klare Führung. Kein Hund für bequeme Menschen. Reinlicher Wohnungshund, das sehr kurze Fell ist pflegeleicht.

Podenco Ibicenco

HERKUNFT Traditioneller Kaninchenjäger, jagt bei Tag und Nacht vornehmlich mit Nase und Ohren, auch Hasen und großes Wild. Meuten bestehen aus Hündinnen und einem Rüden, da Rüden unverträglich sind. Stöbert lautlos, verbellt beim Stellen. Gelangt hauptsächlich über den Tierschutz nach Deutschland.
VERWENDUNG Jagdhund.
WESEN UND VERHALTEN Sehr freundlich in der Familie, Fremden gegenüber reserviert, aber niemals aggressiv. Sehr natürliches Sozialverhalten. Kein Wach- und Schutzhund.
HALTUNG Für unsere Verhältnisse sehr schwieriger, unabhängiger und selbstständiger Hund, zwar liebevoll und zärtlich zu seinen Menschen, aber seine Jagdleidenschaft hat immer Vorrang. Er besitzt enorme Sprungkraft und überwindet höchste Zäune. Er kann mit viel Geschick, Hundeverstand und für ihn sinnvollen Aufgaben recht gut erzogen werden, ja sogar eine jagdliche Ausbildung genießen. Freilauf jedoch stets schwierig, aber er braucht Bewegung. Kein Hund für bequeme Menschen oder ein Leben in der Stadt geeignet. Sowohl das Rau- als auch das Glatthaar pflegeleicht.

Urtyp zur jagdlichen Verwendung
FCI-Nr. 89
Land Spanien
Schulterhöhe
Rüden 66–72 cm,
Hündinnen 60–67 cm
Farben weiß, rot, falb bei Rauhaar

Erziehung			
Pflege			
Beschäftigung			
Bewegung			
Verbreitung			

Urtyp – Hunde zur jagdlichen Verwendung | 163

Podengo Português

Urtyp zur jagdlichen Verwendung
FCI-Nr. 94
Land Portugal
Schulterhöhe mittel 40–55 cm, klein 20–30 cm
Gewicht mittel 16–20 kg, klein 4–5 kg
Farben gelb, falb, schwarz mit oder ohne weiß

Erziehung	■■
Pflege	■
Beschäftigung	■■
Bewegung	■■
Verbreitung	■

HERKUNFT Traditioneller Jagdhund Portugals, vornehmlich auf Kaninchen, einzeln oder in der Meute jagend. Der sehr seltene große Podengo wird zur Wildschweinjagd eingesetzt. Er jagt mit allen Sinnen.

VERWENDUNG Jagdhunde.

WESEN UND VERHALTEN Lebhafte, aktive, besonders agile kleine Hunde, die sich gut in das Familienleben einfügen. Sie sind wachsam, aber nicht aggressiv. Fremden Menschen gegenüber freundlich bis reserviert, in der Familie liebevoll. Sie sind intelligent und leicht zu erziehen, wobei sich die Kleinen durch hohe Anhänglichkeit und geringere Selbstständigkeit auszeichnen. Die passionierten Kaninchenjäger verfolgen alles, was ihnen vor Augen und Nase kommt.

HALTUNG Die temperamentvollen Hunde – die kleinen mehr als die größeren – sind nicht geeignet für nervöse oder bequeme Menschen. Im Haus angenehm zu halten, brauchen sie Auslauf und Beschäftigung. Freilauf ist bei ihrem Jagdeifer schwierig. Bei der Erziehung sind Konsequenz, klare Führung und Beschäftigungen zum Ausgleich der Jagdleidenschaft nötig. Sowohl Rau- als auch Glatthaar pflegeleicht.

164 | Urtyp – Hunde zur jagdlichen Verwendung

Thai Ridgeback

HERKUNFT Typische, ursprüngliche Jagdhundform vornehmlich aus dem Norden Thailands. Auch als Wachhund eingesetzt.

VERWENDUNG Jagd- und Begleithund.

WESEN UND VERHALTEN Robust und lebhaft, hervorragendes Sprungvermögen. Wachsam, Fremden gegenüber unnahbar bis reserviert, aber kein Schutzhund. In der Familie liebevoll. Die Ridgebacks jagen weitgehend selbstständig und unabhängig, wobei ihnen der Mensch folgt. Deshalb keine enge Bindung an bestimmte Personen, ordnen sich jedoch nur einer klaren Führung unter.

HALTUNG Der noch sehr ursprüngliche Hund gehört in Kennerhand. Er ist ein Jagdhund und wurde nie als Familienbegleithund gezüchtet. Er ist intelligent und gelehrig, lässt sich auch gut erziehen, aber er wird seiner Jagdpassion immer den Vorrang vor Gehorsam geben. Freilauf deshalb schwierig, aufgrund seines enormen Sprungvermögens überwindet er hohe Zäune. Er braucht eine sinnvolle Ersatzbeschäftigung und viel Bewegung. Kein Hund für bequeme Menschen oder ein Leben in der Stadt geeignet. Das kurze Fell mit dem charakteristischen „Ridge" ist pflegeleicht.

Jagdhund vom Urtyp mit einem Ridge auf dem Rücken
FCI-Nr. 338
Land Thailand
Schulterhöhe Rüden 56–61 cm, Hündinnen 51–56 cm
Farben rot, schwarz, blau, falb

Erziehung		
Pflege		
Beschäftigung		
Bewegung		
Verbreitung		

Laufhunde, Schweißhunde und verwandte Rassen

Laufhunde

Ihre Hohe Zeit hatten die Nachfahren der bereits in der Antike bekannten Bracken im Feudalen Europa. Kaiser und Könige gestalteten Landschaften in Jagdparadiese um, pflanzten Wälder und hielten riesige Hundemeuten, nur um ihrer Jagdleidenschaft zu frönen. Mit

English Foxhounds

dem Niedergang des Adels endete auch die Zeit der ausschweifenden Jagden. Der Französischen Revolution fielen die Hunde des verhassten Adels zum Opfer. In Deutschland wurde die Hetzjagd mit Hunden vor dem 2. Weltkrieg verboten, in England erfreute sich die Fuchsjagd bis vor kurzem großer Beliebtheit, und in Frankreich wird sie mit großer Hingabe in neuem Traditionsbewusstsein gepflegt. Einige der vielen alten Rassen sind heute wieder bei den Jagdveranstaltungen anzutreffen.

PASSIONIERTE JÄGER Alle Laufhunde sind passionierte Jäger, die weit entfernt vom Jäger arbeiten, aber stets Kontakt halten. Ihrer hervorragenden Nase entgeht keine Spur, und die erwünschte Eigenschaft, sich unverzüglich auf die Jagd zu begeben, ist für den nicht jagenden Hundebesitzer ein Problem, das nicht mit Erziehung allein gelöst werden kann. Da sich ihr Revier dort befindet, wo gejagt wird und Grenzen sie nicht interessieren, sind sie nicht territorial orientiert und daher allesamt keine guten Wach- und Schutzhunde. Sie sind menschenfreundlich und sozial verträglich, in den großen Meuten herrscht jedoch eine klare Rangordnung. Der Betreuer der Hunde ist der Anführer, der bestimmt, wann die Jagd beginnt und endet. Er tötet das Wild und gibt den Hunden von der Beute ab. Ihm ordnen sie sich unter.

GROSSE LAUFHUNDE Die großen Laufhunde werden für die Jagd auf Fuchs, Reh und Hirsch eingesetzt. In großen Meuten verfolgen sie ein bestimmtes Stück bis zur Erschöpfung, stellen es, bis es erlegt wird. Reiter folgen auf Entfernung dem Bellen, Geläut genannt, an dem sie genau erkennen, was die Hunde wo verfolgen, wie nahe sie am Stück sind usw. Die Reiter verständigen sich über Jagdhörner mit den Hunden, können sie von falschen Fährten abbringen und zurückrufen, wenn sie die Fährte verloren haben.

Dalmatiner

Gruppe 6

Links: Bayerischer Gebirgsschweißhund **Rechts: Rhodesian Ridgeback**

MITTELGROSSE LAUFHUNDE Jede Region hat an Umfeld und Jagdwild angepasste Bracken. Ihr Revier sind unzugängliche Regionen wie die Bergwälder Norwegens, die dichten Urwälder Schwedens, Finnlands und Russlands, die Karstregionen des Balkans, die Berge Mittelitaliens und die Alpenregion Österreichs und der Schweiz. Die Hunde stöbern selbstständig das Gelände weitläufig ab und treiben in großem Bogen das Wild auf die Jäger zu. Die klassische Brackenjagd ist nur in großen Revieren möglich, die in Deutschland praktisch nicht mehr zu finden sind. Dennoch erfreuen sie sich wachsender Beliebtheit, da sie sich gut in das Familienleben des Jägers einfügen. Die immer naturbelasseneren Wälder bieten mehr Deckung für das Wild, was einen zuverlässigen Stöberhund, der auch nach dem Schuss das Wild sicher und schnell findet, erforderlich macht.

KLEINE LAUFHUNDE Kleine und kurzbeinige Hunde sind langsamer, kommen in dichtem, dornigen Gebüsch aber besser voran als größere Hunde, und der Jäger kann zu Fuß besser folgen. Sie sind ausgesprochen ausdauernde, zähe Verfolger, die zu zweit oder in größeren Gruppen vom Kaninchen bis zum Wildschwein alles jagen.

Schweißhunde

Sie sind spezialisiert auf die Arbeit nach dem Schuss und verfolgen die Blutspur verletzten Wildes über lange Strecken noch nach vielen Stunden. Bei der Arbeit konzentrieren sie sich auf die einmal begonnene Fährte. Schweißhunde werden nur für den jagdlichen Bedarf gezüchtet.

Verwandte Rassen

Die Herkunft des Dalmatiners ist unbekannt, er ist ein reiner Begleithund. Der Rhodesian Ridgeback wurde aus verschiedenen Rassen für die Großwildjagd in Afrika gezüchtet. Er ist ein geschickter, ausdauernder, schneller Jäger, der Augen und Nase einsetzt. An gefährlichem Wild zu mehreren arbeitend, muss er Teamwork schätzen.

Info

Hunderassen für den Jäger
Die meisten Hunde der Gruppe 6 gehören in Jägerhand, auch wenn sie angenehme Begleiter sind, sofern sie ihre Jagdpassion ausleben dürfen.

Laufhunde | 167

Bloodhound
Chien de Saint-Hubert, Bluthund

Großer Laufhund
FCI-Nr. 84
Land Belgien
Schulterhöhe Rüden 68 cm, Hündinnen 62 cm
Gewicht Rüden 46–54 kg, Hündinnen 40–48 kg
Farben rot, schwarz und leberfarben mit Loh

Erziehung	
Pflege	
Beschäftigung	
Bewegung	
Verbreitung	

HERKUNFT Bis ins 7. Jh. auf die Hunde des St. Hubertus, Schutzpatron der Jäger, zurückgehender Spürhund. In England und Amerika als Showrasse mit extremen Merkmalsübertreibungen, zu faltenreich mit hängenden Augenlidern, gezüchtet.

VERWENDUNG Herausragender Spürhund, ursprünglich für die Hetzjagd auf Wildschweine, später zum „Mantrailing", der Verfolgung einer menschlichen Trittspur, und jagdlich auf Schweiß geführt.

WESEN UND VERHALTEN Sanftmütiger, ruhiger, gelassener Hund. Freundlich und umgänglich mit Menschen, verträglich mit Artgenossen. Nicht unterordnungsbereit. Nie aggressiv. Kein Wach- und Schutzhund. Bei seiner Arbeit auf der Spur außerordentlich präzise, ausdauernd und zielstrebig.

HALTUNG Der eigenwillige Bluthund (nicht blutrünstig, sondern „von reinem Blut" = reinrassig) ist zielstrebig bei der Arbeit, aber nicht leicht beeinflussbar. Bei der nicht leichten Erziehung kommt ihm zugute, dass er seine starke Überlegenheit nicht aggressiv durchsetzt. Er braucht eine Aufgabe, jede Art von Suchen macht ihm Freude. Kein bequemer Hund! Fell pflegeleicht.

Français Tricolore
Französischer dreifarbiger Laufhund

HERKUNFT Nachkommen alter französischer Laufhunde wie dem bluthundähnlichen Chien Normand und dem englischen Foxhound, die dem alten Typ näherstehen.

VERWENDUNG Meutejagdhund auf Fuchs, Schwarzwild, Reh oder Hirsch.

WESEN UND VERHALTEN Sie besitzen ein sehr starkes soziales Empfinden, denn sie sind darauf ausgerichtet, in großen Gruppen zu leben und zu jagen. Da sie bei der Jagd keine Reviergrenzen berücksichtigen dürfen, sind sie nicht sehr territorial. Wichtig ist die Fähigkeit, sich ein- und unterzuordnen, im Interesses des Jagderfolges der gesamten Meute zu kooperieren und dem Hundeführer zu folgen.

HALTUNG Nicht geeignet als Begleithund, da sehr starke Jagdpassion mit hervorragender Nase sowie körperlich darauf ausgerichtet, einen ganzen Tag über viele Kilometer hinweg zu galoppieren. Sehr athletisch, stark und schnell. Einzelhunde in der Familie sehr freundlich, auch gut zu erziehen, aber die Bedürfnisse des jagenden Hundes sind kaum zu befriedigen. Das derbe Kurzhaar ist pflegeleicht.

Großer Laufhund	
FCI-Nr. 219	
Land Frankreich	
Schulterhöhe Rüden 62–72 cm, Hündinnen 60–68 cm	
Farben dreifarbig weiß, schwarz mit gelben Abzeichen	

Erziehung	
Pflege	
Beschäftigung	
Bewegung	
Verbreitung	

Laufhunde | 169

Français Blanc et Noir
Französischer schwarz-weißer Laufhund

Großer Laufhund
FCI-Nr. 220
Land Frankreich
Schulterhöhe
Rüden 65–72 cm,
Hündinnen 62–68 cm
Farben weiß-schwarz mit
blassgelben Abzeichen

Erziehung
Pflege
Beschäftigung
Bewegung
Verbreitung

HERKUNFT Auf den Grand Gascon de Saintongeois und Levesque, alte französische Laufhundrassen, zurückgehend.
VERWENDUNG Meutejagdhund auf Fuchs, Schwarzwild, Hirsch und Reh.
WESEN UND VERHALTEN Sie besitzen ein sehr starkes soziales Empfinden, denn sie sind darauf ausgerichtet, in großen Gruppen zu leben und zu jagen. Da sie bei der Jagd keine Reviergrenzen berücksichtigen dürfen, sind sie nicht sehr territorial, also keine guten Wach- und Schutzhunde. Wichtig ist die Fähigkeit sich ein- und unterzuordnen, im Interesse des Jagderfolges der gesamten Meute zu kooperieren und dem Hundeführer zu folgen. Ausgesprochen robuste Hunde.
HALTUNG Der französische Laufhund ist nicht geeignet als Begleithund, da sehr starke Jagdpassion mit hervorragender Nase sowie körperlich darauf ausgerichtet, einen ganzen Tag über viele Kilometer hinweg zu galoppieren. Sehr athletisch, stark und schnell. Einzelhunde in der Familie sehr freundlich, auch gut zu erziehen, aber die Bedürfnisse des jagenden Hundes sind kaum zu befriedigen. Das derbe Kurzhaar ist pflegeleicht.

Français Blanc et Orange
Französischer weiß-oranger Laufhund

HERKUNFT Auf Billy und Poitevin, alte französische Laufhundrassen, zurückgehend.
VERWENDUNG Meutejagdhund auf Fuchs, Schwarzwild, Hirsch und Reh.
WESEN UND VERHALTEN Wie die anderen besitzen sie ein sehr starkes soziales Empfinden, denn sie sind darauf ausgerichtet, in großen Gruppen zu leben und zu jagen. Da sie bei der Jagd keine Reviergrenzen berücksichtigen dürfen, sind sie nicht sehr territorial, also keine guten Wach- und Schutzhunde. Wichtig ist die Fähigkeit, sich ein- und unterzuordnen, im Interesse des Jagderfolges der gesamten Meute zu kooperieren und dem Kommando des Hundeführers zu folgen. Ausgesprochen robuste Hunde.
HALTUNG Nicht geeignet als Begleithund, da sehr starke Jagdpassion mit hervorragender Nase sowie körperlich darauf ausgerichtet, einen ganzen Tag über viele Kilometer hinweg zu galoppieren. Sehr athletisch, stark und schnell. Einzelhunde in der Familie sehr freundlich, auch gut zu erziehen, aber die Bedürfnisse des jagenden Hundes sind kaum zu befriedigen. Das derbe Kurzhaar ist pflegeleicht.

Großer Laufhund
FCI-Nr. 316
Land Frankreich
Schulterhöhe 62–70 cm
Farben weiß mit orangefarbenen Flecken

Erziehung
Pflege
Beschäftigung
Bewegung
Verbreitung

Laufhunde | 171

Grand bleu de Gascogne
Großer blauer Gascogne Laufhund

Großer Laufhund
FCI-Nr. 22
Land Frankreich
Schulterhöhe
Rüden 65–72 cm,
Hündinnen 62–68 cm
Farben schwarz-weiß
getüpfelt, mit schwarzen
Platten und lohfarbenen
Abzeichen

Erziehung
Pflege
Beschäftigung
Bewegung
Verbreitung

HERKUNFT Der große blaue Gascogne Laufhund ist eine alte Jagdhundrasse aus dem Südwesten Frankreichs, dem trockenen, harten Gelände angepasst.
VERWENDUNG Früher Jagd auf Wölfe und Bären, heute Reh, Hirsch, Fuchs, Wildschwein und Hase.
WESEN UND VERHALTEN Meist in Meuten, aber auch einzeln mit dem Jäger jagend. Ausgeprägtes soziales Empfinden, da ausgerichtet, in großen Gruppen zu leben und zu jagen. Nicht territorial, da sie keine Reviergrenzen berücksichtigen dürfen, daher keine Wach- und Schutzhunde. Wichtig ist die Fähigkeit, sich im Interesse des Jagderfolges ein- und unterzuordnen, zu kooperieren und dem Kommando des Hundeführers zu folgen.
HALTUNG Der große blaue Laufhund der Gascogne ist nicht geeignet als Begleithund, da er eine sehr starke Jagdpassion zeigt. Mit hervorragender Nase sowie körperlich darauf ausgerichtet, einen ganzen Tag über viele Kilometer hinweg zu galoppieren. Sehr athletisch, stark und schnell. Einzelhunde in der Familie freundlich, auch gut zu erziehen, aber ihre Bedürfnisse als jagende Hunde sind kaum zu befriedigen. Ausgesprochen robuste Hunde. Das kurze Fell ist pflegeleicht.

English Foxhound

HERKUNFT Sehr alte englische Rasse, angeblich Kreuzung zwischen mittelalterlichen Bracken und Windhunden, um den schweren Spürhund schneller zu machen.
VERWENDUNG Spezialisiert auf die Fuchsjagd zu Pferde. Ausdauernder, kräftiger, laut in großen Meuten jagender Hund. Die Fuchsjagd mit der Meute ist jetzt auch in England verboten, in Deutschland folgen die Hunde bei der Schleppjagd einer künstlichen Fährte.
WESEN UND VERHALTEN Freundlich, nicht aggressiv.
HALTUNG In der Meute gehalten ist er sehr verträglich. Er ist naturgemäß weniger auf Menschen geprägt, fügt sich jedoch den Weisungen des Hundeführers. Einzeln gehalten ist er freundlich und ruhig, aber zeigt wenig Bindung und ist ziemlich eigensinnig. Als Begleithund ist er wegen seiner ausgeprägten Jagdpassion nicht zu empfehlen. Sein Körper ist auf Ausdauer und das Zurücklegen vieler Kilometer über Stock und Stein in vollem Galopp ausgelegt, was ihm der normale Hundehalter nicht bieten kann, um ihn körperlich und geistig auszulasten. Der englische Foxhound ist ein ausgesprochen robuster, widerstandsfähiger Hund mit kurzem, pflegeleichtem Fell.

Großer Laufhund
FCI-Nr. 159
Land Großbritannien
Schulterhöhe 58–64 cm
Farbe alle anerkannten Laufhundfarben

Erziehung			
Pflege			
Beschäftigung			
Bewegung			
Verbreitung			

Laufhunde | 173

Otterhound

Großer Laufhund
FCI-Nr. 294
Land Großbritannien
Schulterhöhe
Rüden 69 cm,
Hündinnen 61 cm
Farben alle beim Laufhund üblichen

Erziehung
Pflege
Beschäftigung
Bewegung
Verbreitung

HERKUNFT Die Jagd auf den Fischotter war in England einst zum Schutz der Fischteiche, für die Felle und als Zeitvertreib sehr beliebt. Zur Jagd verwendete man rauhaarige, robuste Spürhunde, die sich mit Eifer stundenlang im Wasser tummelten und den schnellen, wehrhaften Otter verfolgten. Dabei orientierten sie sich an den vom Otter im Wasser ausgestoßenen Luftblasen.

VERWENDUNG Wasserliebender Jagdhund mit hervorragender Nase, der nur noch selten in Meuten gehalten wird.

WESEN UND VERHALTEN Freundlich und ausgeglichen. Sehr selbstbewusster, eigensinniger Hund.

HALTUNG Der Otterhound ist anstrengend, so liebenswert er in der Familie ist, so sehr geht er doch seiner Wege und verfolgt seine Ziele mit unnachahmlicher Sturheit und voller Kraft. Er ist nicht dumm, lernt und lässt sich erziehen, aber unterordnen und Kommandos befolgen, liegt ihm fern. Zum Glück kennt er keine Spur von Aggression gegenüber Menschen und Hunden. Er schlägt an, ist aber kein Wach- und Schutzhund. Seine Erscheinung wirkt jedoch abschreckend auf ungebetene Gäste. Das raue Fell muss gebürstet werden.

Griffon Fauve de Bretagne

HERKUNFT Schon im Mittelalter bekannte Rasse zur Wolfsjagd.
VERWENDUNG Selbstständig und laut jagender Meutehund, insbesondere in schwierigem Gelände und für jedes Wild geeignet.
WESEN UND VERHALTEN Voller Jagdleidenschaft, gutartig zu Menschen, zutraulich und ausgeglichen. Bei der Jagd mutig, raffiniert, hartnäckig und verlässlich, sehr unternehmungslustig, zu Gehorsam fähig.
HALTUNG Passionierter Jagdhund, der in kleineren Meuten gehalten wird. Man erwartet von ihm, nach dem Freilassen sofort die Jagd aufzunehmen. Mit seiner Stimme zeigt er dem Jäger, wo und an welchem Wild er sich befindet. Er zeigt keine besondere Bindung an Menschen, sondern wird immer sein Ziel zu jagen verfolgen. Er sollte sich jedoch auch bei der Jagd vom Jäger zurückrufen lassen, in der Realität aber erst am Ende des Tages. Wegen seines Jagdeifers, seiner Selbstständigkeit und dem kraftvollen, athletischen Körper, der auf ausdauernde, schnelle Bewegung ausgelegt ist, kein Begleithund. Ausgesprochen robuster, widerstandsfähiger Hund mit pflegeleichtem Rauhaar.

Mittelgroßer Laufhund
FCI-Nr. 66
Land Frankreich
Schulterhöhe 48–56 cm
Farben falb, golden weizen- bis ziegelrot

Erziehung		
Pflege		
Beschäftigung		
Bewegung		
Verbreitung		

Laufhunde | 175

Brandlbracke
Vieräugl

Mittelgroßer Laufhund
FCI-Nr. 63
Land Österreich
Schulterhöhe
Rüden 50–56 cm,
Hündinnen 48–54 cm
Farben schwarz mit lohfarbenen Abzeichen

Erziehung
Pflege
Beschäftigung
Bewegung
Verbreitung

HERKUNFT Nachfahre der alten Keltenbracken. Uralte Jagdhundform, die schon Könige im Mittelalter begleitete. Vieräugl wegen der gelben Flecken über den Augen genannt, sie sollen vor bösen Geistern schützen.
VERWENDUNG Feinnasiger Hund, besonders geeignet für die Suche im schwierigen Gelände des Hochgebirges, im Flachland zum Stöbern und auf Schweiß. Einzeljäger.
WESEN UND VERHALTEN Freundliches, ruhiges Wesen, spurlaut jagend, zeigt Spurwillen, Spursicherheit und Raubwildschärfe.
HALTUNG Die Brandlbracke ist ein passionierter Jagdhund mit guter Unterordnungsbereitschaft und leichtführig. Sie wird immer beliebter, da sie sich den modernen Jagdverhältnissen sehr gut anpasst. Jagdlich geführt, ist die Brandlbracke ein liebenswerter, angenehmer, ruhiger Begleithund, der gerne in die Familie aufgenommen wird und sie überall mit hinbegleitet. Daher nicht nur für den Berufsjäger, sondern auch für den Freizeitjäger, dessen Hund gleichzeitig in der Familie leben soll, bestens geeignet. Die robuste, widerstandsfähige und sehr ausdauernde Brandlbracke besitzt ein pflegeleichtes, kurzes Fell.

Steirische (Peintinger) Rauhaarbracke

HERKUNFT Der Industrielle Carl Peintinger begann 1870 mit der Zucht eines widerstandsfähigen, genügsamen, rauhaarigen Jagdgebrauchshundes, speziell für die Jagd im Hochgebirge. Zu diesem Zweck kreuzte er eine Hannover'sche Schweißhündin mit einem rauhaarigen, jagdlich hervorragenden Istrianer Brackenrüden.

VERWENDUNG Die Steirische Rauhaarbracke ist ein sehr robuster, harter Hund für schwierigstes Gelände und bei jedem Wetter. Einzeljäger mit gutem Orientierungssinn.

WESEN UND VERHALTEN Die Steirische Rauhaarbracke jagt spurlaut, zeigt Spurwille und Spursicherheit. Sie stöbert und geht zuverlässig ohne Riemen auf Schweiß und ist raubwildscharf. Freundlich, ruhig und ausgeglichen. Leichtführig.

HALTUNG Der passionierte Jagdhund gehört nur in Jägerhand. Die Peintinger Bracke ordnet sich gerne unter und ist leicht zu erziehen. Sie ist ein angenehmer, unkomplizierter Begleiter für Jäger, die ihren Hund auch in der Familie halten und überallhin mitnehmen wollen. Das raue Fell ist pflegeleicht und bietet dem Hund bei jeder Witterung guten Schutz.

Mittelgroßer Laufhund
FCI-Nr. 62
Land Österreich
Schulterhöhe
Rüden 47–53 cm,
Hündinnen 45–51 cm
Farben rot und fahlgelb

Erziehung
Pflege
Beschäftigung
Bewegung
Verbreitung

Laufhunde | 177

Tiroler Bracke

Mittelgroßer Laufhund
FCI-Nr. 68
Land Österreich
Schulterhöhe
Rüden 44–50 cm,
Hündinnen 42–48 cm
Farben rot, schwarzrot, dreifarbig

Erziehung
Pflege
Beschäftigung
Bewegung
Verbreitung

HERKUNFT Nachfahren der alten Keltenbracke und der im gesamten Alpenraum verbreiteten Wildbodenhunde. Um 1860 begann die Reinzucht der in Tirol vorkommenden, typischen Brackenschläge.

VERWENDUNG Idealer, anspruchsloser, robuster Gebrauchshund für den Wald- und Bergjäger. Die Tiroler Bracke wird als Einzeljäger vor dem Schuss zur lauten Jagd auf Hase und Fuchs und nach dem Schuss als Schweißhund für Nachsuchen aller Wildarten eingesetzt. Die Tiroler Bracke gilt als Meister der Schweißarbeit im rauen Hochgebirge.

WESEN UND VERHALTEN Wesensfester, passionierter, feinnasiger Jagdhund, der selbstständig sucht und ausdauernd jagt, mit ausgeprägtem Spurlaut, Spurwillen und ausgezeichnetem Orientierungssinn.

HALTUNG Passionierter Jagdhund, der nur in Jägerhand gehört. Er braucht eine konsequente Erziehung und jagdliche Ausbildung, ordnet sich dann unter und ist, wenn er jagdlich geführt wird, ein angenehmer Begleiter für Jäger, die ihren Hund auch in der Familie halten und überallhin mitnehmen wollen. Das dichte, grobe Stockhaar ist pflegeleicht.

Ogar Polski
Polnische Bracke

HERKUNFT Auf die alten Tataren- und russischen Bracken zurückgehend, wurden später französische St. Hubertushunde und einheimische windhundähnliche Jagdhunde eingekreuzt.

VERWENDUNG Der Ogar ist kein Meutehund, sondern jagt einzeln oder in Zweierkoppeln.

WESEN UND VERHALTEN Der schwere Hund verfolgt das Wild bedächtig, ausdauernd, auch unter schwierigsten Bedingungen. Sehr guter Stöberer im Sumpf und dichten, unzugänglichen Wald. Sehr guter Schweißhund im Gebirge bei jedem Wetter. Sehr menschenfreundlich und führerbezogen. Sehr feinfühlig, gelehrig, lernt nur ohne Zwang. Er besitzt keine Schärfe gegen Menschen.

HALTUNG Die kräftige, große polnische Bracke ist ein passionierter Jagdhund, der sich gut in die Familie einfügt, leicht zu erziehen ist und eine gewisse Selbstständigkeit und Freiheit im Revier liebt, ohne den Kontakt zum Führer zu verlieren. Im Hause ruhig und unaufdringlich. Sehr gut geeignet für Jäger, die gleichzeitig einen problemlosen Familienhund schätzen. Das kurze, dichte Fell ist pflegeleicht.

Mittelgroßer Laufhund
FCI-Nr. 52
Land Polen
Schulterhöhe
Rüden 56–65 cm,
Hündinnen 55–60 cm
Gewicht Rüden 25–32 kg,
Hündinnen 20–26 kg
Farben Rotbraun mit schwarzem Mantel

Erziehung			
Pflege			
Beschäftigung			
Bewegung			
Verbreitung			

Laufhunde | 179

Luzerner Laufhund

Mittelgroßer Laufhund
FCI-Nr. 59
Land Schweiz
Schulterhöhe
Rüden 49–59 cm,
Hündinnen 47–57 cm
Farben schwarz-weiß-
gesprenkelt, „blau"
erscheinend mit schwar-
zen Flecken und Brand

Erziehung	
Pflege	
Beschäftigung	
Bewegung	
Verbreitung	

HERKUNFT Auf alte römische Bracken zurückgehend, aus Italien und Frankreich in die Schweiz gebracht und dort besonders bei der Hasenjagd geschätzt. Mit Schwyzer, Berner und Jura einer der vier Schweizer Laufhunde, die sich nur in der Farbe unterscheiden.

VERWENDUNG Der Luzerner Laufhund ist ein sehr feinnasiger Wildfinder, der mit großer Sicherheit die Fährte hält und spurlaut, selbst in unzugänglichem felsigem Gelände, lang und ausdauernd vornehmlich Hase, aber auch Reh, Fuchs und gelegentlich Wildschwein selbstständig jagt. Eignet sich ebenfalls gut für die Schweißarbeit nach dem Schuss.

WESEN UND VERHALTEN Lebhafter, passionierter Jagdhund. Empfindsam, leicht zu führen und anhänglich.

HALTUNG Obwohl er in der Familie ruhig, liebevoll und anhänglich ist und sich leicht erziehen lässt, braucht er seine Aufgabe als Jagdhund, denn das selbstständige Jagen liegt ihm im Blut. Er gehört deshalb in die Hand des Jägers, bei dem er seine Passion ausleben kann, und der gleichzeitig einen angenehmen, problemlosen und hübschen Familienhund sucht. Kurzes pflegeleichtes Fell.

Slovensky Kopov
Slowakische Bracke

HERKUNFT Die Schwarzwildbracke geht auf die alten Keltenbracken zurück und wurde im Laufe der Zeit mit ungarischen und polnischen Bracken ebenso wie mit den dortigen Windhunden gekreuzt, bis eine bodenständige Rasse entstand.

VERWENDUNG Diese Bracke zeichnet sich durch ein ausdauernd lautgebendes, stundenlanges Folgen einer warmen Fährte oder Spur in schwierigem Gelände aus, ebenso wie durch Schärfe und wird besonders zur Schwarzwild- oder Raubwildjagd verwendet. Er galt stets als zuverlässiger Wachhund.

WESEN UND VERHALTEN Temperamentvoll mit außerordentlich gutem Orientierungssinn. Sehr intelligent, schnell und wendig, bei der Saujagd unentbehrliche Eigenschaften. Anhänglich an seine Bezugspersonen. Wachsam.

HALTUNG Der passionierte Jagdhund gehört nur in Jägerhand. Er braucht eine konsequente Erziehung und Ausbildung. Jagdlich geführt ist er ein anspruchsloser, angenehmer Begleithund und kann am Familienleben teilhaben. Das kurze, derbe Fell der robusten slowakischen Bracke ist pflegeleicht.

Mittelgroßer Laufhund
FCI-Nr. 244
Land Slowakei
Schulterhöhe
Rüden 45–50 cm,
Hündinnen 40–45 cm
Gewicht 15–20 kg
Farben schwarz mit braunen Abzeichen

Erziehung		
Pflege		
Beschäftigung		
Bewegung		
Verbreitung		

Laufhunde | 181

Deutsche Bracke

Kleiner Laufhund
FCI-Nr. 299
Land Deutschland
Schulterhöhe 40–53 cm
Farben rot bis gelb mit schwarzem Sattel und weißen Abzeichen

Erziehung
Pflege
Beschäftigung
Bewegung
Verbreitung

HERKUNFT Von den zahlreichen deutschen Brackenschlägen blieb nur die dreifarbige, einst Olper Bracke genannte Deutsche Bracke als Rasse übrig. Die Jagd mit Bracken ging mangels ausreichend großer Reviere stark zurück.

VERWENDUNG Passionierter, ausdauernder Fährtenhund vor und nach dem Schuss (Waldgebrauchshund). Stöbert laut auf Hase, Fuchs und Kanin, feinnasiger Finder bei der Jagd auf Schwarzwild, Nachsuche und Verlorenbringen von kleinerem Haarwild.

WESEN UND VERHALTEN Sie zeichnet sich durch feinste Nase, eisernen Spurwillen, Spursicherheit, lockeren Spurlaut und guten Orientierungssinn aus. Anhänglicher, feinfühliger, wesensfester Hund.

HALTUNG Dieser hübsche Jagdhund ist sehr beliebt bei Jägern, die einen angenehmen Familienbegleithund suchen, denn er ist ruhig und ausgesprochen freundlich im Umgang mit Menschen und verträglich mit anderen Hunden. Die Deutsche Bracke lässt sich ohne Härte gut ausbilden. Sie sollte trotz ihres angenehmen Wesens nur in Jägerhand gehalten werden, um ihre Passion ausleben zu können. Das kurze Fell ist pflegeleicht.

Westfälische Dachsbracke

HERKUNFT Aufgrund der immer kleiner werdenden Jagdreviere benötigte man eine niederläufige Form der deutschen Bracken, da die Brackenjagd mit den hochläufigen, schnellen Hunden nicht mehr möglich war und nutzte die kurzbeinigen, sog. Hasenhunde, die es schon im Mittelalter gab. Die sehr seltene Westfälische Dachsbracke erfreut sich in den letzten Jahren wachsender Beliebtheit.

VERWENDUNG Die Dachsbracke ist besonders für kleine Reviere geeignet, wo sie ruhig, sicher und spurlaut jagt sowie konzentriert auf der Schweißfährte (Nachsuche von Schalenwild) arbeitet. Sie stöbert auf Hase, Fuchs und Kanin, geeignet zur Drückjagd auf Reh. Sie kann kleines Wild apportieren.

WESEN UND VERHALTEN Anpassungsfähiger, freundlicher Jagdhund. Raubwildscharf.

HALTUNG Die keine Bracke ist ein vollwertiger, passionierter, vielseitig einsetzbarer Jagdgebrauchshund, der nur in Jägerhand gehört. Dabei ist er ein angenehmer, anhänglicher und zärtlicher Familienbegleithund. Die Dachsbracke ist ideal für Jäger, die ihren Hund immer um sich haben wollen. Das kurze Fell ist pflegeleicht.

Kleiner Laufhund
FCI-Nr. 100
Land Deutschland
Schulterhöhe 30–38 cm
Farben rot bis gelb mit schwarzem Sattel und weißen Abzeichen

Erziehung	
Pflege	
Beschäftigung	
Bewegung	
Verbreitung	

Laufhunde | 183

Basset Artésien Normand

Kleiner Laufhund
FCI-Nr. 34
Land Frankreich
Schulterhöhe 30–36 cm
Gewicht 15–20 kg
Farben falb mit oder ohne schwarzem Mantel und weißen Abzeichen

Erziehung
Pflege
Beschäftigung
Bewegung
Verbreitung

HERKUNFT Bassets, niederläufige Bracken sind schon seit dem Mittelalter bekannt. Von den meisten französischen Laufhunden gab es eine kurzbeinige Variante. Der Basset Artésien Normand entstand aus den Bassets d'Artois und Normand im 19. Jh.

VERWENDUNG Für die Jagd mit der Flinte auf Kaninchen, Hasen und Reh, sowohl in der Gruppe als auch allein, besonders im Dickicht, wo ein großer Hund nicht mehr durchkommt.

WESEN UND VERHALTEN Mit seiner sehr feinen Nase sucht er sicher, zuverlässig und systematisch, wenn auch nicht schnell, mit vorzüglichem Spurlaut, so dass der Jäger ohne große Mühe zu Fuß folgen kann. Lebhaft, freundlich, ruhig und anhänglich. Hierzulande Begleithund.

HALTUNG Auch wenn sie häufig als Begleithunde gehalten werden, sind sie nach wie vor passionierte, robuste Jagdhunde, die jede Gelegenheit zu einem Jagdausflug nutzen, die ihnen ihre gute Nase verrät. Die kleinen Laufhunde benötigen eine konsequente Erziehung, sie ordnen sich aber nie gänzlich unter. Das kurze Fell ist pflegeleicht.

Basset Bleu de Gascogne

HERKUNFT Niederläufiger Schlag des großen blauen Laufhundes der Gascogne.

VERWENDUNG Hund für die Flintenjagd, manchmal auch für die Hetzjagd eingesetzt; er arbeitet alleine ebenso wie in der Meute. Wegen seiner kurzen Beine arbeitet er in dichtem Unterholz so langsam, dass der Jäger gut zu Fuß folgen kann.Sein bevorzugtes Wild sind Kaninchen und Hase. Begleithund.

WESEN UND VERHALTEN Sehr feine Nase, aktiv, flink und energisch. Gründlich in seiner Art zu jagen, charakteristisch die heulende Stimme. Er ordnet sich perfekt in die Meute ein. Anschmiegsamer und fröhlicher Hund mit dem Bedürfnis, sich auszutoben. Freundlich zu Menschen und verträglich mit anderen Hunden.

HALTUNG Sein nettes Wesen darf nicht darüber hinwegtäuschen, dass es sich um einen passionierten Jagdhund handelt, dem mit seiner feinen Nase keine Spur entgeht und der, nicht jagdlich geführt, jede Gelegenheit nutzen wird, einer Spur zu folgen. Ansonsten angenehmer Familienhund. Er braucht eine konsequente Erziehung, wird aber seine Interessen nie aufgeben. Das kurze Fell ist pflegeleicht.

Kleiner Laufhund
FCI-Nr. 35
Land Frankreich
Schulterhöhe 34–38 cm
Farben schwarz-weiß getüpfelt mit schwarzen Platten und lohfarbenen Abzeichen

Erziehung		
Pflege		
Beschäftigung		
Bewegung		
Verbreitung		

Laufhunde | 185

Basset Fauve de Bretagne

Kleiner Laufhund
FCI-Nr. 36
Land Frankreich
Schulterhöhe 32–38 cm
Farben falb von weizengelb bis ziegelrot

Erziehung
Pflege
Beschäftigung
Bewegung
Verbreitung

HERKUNFT Kurzläufiger Schlag des Griffon Fauve de Bretagne.

VERWENDUNG Robuster, widerstandsfähiger Laufhund für die Jagd auf Kaninchen, Hase, Fuchs, Reh und Schwarzwild in großen Meuten, in Koppeln und einzeln eingesetzt. Begleithund.

WESEN UND VERHALTEN Leidenschaftlicher Jäger und ausgezeichneter Begleithund. Zutraulich, liebevoll und ausgeglichen. Die roten Bassets passen sich problemlos auch dem schwierigsten Gelände und Klima an und werden mit jedem Beutetier fertig. Bei der Jagd mutig, raffiniert und hartnäckig.

HALTUNG Ihr hübsches Aussehen und nettes, freundliches Wesen zu Mensch und Tier macht sie zu einem angenehmen Familienbegleithund, doch er ist und bleibt ein passionierter Jäger. Er braucht eine konsequente Erziehung, aber selbst bei gutem Ausbildungsstand gehen seine jagdlichen Interessen immer vor, wenn sich die Gelegenheit ergibt. Keine Spur entgeht ihm! Selbstständiger Hund, der sich nur bei einer klaren Führung unterordnet. Das knappe Rauhaar ist pflegeleicht.

Grand Basset Griffon Vendéen

HERKUNFT Kurzläufiger Griffon Vendéen, der Ende des 19. Jh., angepasst an die neuen Bedingungen wie kleinere Reviere und die Büchsenjagd zu Fuß, gezüchtet wurde, weil hierfür langsamere Hunde, die besser durch das Dickicht kamen, brauchbarer waren.

VERWENDUNG Spurlaut stöbernder, ausdauernder und zielstrebiger Jagdhund mit hervorragender Nase, einzeln oder in der Meute jagend.

WESEN UND VERHALTEN Schnellster Basset, zäh, mutig, ausdauernd, zielstrebig und ein wenig dickköpfig. Selbstsicher, freundlich, sehr selbstständig, unabhängig und nicht unterordnungsbereit. Sozialverträglich.

HALTUNG Das putzige Aussehen verleitet, ihn nur als Begleithund zu halten. Doch er ist sehr schwierig, nicht aggressiv, aber stur. Er braucht von frühester Jugend an eine konsequente Erziehung, wird jedoch nie aufs Wort gehorchen. Der passionierte Jäger braucht Bewegung und Beschäftigung, aber ohne Leine zieht er sofort los und sucht seinen Jagderfolg. Keinesfalls Stadt- oder Wohnungshund und als Familienhund nur geeignet, wenn man sich mit ihm arrangieren kann. Das raue Fell ist gut zu pflegen.

Kleiner Laufhund
FCI-Nr. 33
Land Frankreich
Schulterhöhe
Rüden 40–44 cm,
Hündinnen 39–43 cm
Farben schwarz, falb, wildfarben mit oder ohne Scheckung

Erziehung	
Pflege	
Beschäftigung	
Bewegung	
Verbreitung	

Laufhunde | 187

Petit Basset Griffon Vendéen

Kleiner Laufhund
FCI-Nr. 67
Land Frankreich
Schulterhöhe 34–38 cm
Farben schwarz, falb, wildfarben mit oder ohne Scheckung

Erziehung	
Pflege	
Beschäftigung	
Bewegung	
Verbreitung	

HERKUNFT Aus dem mittelgroßen Hund auf kurzen Beinen züchtete M. Dezamy gezielt einen proportional kleinen, harmonischen Hund für die Hasenjagd in mittelgroßen Revieren.

VERWENDUNG Spezialisiert auf Hasen, aber es entkommt ihm auch kein anderes Wild. Spurlaut stöbernder, ausdauernder und zielstrebiger Jagdhund mit hervorragender Nase, einzeln oder in der Meute jagend.

WESEN UND VERHALTEN „Ein Teufel im Gelände, ein Engel zu Hause" sagt der Standard. Er ist mutig und liebt Dornenhecken und Gestrüpp. In der Familie lebhaft, liebenswert und fröhlich. Freundlich zu Menschen und anderen Hunden. Sehr selbstständig, unabhängig und selbstsicher. Nicht unterordnungsbereit.

HALTUNG Von Aussehen, Größe und Wesen her ein entzückender Begleithund, aber als leidenschaftlicher Jäger schwierig zu kontrollieren. Muss mit eiserner Konsequenz vom Welpenalter an erzogen werden, vergisst jedoch Gehorsam, sobald er im Gelände abgeleint wird, und sucht seinen Jagderfolg. Als Familienhund nur geeignet, wenn man damit leben will. Kein Wohnungs- oder Stadthund. Das raue Fell bedarf der Pflege.

188 | Laufhunde

Basset Hound

HERKUNFT Nachkomme französischer Bassets, die in England mit Bluthund gekreuzt wurden.

VERWENDUNG Ursprünglich zur Hasenjagd in kleinen Meuten in schwer zugänglichem Dickicht. Spurlaut jagend, zeichnet sich jedoch mit seiner hervorragenden Nase und großer Ausdauer durch bedächtige, spurtreue Nachsuche aus. Leider als Modehund mit übertrieben loser Haut, viel zu schwer und behäbig für die Jagd, gezüchtet. Der Basset Hound ist ein großer, schwerer Hund auf viel zu kurzen Beinen.

WESEN UND VERHALTEN Gelassen, niemals aggressiv oder ängstlich. Freundlich, aber als selbstständiger, zielstrebiger Jäger stur und eigensinnig.

HALTUNG Der Basset Hound ist gut geeignet für bequeme Menschen, die keinen Wert auf einen Hund legen, der beschäftigt werden möchte und aufs Wort gehorcht. Er tut alles im Zeitlupentempo. Dabei könnte man ihm mit Suchaufgaben aller Art Freude und Abwechslung verschaffen. Er braucht eine konsequente Erziehung, aber gehorcht nur, wenn er einen Nutzen darin sieht. Das Fell ist pflegeleicht, Ohren und Augen sind sauber zu halten.

Kleiner Laufhund
FCI-Nr. 163
Land Großbritannien
Schulterhöhe 33–38 cm
Farben jede Laufhundfarbe

Erziehung
Pflege
Beschäftigung
Bewegung
Verbreitung

Laufhunde | 189

Beagle

Kleiner Laufhund
FCI-Nr. 161
Land Großbritannien
Schulterhöhe 33–40 cm
Farben jede Laufhundfarbe außer leberbraun

Erziehung			
Pflege			
Beschäftigung			
Bewegung			
Verbreitung			

HERKUNFT Schon im Mittelalter begleiteten kleine, beagleähnliche Hunde englische Könige auf der Jagd.

VERWENDUNG Da kleiner und langsamer als die großen Laufhunde, geht man mit Beaglemeuten zu Fuß auf Hasenjagd. Sein unkompliziertes Wesen macht ihn zum idealen Laborhund. Da aggressionsfrei, beliebter Familienbegleithund.

WESEN UND VERHALTEN Ein fröhlicher Hund, dessen wesentliche Bestimmung es ist zu jagen, vornehmlich Hasen. Er folgt der Fährte zäh und zielstrebig. Er ist unerschrocken, äußerst lebhaft, aufgeweckt, intelligent und ausgeglichen. Liebenswürdig, ohne Anzeichen von Angriffslust oder Ängstlichkeit.

HALTUNG Der passionierte Jäger bindet sich nicht wirklich an Menschen und ist nicht unterordnungsbereit. Ihm steht der Sinn nach Jagen. Seiner feinen Nase entgeht keine Spur, die er unvermittelt aufnimmt und verfolgt. Nur selten lässt er sich abrufen. Er braucht eine sehr konsequente Erziehung mit viel Geduld und sinnvolle Ausgleichsbeschäftigungen, am besten Suchaufgaben. Ansonsten geht er seine eigenen Wege, was insbesondere Kinder tief enttäuscht. Pflegeleicht.

Bayerischer Gebirgsschweißhund

HERKUNFT In Anpassung an moderne Jagdmöglichkeiten züchtete Baron Karg-Bebenburg aus Bad Reichenhall ab 1870 einen leichteren Schweißhund, indem er den Hannoverschen Schweißhund mit roten Gebirgsbracken kreuzte.

VERWENDUNG Spezialist für die Nachsuche der Schweißfährte (Blutspur) angeschossenen Wildes unter schwierigsten Bedingungen.

WESEN UND VERHALTEN Ruhig, ausgeglichen; anhänglich an seinen Besitzer, zurückhaltend gegenüber Fremden. Gefordert wird ein in sich gefestigter, selbstsicherer, unerschrockener und leichtführiger Hund, der weder scheu noch aggressiv ist. Der Bayerische Gebirgsschweißhund gilt als ausgesprochen sensibel.

HALTUNG Dieser hoch spezialisierte Jagdhund erfreut sich großer Beliebtheit, weil er leicht zu erziehen und ausgesprochen angenehm im Haus zu halten ist und daher ideal für Jäger, die ihren Hund in der Familie und immer um sich haben wollen. Allerdings ist er ein passionierter Jagdhund, der nur in die Hand des Jägers gehört, wo er seine hervorragende Veranlagung ausleben kann. Das kurze Fell ist pflegeleicht.

Schweißhund
FCI-Nr. 217
Land Deutschland
Schulterhöhe
Rüden 47–52 cm,
Hündinnen 44–48 cm
Farben rot, fahlgelb bis semmelfarben, Fang und Behang dunkel

Erziehung	
Pflege	
Beschäftigung	
Bewegung	
Verbreitung	

Schweißhunde | 191

Hannover'scher Schweißhund

Schweißhund
FCI-Nr. 213
Land Deutschland
Schulterhöhe
Rüden 50–55 cm,
Hündinnen 48–53 cm
Gewicht Rüden 30–40 kg,
Hündinnen 25–30 kg
Farben einfarbige Rottöne
und gestromt

Erziehung			
Pflege			
Beschäftigung			
Bewegung			
Verbreitung			

HERKUNFT Auf die mittelalterlichen Leithunde zurückzuführen, die vor der Jagd den Standort des Wildes, vornehmlich starke Hirsche und Keiler, ausfindig zu machen hatten, um den Jagderfolg zu garantieren.
VERWENDUNG Moderne Jagdmethoden machten den Leithund überflüssig, so dass er sich zum Schweißhund und Spezialisten für die Arbeit nach dem Schuss entwickelte. Er arbeitet grundsätzlich am langen Riemen.
WESEN UND VERHALTEN Ruhiger, zielstrebiger, wesensfester, wildscharfer Jagdhund, der sich durch hervorragende Nase und ausdauerndes, sicheres Ausarbeiten der Fährte mit Fährten-, Sicht- und Standlaut unter schwierigsten Bedingungen auszeichnet. Wachsam.
HALTUNG Reiner Jagdgebrauchshund, der nur in Jägerhand gehört. Welpen werden ausschließlich an Jäger abgegeben. Er braucht eine konsequente Ausbildung und, um seine Arbeit gut zu machen, sehr viel Übung. Man muss sehr viel Zeit aufbringen und häufig Gelegenheit zur Nachsuche haben. Er wird deshalb häufig auf sog. Schweißhundstationen gehalten, von wo aus die Hunde im Bedarfsfall abgerufen werden können.
Das kurze Fell ist pflegeleicht.

Alpenländische Dachsbracke

HERKUNFT Niederläufige Bracken gab es schon im Altertum. Die Ausgangstiere der heutigen Rasse waren im Erzgebirge und Alpenraum seit alters her beliebt.

VERWENDUNG Robuster, wetterharter Gebrauchshund des Bergjägers als Schweißhund zur Nachsuche auf Schalenwild, und er wird zur Brackierjagd auf Hase und Fuchs verwendet.

WESEN UND VERHALTEN Freundlich mit unerschrockenem Wesen. Charakteristisch die Nachsuche mit tiefer Nase und Fährtenlaut am Riemen und frei, das angeschossene Wild zu stellen und zu verbellen, bis der Jäger kommt. Die Alpenländische Dachsbracke stöbert auch ausdauernd, eifrig und systematisch und treibt das Wild dem Jäger mit kräftigem Spurlaut zu. Sie ist wasserfreudig, apportiert auch Enten, zu Land Feder- und Haarwild bis Fuchsgröße. Wachsam und verteidigungsbereit.

HALTUNG Vielseitig einsetzbarer Jagdgebrauchshund, der nur in Jägerhand gehört. Aufgrund seines angenehmen, freundlichen Wesens gleichzeitig sehr gut in der Familie zu halten. Die robuste, widerstandsfähige Dachsbracke erfreut sich in den letzten Jahren wachsender Beliebtheit. Pflegeleicht.

Schweißhund
FCI-Nr. 254
Land Österreich
Schulterhöhe 34–42 cm
Farben hirschrot mit schwarzer Stichelung und schwarz mit rotem Brand

| Erziehung |
| Pflege |
| Beschäftigung |
| Bewegung |
| Verbreitung |

Schweißhunde | 193

Dalmatiner

Lauf- und Schweißhund verwandte Rasse
FCI-Nr. 153
Land Kroatien
Schulterhöhe
Rüden 56–61 cm,
Hündinnen 54–59 cm
Gewicht Rüden 27–32 kg,
Hündinnen 24–29 kg
Farben weiß mit schwarzen oder braunen Tupfen

Erziehung	
Pflege	
Beschäftigung	
Bewegung	
Verbreitung	

HERKUNFT Woher dieser einmalig gezeichnete Hund kommt, ist nicht bekannt. Man vermutet Dalmatien. Als Rasse kultiviert wurde er in England.

VERWENDUNG Eleganter Kutschenbegleithund, heute Familienbegleithund.

WESEN UND VERHALTEN Angenehmes Wesen, freundlich, nicht scheu oder zurückhaltend, frei von Nervosität und Aggressivität. Sehr temperamentvoll, agil, arbeitsfreudig, ausdauernder, ja unermüdlicher Läufer, oftmals mit starker Jagdpassion. Sehr selbstbewusst und unabhängig. Wachsam, aber nicht aggressiv.

HALTUNG Der Dalmatiner ist ein anspruchsvoller Hund, was Bewegung und Beschäftigung angeht. Er sollte in jedem Fall hundesportlich gefordert werden, denn er ist sehr schnell, beweglich, geschickt und ein sehr guter Springer. Er braucht eine konsequente Erziehung mit viel Geduld; er arbeitet gerne mit seinen Menschen zusammen, aber unausgelastet geht er seiner Wege. Man braucht Zeit und Lust, seinen Bewegungsdrang zu befriedigen. Da Dalmatiner häufig taub geboren werden, sollte man nur audiometrisch überprüfte Welpen kaufen. Das kurze Fell ist pflegeleicht.

Rhodesian Ridgeback

HERKUNFT Auf afrikanische Jagdhunde mit Rückenkamm (Ridge) zurückgehend, die mit den von weißen Siedlern eingeführten Jagd-, Schutz- und Windhunden gekreuzt wurden.

VERWENDUNG Bei der Löwenjagd spürten zwei oder drei Hunde den Löwen auf, stellten und verbellten ihn, bis der Jäger kam. Heute noch vielseitiger Jagdhund, aber auch Wach- und Begleithund.

WESEN UND VERHALTEN Würdevoll, intelligent, Fremden gegenüber zurückhaltend. Starker, sehr schneller, temperamentvoller Hund mit scharfen Sinnen, der mit Augen und Nase jagt. Sehr stark auf seine Menschen bezogen. Wachsam mit ausgeprägter Verteidigungsbereitschaft. Sehr territorial, daher fremden Hunden im eigenen Revier gegenüber oft unduldsam.

HALTUNG Selbst für Kenner ein anstrengender Hund, der eine konsequente Erziehung und klare Führung braucht. Wird leider schon vermarktet, daher unbedingt auf sorgfältige Zucht und Prägung der Welpen achten! Der Ridgeback braucht Lebensraum, viel Beschäftigung und Bewegung. Nur für sportliche Menschen geeignet. Pflegeleichtes Fell.

Lauf- und Schweißhund verwandte Rasse
FCI-Nr. 146
Land Südafrika
Schulterhöhe
Rüden 63–69 cm,
Hündinnen 61–66 cm
Gewicht Rüden 36,5 kg,
Hündinnen 32 kg
Farben hell-weizenfarben bis dunkelrot

Erziehung	
Pflege	
Beschäftigung	
Bewegung	
Verbreitung	

Lauf- und Schweißhund verwandte Rassen | 195

Vorstehhunde

Vorstehhunde sind ausgesprochen schnelle Jagdhunde, die stundenlang im gestreckten Galopp die Felder absuchen, beim Finden reglos verharren und ihrem Jagdgefährten – Hund oder Mensch – anzeigen (englisch to point): Hier ist was! Sie dürfen die Fluchtdistanz des Beutetieres nicht überschreiten, ziehen denn ihre Passion ist das Losstürmen und Beute finden. Das als „Weglaufen" gedeutete Verhalten ist natürlich für den Hund gefährlich und den Halter unbefriedigend. Diese Hunde brauchen die Gelegenheit, sich auszulaufen und nach ihrem Sinne zu beschäftigen. Sie gehören am besten in Jägerhand.

Links: Deutsch Langhaar **Rechts: Irish Red and White Setter**

langsam vorsichtig nach. Der Jäger weiß, wie weit sich der Hund vom Wild entfernt aufhält, bereitet sich auf den Schuss vor und gibt dem Hund das Kommando, vorzupreschen und die Beute zur Flucht zu veranlassen. Der Hund duckt sich, um selbst nicht in die Schusslinie zu geraten. Bei der sportlichen Jagd läuft der Hund nun sofort wieder los und sucht neue Beute. Vorstehhunde wurden so gezielt auf die Sequenz des Anpirschens und Hochjagens gezüchtet, dass sie in der Ausführung die Erfüllung sehen, ohne die Beute zu fangen oder auch nur einen Teil abzubekommen. Es sind Hunde, die unter Kommando jagen, also sich unterordnen und gehorchen. Dennoch bereiten sie dem nicht jagenden Halter Kummer, weil sie sehr stark auf ihre Umwelt achten und weniger auf ihre Menschen,

Kontinentale Vorstehhunde

TYP KONTINENTALE VORSTEHHUNDE
Hierzu zählen alle kurzhaarigen, aber auch einige rauhaarige Rassen sowie der langhaarige Weimaraner. Sie gehen alle auf alte brackenartige Lokalschläge zurück, die mit Entwicklung der modernen Flinten zum großen Teil mit dem englischen Pointer gekreuzt wurden, um

Pointer

Gruppe 7

sie schneller, eleganter und eifriger bei der Arbeit zu machen. Am ehesten entspricht dem alten Vorstehhundtyp, der Ausgangsform sozusagen, der Bracco Italiano. Die deutschen und die ungarischen Vorstehhunde sind inzwischen vielseitig einsetzbare Jagdgebrauchshunde, da die Möglichkeiten der reinen Vorstehjagd in Deutschland kaum gegeben sind.

TYP SPANIEL Darunter versteht man die langhaarigen Vorstehhunde. Nachfahren der mittelalterlichen Vogelhunde, die auf alten Gemälden sehr häufig zu sehen sind und bei der Jagd mit dem Falken eingesetzt wurden. Sie stöberten die Vögel auf, die die Falken im Flug schlugen. Bis zur Erfindung treffsicherer Gewehre wurden die Vögel in große Fangnetze getrieben. Die langhaarigen Vorstehhunde gelten als im Umgang sensibel, bei der Arbeit jedoch als hart und passioniert. Manche sind typische Vorsteher, die deutschen z. B. vielseitig einsetzbare Jagdhunde.

TYP GRIFFON Es sind rauhaarige, manche etwas üppiger behaarte Hunde als z. B. der Deutsch Drahthaar. Es sind im Umgang liebenswürdige Hunde, bei der Arbeit jedoch hart, passioniert und mit hervorragender Nase ausgestattet, vielseitig einzusetzen.

Britische und Irische Vorstehhunde

POINTER Der klassische Vorstehhund ist der Spezialist auf diesem Gebiet geblieben. Er wurde in ganz Europa zur Veredlung der alten Jagdhundschläge eingesetzt.

> ## Info
> ### Das Kupieren der Rute
> Für den Jagdgebrauch dürfen bei den kurz- und drahthaarigen Vorstehhunden die Ruten noch gekürzt werden, um Verletzungen zu vermeiden. Die besser geschützten Ruten langhaariger Hunde durften stets ihre natürliche Länge behalten. Die britischen und irischen Vorstehhunde werden als reine Vorstehspezialisten in offenem Feld nicht kupiert.

SETTER Er steht dem klassischen Vogelhund noch sehr nahe und ist ein typischer passionierter Vorstehhund, der aber auch für andere jagdliche Aufgaben ausgebildet werden kann. Er wird jedoch in erster Linie in Deutschland als Show- und Begleithund gezüchtet. Setter und Pointer lieben weiträumigen Freilauf und sind immer auf der Jagd, was vielen Haltern Sorgen bereitet. Liebenswürdig und sensibel lernen sie Gehorsam, aber ihre Jagdpassion kann man nicht „abgewöhnen", sondern muss sie durch Ersatzaufgaben in Bahnen lenken.

Epagneul Français

Vorstehhunde | 197

Deutsch Kurzhaar

Typ Kontinentaler Vorstehhund
FCI-Nr. 119
Land Deutschland
Schulterhöhe Rüden 62–66 cm, Hündinnen 58–63 cm
Farben braun oder schwarz mit oder ohne weiß

Erziehung	
Pflege	
Beschäftigung	
Bewegung	
Verbreitung	

HERKUNFT Auf italienische und spanische schwere Vorstehhunde zurückgehend, erzielte man durch die Einkreuzung des schnellen, eleganten Pointers einen den modernen Jagdmöglichkeiten angepassten Hund, dessen Reinzucht seit 1897 betrieben wird.

VERWENDUNG Vielseitig einsetzbarer Jagdgebrauchshund.

WESEN UND VERHALTEN Fest, ausgeglichen, zuverlässig, temperamentvoll, weder nervös, scheu noch aggressiv. Robuster Alleskönner für die Arbeit vor und nach dem Schuss. Er sucht ausdauernd und flott in freiem Feld und lichtem Wald, steht vor, apportiert freudig zu Land und Wasser, geht sehr gut auf Schweiß und ist raubwildscharf.

HALTUNG Der oft nervige, übertemperamentvolle Hund gehört ausschließlich in Jägerhand, wo er eine angemessene Ausbildung erhält und im täglichen Jagdgebrauch seine Veranlagung ausleben kann. Sehr schneller und kräftiger Hund, der Bewegung und Beschäftigung braucht. Dann kann der Deutsch Kurzhaar auch gut in der Familie gehalten werden. Das kurze Fell ist pflegeleicht.

Deutsch Drahthaar

HERKUNFT Ende des 19. Jh.s begann die Zucht eines rauhaarigen, vielseitig einsetzbaren Jagdgebrauchshundes durch die Verwendung der besten Zuchttiere verschiedener rauhaariger Schläge wie Griffon, Pudelpointer, Deutsch Stichelhaar, wobei Leistung über rassische Details gestellt wurde. Zunächst von den Rassefanatikern abgelehnt, bewährte sich jedoch das Konzept, und der Deutsch Drahthaar wurde zum beliebtesten Jagdgebrauchshund überhaupt.

WESEN UND VERHALTEN Fest, beherrscht, ausgeglichen, weder scheu noch aggressiv. Der eher kraftvolle als schnelle Hund steht fest vor, apportiert zuverlässig, geht sicher auf Schweiß, ist ein guter Totverbeller wie Bringselverweiser und raubwildscharf. Mannschärfe war beim Deutsch Drahthaar zum Schutz des Jägers gegen Wilderer erwünscht.

HALTUNG Der ausgesprochen robuste, jeder Witterung trotzende, harte Jagdgebrauchshund ist nicht als leichtführig zu bezeichnen und braucht eine konsequente Ausbildung. Er gehört nur in Jägerhand und ist keinesfalls als Begleithund geeignet. Das derbe Rauhaar ist pflegeleicht.

Typ Kontinentaler Vorstehhund
FCI-Nr. 98
Land Deutschland
Schulterhöhe Rüden 61–68 cm, Hündinnen 57–64 cm
Farben braun, braun- oder schwarzschimmel, mit oder ohne weiß

Erziehung			
Pflege			
Beschäftigung			
Bewegung			
Verbreitung			

Kontinentale Vorstehhunde

Pudelpointer

Typ Kontinentaler Vorstehhund
FCI-Nr. 216
Land Deutschland
Schulterhöhe Rüden 60–68 cm, Hündinnen 55–63 cm
Farben einfarbig braun, schwarz, dürrlaubfarben

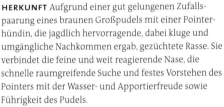

Erziehung
Pflege
Beschäftigung
Bewegung
Verbreitung

HERKUNFT Aufgrund einer gut gelungenen Zufallspaarung eines braunen Großpudels mit einer Pointerhündin, die jagdlich hervorragende, dabei kluge und umgängliche Nachkommen ergab, gezüchtete Rasse. Sie verbindet die feine und weit reagierende Nase, die schnelle raumgreifende Suche und festes Vorstehen des Pointers mit der Wasser- und Apportierfreude sowie Führigkeit des Pudels.

VERWENDUNG Vielseitig einsetzbarer Jagdgebrauchshund für alle Arbeiten in Feld, Wald und Wasser brauchbar.

WESEN UND VERHALTEN Ruhiges, beherrschtes, ausgeglichenes Wesen. Der „PP" zeichnet sich durch große Wasserfreudigkeit, Lernfähigkeit, Apportierfreude, sichere Schweißarbeit und Härte aus.

HALTUNG Der robuste Pudelpointer ist ein sehr angenehmer Hund, der unbedingt in die Hand des Jägers gehört. Er braucht eine sachgemäße Ausbildung und muss seine jagdliche Veranlagung bei entsprechender täglicher Bewegung und Arbeit ausleben können. Das Haarkleid soll nicht zu wollig sein, vor Wetter und Verletzungen schützen und pflegeleicht sein.

Deutsch Stichelhaar

HERKUNFT Rauhaariger deutscher Hühnerhund, der schon im 16. Jh. auf Holzstichen von Ridinger dargestellt wird und damit der älteste deutsche rauhaarige Vorstehhund ist. Der „alte Försterhund" wird seit 1888 rein ohne Pointereinkreuzung gezüchtet. Das Zuchtgebiet des Deutsch Stichelhaar ist hauptsächlich Ostfriesland.
VERWENDUNG Vielseitig einsetzbarer, leichtführiger Jagdgebrauchshund.
WESEN UND VERHALTEN Ausgeglichen, ruhig, robust, mutig, aber beherrscht. Wachsam, Veranlagung zur Mannschärfe.
HALTUNG Passionierter Jagdhund, der nur in Jägerhand gehört. Seine Ruhe und Ausgeglichenheit bei der Arbeit machen ihn zu einem zuverlässigen und beharrlichen Jagdhund, der sich durch Ausdauer auszeichnet. Kraftvoller Hund, der einen Fuchs über lange Strecken tragen und einen langen, harten Jagdtag durchstehen kann. Er gilt als leichtführig, benötigt jedoch eine sachkundige Ausbildung und tägliche Möglichkeit, mit ins Revier zu gehen. Dann ein angenehmer Begleiter. Das knappe Rauhaar schützt den Hund vor Wetter und Dornengestrüpp und ist pflegeleicht.

Typ Kontinentaler Vorstehhund
FCI-Nr. 232
Land Deutschland
Schulterhöhe Rüden 60–70 cm, Hündinnen 58–68 cm
Farben braun, braun- oder hellschimmel mit oder ohne weiß

Erziehung	
Pflege	
Beschäftigung	
Bewegung	
Verbreitung	

Kontinentale Vorstehhunde | 201

Weimaraner

Typ Kontinentaler Vorstehhund
FCI-Nr. 99
Land Deutschland
Schulterhöhe
Rüden 59–70 cm,
Hündinnen 57–65 cm
Gewicht Rüden 30–40 kg,
Hündinnen 25–35 kg
Farben silber-, reh- oder
mausgrau

Erziehung			
Pflege			
Beschäftigung			
Bewegung			
Verbreitung			

HERKUNFT Nachkomme des um 1800 gezüchteten thüringer Jagdhundes. Ab 1878 rein gezüchtet, verkörpert er am ehesten den alten deutschen Vorstehhund. Der Weimaraner Vorstehhund wird auch in einer seltener vorkommenden langhaarigen Varietät gezüchtet.

VERWENDUNG Vielseitiger Jagdgebrauchshund

WESEN UND VERHALTEN Kraftvoller, temperamentvoller, anhänglicher, manchmal ungestümer Jagdhund. Mit vorzüglicher Nase leistet er hervorragende Arbeit nach dem Schuss bei Schweißarbeit und Verlorenbringen. Er ist raubwild- und wildscharf, wasserfreudig und steht zuverlässig vor. Bemerkenswert territorial, wachsam und verteidigungsbereit.

HALTUNG Der schöne Hund ist heute ein beliebter Begleithund. Er braucht jedoch unbedingt eine sehr konsequente Erziehung und sportliche Betätigung. Der passionierte Jagdhund sollte nur in Jägerhand mit entsprechender Ausbildung und der Möglichkeit, seine Veranlagung auszuleben, gehalten werden. Ohne diese ist er kein einfacher Hund, schon gar nicht für Anfänger oder bequeme Menschen. Das kurze und das seltene lange Haar sind pflegeleicht.

Braque d'Auvergne

HERKUNFT Den Anforderungen bei der Jagd im französischen Zentralmassiv, der Auvergne, angepasster, schneidiger, kraftvoller Jagdgebrauchshund.
VERWENDUNG Vorstehhund, in Frankreich vornehmlich Jagd auf Niederwild.
WESEN UND VERHALTEN Sanft, verschmust, intelligent und fügsam. Ausgeprägter Geruchssinn. Zeichnet sich durch feine Nase und ruhige Arbeit vor und nach dem Schuss ebenso wie durch Bringfreude aus.
HALTUNG Der Standard erwähnt ausdrücklich seine Eignung als Familienhund, da er intelligent, sensibel und führerbezogen ist. Trotzdem braucht der Vollblutjagdhund unbedingt die Möglichkeit, seine Veranlagung auszuleben. Voraussetzung ist eine freundlich konsequente Ausbildung. Kein Hund für bequeme Menschen, denn er ist ausdauernd, schnell und bewegungsfreudig, was bei ihm jagen bedeutet. Sehr guter Begleiter für Jäger, die gleichzeitig einen attraktiven Familienhund schätzen und mit einem feinfühligen, sanften Hund umgehen können. Als Begleithund ohne Jagdmöglichkeit nur bei befriedigender Ersatzbeschäftigung geeignet. Das kurze Fell ist pflegeleicht.

Typ Kontinentaler Vorstehhund
FCI-Nr. 180
Land Frankreich
Schulterhöhe
Rüden 57–63 cm,
Hündinnen 53–59 cm
Farben schwarz-weiß gescheckt oder getüpfelt

Erziehung	
Pflege	
Beschäftigung	
Bewegung	
Verbreitung	

Kontinentale Vorstehhunde | 203

Braque Français Type Pyrénée
Französischer Vorstehhund

Typ Kontinentaler Vorstehhund
FCI-Nr. 134
Land Frankreich
Schulterhöhe
Rüden 47–58 cm,
Hündinnen 47–56 cm
Farben kastanienbraun mit oder ohne weiß und loh

Erziehung	■■■
Pflege	■
Beschäftigung	■■■
Bewegung	■■■
Verbreitung	■

HERKUNFT Leichter, auf die mittelalterlichen, kurzhaarigen Hühnerhunde zurückgehender Vorstehhund aus dem Südwesten Frankreichs, wendig und agil für die Arbeit in bergigem Gebiet.

VERWENDUNG Vorstehhund.

WESEN UND VERHALTEN Der französische Vorstehhund ist ein leichtführiger, führerbezogener, freundlicher Hund, intelligent und gelehrig. Geeignet für die Arbeit vor- und nach dem Schuss, er steht fest vor und ist bringfreudig. Er ist ausdauernd und widerstandsfähig.

HALTUNG Passionierter, feinfühliger Jagdgebrauchshund, der eine enge Beziehung zu seinem Führer eingeht. Er ist mit liebevoller Konsequenz leicht auszubilden, unangebrachte Härte und Strenge verträgt er nicht. Der französische Vorstehhund ist ein sehr angenehmer Begleiter für Jäger, die ihren Hund in der Familie gleichzeitig als Begleithund halten wollen, da er sich sehr gut anpasst und angenehm im Umgang ist. Keinesfalls sollte er nur als Begleithund gehalten werden, denn er braucht Bewegung und die Möglichkeit, seine Veranlagung ausleben zu können. Das kurze Fell ist pflegeleicht.

Magyar Vizsla
Kurzhaariger ungarischer Vorstehhund

HERKUNFT Nachfahre uralter ungarischer Jagdhunde, den modernen Jagdmethoden angepasst mit Pointer und Deutsch Kurzhaar gekreuzt. Seit 1920 rein gezüchtet. Mit Deutsch Drahthaar gekreuzt entstand später der Drahthaar-Vizsla.

VERWENDUNG Vielseitig einsetzbarer Jagdgebrauchshund

WESEN UND VERHALTEN Lebhaft, freundlich, ausgeglichen, leicht erziehbar. Sozialverträglich. Jagdhund für die Arbeit vor und nach dem Schuss. Er zeigt ausgeprägten Spürsinn, steht fest vor, apportiert zuverlässig zu Lande und aus dem Wasser. Ausdauernd in schwierigem Gelände und unter extremen Witterungsbedingungen.

HALTUNG Sehr führerbezogener, unterordnungsbereiter Hund, der sich leicht ausbilden lässt. Der schnelle, wendige Hund mit hervorragender Nase eignet sich nicht nur für die Jagd, sondern für zahlreiche hundesportliche Aufgaben, insbesondere Rettungshundarbeit einschließlich Wassersuche, Mantrailing usw. Aber der temperamentvolle, ausdauernde Hund braucht Beschäftigung und Bewegung, daher nicht geeignet für bequeme Menschen. Das kurze Fell ist pflegeleicht.

Typ Kontinentaler Vorstehhund
FCI-Nr. 57
Land Ungarn
Schulterhöhe Rüden 58–64 cm, Hündinnen 54–60 cm
Farben semmelgelb

Erziehung	
Pflege	
Beschäftigung	
Bewegung	
Verbreitung	

Kontinentale Vorstehhunde | 205

Kleiner Münsterländer

Kontinentaler Vorstehhund Typ Spaniel
FCI-Nr. 102
Land Deutschland
Schulterhöhe
Rüden 54 cm,
Hündinnen 52 cm
Farben braun-weiß, braunschimmel, auch mit loh

Erziehung	
Pflege	
Beschäftigung	
Bewegung	
Verbreitung	

HERKUNFT Im Münsterland gab es von jeher einen Wachtelhund, der fest vorstand, enorm spursicher war und apportierte. Anfang des 20. Jh.s wurde aus „Resten" der alten Jagdhunde ein kleiner langhaariger Vorstehhund gezüchtet.

VERWENDUNG Vielseitig verwendbarer Jagdgebrauchshund

WESEN UND VERHALTEN Intelligent, lernfähig, temperamentvoll und ausgeglichen. Aufmerksam und freundlich, gute soziale Bindung und führerbezogen. Er stöbert, steht vor, sucht und apportiert, ist wasserfreudig und raubwildscharf. Lernt die Schweißarbeit.

HALTUNG Der Kleine Münsterländer war stets auch Familienhund der Bauern, die seine Wachsamkeit und angenehmes Wesen schätzten. Ein idealer Hund für Jäger, die einen angenehmen Familienbegleithund suchen. Er braucht eine konsequente Ausbildung und die Möglichkeit, seine angeborene Veranlagung auszuleben. Keinesfalls darf er nur als Begleithund gehalten werden. Man könnte seinen wirklichen Bedürfnissen nicht gerecht werden. Der hübsche Hund wird leider schon vermarkt. Das schlichte Langhaar ist pflegeleicht.

Großer Münsterländer

HERKUNFT Ursprünglich ist der Große Münsterländer eine Farbvariante des Deutsch Langhaar, Nachfahre der mittelalterlichen langhaarigen Vogelhunde, die aus der Deutsch Langhaarzucht ausgeschlossen wurde. Ihre Liebhaber züchteten den schwarz-weißen Hund als eigene Rasse weiter.
VERWENDUNG Vielseitig verwendbarer Jagdgebrauchshund, seine Stärke liegt in der Arbeit nach dem Schuss.
WESEN UND VERHALTEN Führig, gelehrig, lebhaft. Er steht vor, hervorzuheben sind Spur- und Fährtensicherheit mit Spur- und Sichtlaut. Ausgezeichnet in der Wasserarbeit. Wachsam, in der Familie anhänglich.
HALTUNG Der robuste, bei jeder Witterung einsetzbare Große Münsterländer Vorstehhund wurde bei den Münsterländer Bauern stets auch als Wach- und Familienhund gehalten, daher enge Bindung an den Menschen. Bei entsprechender Auslastung angenehm im Haus. Er sollte jedoch jagdlich ausgebildet und geführt werden und täglich mit ins Revier gehen können. Nur als Begleithund kann er seine Jagdpassion nicht ausleben und wird sich die Möglichkeiten dazu selbst suchen. Das schlichte Langhaar ist pflegeleicht.

Kontinentaler Vorstehhund Typ Spaniel
FCI-Nr. 118
Land Deutschland
Schulterhöhe
Rüden 60–65 cm,
Hündinnen 58–63 cm
Gewicht ca. 30 kg
Farben weiß mit schwarzen Platten und Tupfen, schwarz geschimmelt

Erziehung			
Pflege			
Beschäftigung			
Bewegung			
Verbreitung			

Kontinentale Vorstehhunde Typ Spaniel | 207

Deutsch Langhaar

Kontinentaler Vorstehhund, Typ Spaniel
FCI-Nr. 117
Land Deutschland
Schulterhöhe Rüden 63–66 cm, Hündinnen 60–63 cm
Gewicht 30 kg
Farben braun, braun mit weiß, braungeschimmelt

Erziehung			
Pflege			
Beschäftigung			
Bewegung			
Verbreitung			

HERKUNFT Im Mittelalter halfen langhaarige Hunde dabei, Vögel in Netzen zu fangen. Später, als es Gewehre gab, wurden die Vorstehhunde daraus, die unter der Flinte arbeiteten.

VERWENDUNG Vielseitig einsetzbarer Jagdgebrauchshund.

WESEN UND VERHALTEN Ausgeglichen, ruhig, gezügeltes Temperament, gutartig, leicht zu führen, unterordnungsbereit. Obwohl ein Vorstehhund, gut geeignet für die Waldjagd. Er jagt spur- und fährtenlaut und hat Wildschärfe. Verlorenbringer von Niederwild. Er stöbert in Wald und Wasser. Arbeitet sehr gut auf der Schweißfährte.

HALTUNG Der Deutsch Langhaar ist hervorragend geeignet für Jäger, die gleichzeitig einen schönen, freundlichen und angenehmen Familienbegleithund suchen. Leichtführig braucht der Deutsch Langhaar eine konsequente, aber nicht harte Ausbildung, um zuverlässig zu folgen und zu arbeiten. Der Vollblutjagdhund sollte nur in Jägerhand leben, da er seine Passion und Arbeitsfreude ausleben muss. Das schlichte Langhaar schützt und ist pflegeleicht.

Epagneul Breton
Bretonischer Spaniel

HERKUNFT Alte Rasse, die schon im Mittelalter bei der Beizjagd mit dem Falken eingesetzt wurde, später mit Setter- und Spanieleinkreuzung wurde der weltweit außerordentlich beliebte, kleinste Vorstehhund daraus. In seiner Heimat eine der beliebtesten Jagdhunde überhaupt.

VERWENDUNG Klassischer Vorstehhund für die Niederwildjagd.

WESEN UND VERHALTEN Geselliger, ausgeglichener, sehr freundlicher und leichtführiger Gefährte. Mit feiner Nase weiträumig suchend und fest vorstehend. Er arbeitet ausgezeichnet nach dem Schuss, auch im Wasser. Verlorenbringer. Gut auf der Schweißfährte, geringe Raubwildschärfe.

HALTUNG In der Regel leicht zu erziehender, unterordnungsbereiter, sehr führerbezogener Hund mit großer Jagdpassion, der sich hervorragend zum Familienbegleithund eignet, sofern er jagdlich geführt wird. Er braucht Beschäftigung und Bewegung, ist aber sehr anpassungsfähig und geeignet für Jäger, die ihren Hund auch im übrigen Leben bei sich haben wollen. Pflegeleichtes Langhaar, angeborene Stummelrute kommt vor.

Kontinentaler Vorstehhund Typ Spaniel
FCI-Nr. 95
Land Frankreich
Schulterhöhe Rüden 48–51 cm, Hündinnen 47–50 cm
Farben weiß mit orange, schwarz, braun gescheckt oder geschimmelt

Erziehung	
Pflege	
Beschäftigung	
Bewegung	
Verbreitung	

Kontinentale Vorstehhunde Typ Spaniel | 209

Epagneul Français
Französischer Spaniel

Kontinentaler Vorstehhund Typ Spaniel
FCI-Nr. 175
Land Frankreich
Schulterhöhe
Rüden 56–61 cm,
Hündinnen 55–59 cm
Farben weiß-braun
gescheckt

Erziehung		
Pflege		
Beschäftigung		
Bewegung		
Verbreitung		

HERKUNFT Einst außerordentlich beliebter Jagdhund für die Vogeljagd mit dem Falken, später mit Netzen. Der auf alten Darstellungen häufig abgebildete Hund gilt als Vorläufer aller langhaarigen Vorstehhunde. Später, bei der Jagd mit der Flinte, wurde er durch die sehr schnellen englischen Vorstehhunde verdrängt. Erst 1850 wurde die Zucht wieder ernsthaft aufgenommen.
VERWENDUNG Jagdgebrauchshund.
WESEN UND VERHALTEN Ausgeglichen, offen, sanft, ruhig und gelehrig, mit Eifer bei der Jagd, verträglich mit Artgenossen. Unterordnungsbereiter Hund, robust und widerstandsfähig. Er zeigt sehr gute Nasenleistung, steht vor, sucht und buschiert. Angeboren apportierfreudig. Arbeitet zuverlässig zu Land und im Wasser, Wald und Feld. Arbeitet flott und hält ständig Kontakt zum Führer.
HALTUNG Sehr angenehm in der Familie zu haltender Jagdhund, der unbedingt jagdlich geführt werden sollte, um seine Passion ausleben zu können. Er braucht allerdings eine einfühlsame Ausbildung ohne Härte, um sich bestens zu entfalten. Aufgrund seiner Führerbezogenheit auch als Begleithund zu halten, wenn er beschäftigt und bewegt wird. Pflegeleichtes Langhaar.

Epagneul Picard
Picardie Spaniel

HERKUNFT Seine Heimat ist das wasser- und sumpfreiche Gebiet der Picardie. Auch er geht auf die mittelalterlichen Vogelhunde zurück. Der Epagneul Picard galt als Farbvariante des Epagneul Français. Er wird seit 1908 rein gezüchtet.
VERWENDUNG Vielseitig einsetzbarer Jagdbrauchshund.
WESEN UND VERHALTEN Ruhiger, sehr führerbezogener Hund, robust und arbeitsfreudig, dabei hart und ausdauernd. Sucht zielstrebig stundenlang in den Rübenfeldern seiner Heimat, steht fest vor, hervorragend bei der Wasserarbeit, apportierfreudig, und mit seiner feinen Nase sehr gut bei der Nachsuche auf Schweiß.
HALTUNG Der große, kräftige, intelligente Hund mit gutem Jagdverstand gilt als das Arbeitspferd unter den langhaarigen Vorstehhunden. Der passionierte Jagdhund gehört unbedingt in Jägerhand, um seine Leidenschaft ausleben zu können. Trotz seiner Schönheit, liebenswürdigen Art und großen Anpassungsfähigkeit nicht als Begleithund ohne jagdlichen Einsatz geeignet, wohl aber sehr angenehm in der Familie des Jägers zu halten. Das schlichte Langhaar ist pflegeleicht.

Kontinentaler Vorstehhund Typ Spaniel
FCI-Nr. 108
Land Frankreich
Schulterhöhe 55–60 cm
Farben grau getüpfelt mit braunen Platten und lohfarbenen Abzeichen

Erziehung	
Pflege	
Beschäftigung	
Bewegung	
Verbreitung	

Kontinentale Vorstehhunde Typ Spaniel

Epagneul de Pont Audemer

Kontinentaler Vorstehhund Typ Spaniel
FCI-Nr. 114
Land Frankreich
Schulterhöhe 52–58 cm
Farben kastanienbraun, vorzugsweise grau durchsetzt

Erziehung	
Pflege	
Beschäftigung	
Bewegung	
Verbreitung	

HERKUNFT Vom Typ der an allen Küsten Europas verbreiteten Wasserhunde, der sich in der wasserreichen Region der Normandie entwickelte und immer wieder vom Aussterben bedroht war. Die Rasse wurde mithilfe der Einkreuzung von Irish Water Spaniel und Epagneul Français erhalten. Es besteht erst seit den 1980er Jahren wieder ein Interesse an diesem Hund.

VERWENDUNG Jagdgebrauchshund.

WESEN UND VERHALTEN Netter, lebhafter, lustiger, unkomplizierter Hund, der stets in der Familie lebte. Fremden gegenüber eher reserviert. Verträglich mit anderen Hunden. Sehr führerbezogen, unterordnungsbereit und folgsam. Außerordentlich robuster Hund, der unermüdlich im eisigen Wasser arbeitet. Widerstandsfähiger, ausdauernder Stöberhund für sumpfiges Gelände. Apportierfreudig.

HALTUNG Anpassungsfähiger Jagdgebrauchshund, der sehr gut in der Familie gehalten werden kann. Er braucht eine konsequente, aber einfühlsame Ausbildung und muss jagdlich geführt werden, um seine Passion ausleben zu können. Das lockige Fell ist typisch für Wasserhunde, da es Luft einschließt und isoliert. Pflegeleicht.

Griffon d'arrêt à poil dur Korthals

HERKUNFT Rauhaariger Vorstehhund, im ausgehenden 19. Jh. von dem Holländer E. K. Korthals in Deutschland rein gezüchtet. Griffon ist das französische Wort für Rauhaar.

VERWENDUNG Vielseitiger Vorstehhund.

WESEN UND VERHALTEN Sanftmütig, stolz, sehr stark an seinen Menschen und sein Territorium gebunden, wachsam und verteidigungsbereit. Intelligent, sensibel und freundlich. Ein Alleskönner unter den Jagdhunden vom Vorstehen bis zur Nachsuche; er zeichnet sich durch seine feine Nase aus. Sehr gutes Selbstschutzverhalten an angeschossenem Schwarzwild, das er durch Verbellen anzeigt.

HALTUNG Angenehmer und liebenswürdiger Familienhund, sofern er jagdlich geführt wird. Er sollte mit liebevoller Konsequenz ausgebildet werden und sein Selbstbewusstsein bewahren dürfen. Klug und gelehrig begreift er schnell, was von ihm erwartet wird. Härte, wie manchmal bei der Jagdhundausbildung üblich, verträgt der unterordnungsbereite, leichtführige Griffon Korthals nicht. Das raue, sich wie Sauborsten anfühlende Haar ist pflegeleicht.

Kontinentaler Vorstehhund Typ Griffon
FCI-Nr. 107
Land Frankreich
Schulterhöhe Rüden 55–60 cm, Hündinnen 50–55 cm
Farben graubraun gescheckt, einfarbig braun oder weiß gestichelt, weiß und orange

Erziehung	
Pflege	
Beschäftigung	
Bewegung	
Verbreitung	

Kontinentale Vorstehhunde Typ Griffon | 213

Spinone Italiano

Kontinentaler Vorstehhund Typ Griffon
FCI-Nr. 165
Land Italien
Schulterhöhe Rüden 60–70 cm, Hündinnen 58–65 cm
Gewicht Rüden 32–37 kg, Hündinnen 28–30 kg
Farben weiß, orange- oder braun-gescheckt

Erziehung	
Pflege	
Beschäftigung	
Bewegung	
Verbreitung	

HERKUNFT Schon im Mittelalter in Italien beliebter Jagdhund.

VERWENDUNG Vorstehhund.

WESEN UND VERHALTEN Umgängliches Wesen, leichtführig und geduldig. Er wird gerne zur Niederwildjagd eingesetzt, wobei er unermüdlich in schwierigem Gelände arbeitet, willig durch Dornengestrüpp oder ins kalte Wasser geht und als apportierfreudig gilt. Charakteristisch ist die langsame, aber sorgfältige, ausdauernde Suche. Wachsam, aber nicht aggressiv, freundlich zu Fremden und verträglich mit Artgenossen.

HALTUNG Dieser passionierte Jagdgebrauchshund ist sensibel und braucht eine einfühlsame, konsequente Erziehung. Aufgrund seiner engen Bindung an seine Familie und Bezugsperson bei entsprechender Ersatzbeschäftigung guter Familienhund, der sich auch als Blinden- und Behindertenbegleithund eignet. Mit seiner hervorragenden Nase und charakteristisch zielstrebigen Suche ist der Spinone Italiano ein ausgezeichneter „Mantrailer" für die Spurensuche vermisster Menschen oder Rettungshund. Das raue Fell ohne Unterwolle ist pflegeleicht.

English Pointer

HERKUNFT Von spanischen Vorstehhunden abstammend wurde er in England kultiviert. *Der* Vorstehhund schlechthin, der zur Veredlung vieler Jagdhundrassen beitrug.

VERWENDUNG Reiner Vorstehhund.

WESEN UND VERHALTEN Freundlich und ausgeglichen. Lebhaft, den Eindruck von Kraft, Ausdauer und Schnelligkeit erweckend. Er legt mit großer Geschwindigkeit unermüdlich weite Strecken zurück und sucht mit hoher Nase.

HALTUNG Sobald der passionierte Jagdhund von der Leine kommt, rast er los und zieht weite Kreise, bis er etwas findet und augenblicklich verharrt. Auf Anweisung des Jägers geht er langsam vor und jagt das Wild vor die Flinte. Nach dem Schuss rennt er sofort los. In Deutschland ist diese Form der Jagd auf offenem Feld nur selten möglich und dem Pointer das Ausleben seiner Bedürfnisse kaum zu gewähren. Der ausgebildete Jagdhund hört auf Kommando, aber ohne die Arbeit durchführen zu dürfen, lässt er sich nur schwer abrufen. Deshalb ist er als Begleithund sehr schwierig. Das kurze Fell ist pflegeleicht.

Pointer
FCI-Nr. 1
Land Großbritannien
Schulterhöhe
Rüden 63–69 cm,
Hündinnen 61–66 cm
Farben einfarbig weiß oder zitronenfarbig, orange, leberbraun oder schwarz gescheckt, dreifarbig

Erziehung	
Pflege	
Beschäftigung	
Bewegung	
Verbreitung	

Britische und Irische Vorstehhunde | 215

English Setter

Setter
FCI-Nr. 2
Land Großbritannien
Schulterhöhe
Rüden 65–68 cm,
Hündinnen 61–65 cm
Farben weiß mit schwarz, orange, zitronenfarben, leberbraun getüpfelt oder gefleckt, dreifarbig

Erziehung	
Pflege	
Beschäftigung	
Bewegung	
Verbreitung	

HERKUNFT Nachkommen der mittelalterlichen langhaarigen Vogelhunde, mit Pointer gekreuzt. Im 19. Jh. durch die Zucht des Sir Laverick als moderne Rasse geprägt.

VERWENDUNG Vorstehhund auf Federwild, der auch andere jagdliche Aufgaben übernehmen kann.

WESEN UND VERHALTEN Besonders freundlich und gutmütig. Hoch passionierter, lebhafter Jagdhund, der weiträumig, schnell und mit hoher Nase sucht. Hat er Witterung aufgenommen, zeigt er dies durch die charakteristische Vorstehhaltung an, zieht auf Kommando des Jägers weiter, damit der Vogel auffliegt und geschossen werden kann.

HALTUNG Als Begleithund liebenswürdig und angenehm, aber er muss seine Jagdpassion und die Freude am schnellen weiten Lauf ausleben können. Er ist zwar mit liebevoller Konsequenz gut zu erziehen, aber kann er nicht gemeinsam mit seinem Menschen jagen, wird er es bei jeder Gelegenheit allein versuchen. Der ausgesprochen schöne englische Setter ist ein sehr anspruchsvoller, agiler Hund für sportliche Menschen. Das schlichte Langhaar bedarf der Pflege.

Gordon Setter

HERKUNFT Für schwieriges Gelände in Schottland gezüchteter, schwerer Setter. Reinzucht durch den Duke of Gordon.

VERWENDUNG Vorstehhund, auch für den hiesigen Jagdgebrauch geeignet.

WESEN UND VERHALTEN Ausgeglichen, intelligent, mutig, verträglich mit Artgenossen. Sehr nervenfester, selbstsicherer Hund. Sucht in jedem Gelände mit hoher Nase, steht vor, stöbert und buschiert. Wasserfreudig, apportierwillig, sicherer Verlorenbringer.

HALTUNG Sehr einfühlsame, konsequente Erziehung und klare Führung notwendig. Er sollte vorzugsweise jagdlich geführt werden. Auch der Familienhund sollte eine Gehorsamsausbildung für Jagdhunde genießen. Der sehr kräftige Gordon Setter ist kein leicht zu führender Hund und braucht Bewegung und sinnvolle Beschäftigung. Kein Hund für bequeme Menschen, sondern man muss sich in der Natur aktiv mit seinem Hund beschäftigen und für gemeinsame Erfolgserlebnisse sorgen. Bei klarer Einordnung in die Familie ist der Gordon Setter ein angenehmer Begleithund. Das schlichte Langhaar bedarf der Pflege.

Setter
FCI-Nr. 6
Land Großbritannien
Schulterhöhe
Rüden 66 cm,
Hündinnen 62 cm
Gewicht Rüden 29,5 kg,
Hündinnen 25,5 kg
Farben schwarz mit kastanienrotem Brand

Erziehung	
Pflege	
Beschäftigung	
Bewegung	
Verbreitung	

Britische und Irische Vorstehhunde

Irish Red Setter

Setter
FCI-Nr. 120
Land Irland
Schulterhöhe
Rüden 58–67 cm,
Hündinnen 55–62 cm
Farben kastanienbraun

Erziehung		
Pflege		
Beschäftigung		
Bewegung		
Verbreitung		

HERKUNFT Er stammt vom rot-weißen Setter und roten Jagdhunden ab und ist seit dem 18. Jh. bekannt.
VERWENDUNG Jagd- und Familienhund.
WESEN UND VERHALTEN Eifrig, interessiert, intelligent, sehr temperamentvoll und voller Tatendrang. Spezialist für die Feldarbeit vor dem Schuss. Anlagen zur Wald- und Wasserarbeit, zum Apportieren und Verlorenbringen von Anfang an gefördert, erlauben vielseitigen Einsatz auf Niederwild.
HALTUNG Der passionierte Jagdgebrauchshund eignet sich nur für Menschen, die seiner unbändigen Lauffreude und seinem Arbeitswillen gerecht werden. Er braucht eine konsequente, einfühlsame Erziehung und klare Führung sowie ausgiebige Bewegung mit sinnvoller Beschäftigung wie Such- und Apportiermöglichkeiten. Bekommt er das nicht, geht er bei jeder Gelegenheit auch ohne seinen Menschen seiner Jagdpassion nach. Ausgelastet ein angenehmer, freundlicher, anhänglicher Begleithund. Er ist kein Partner für bequeme Menschen, denn der edle rote Ire liebt einen ausgiebigen Aufenthalt in freier Natur bei jedem Wetter. Das schlichte Langhaar bedarf der Pflege.

Irish Red and White Setter

HERKUNFT Alter irischer Setter, der auf die mittelalterlichen Vogelhunde zurückgeht.
VERWENDUNG Vorstehhund.
WESEN UND VERHALTEN Freundlich, liebenswürdig, doch sehr entschlossen, mutig und energisch. Intelligenter, leidenschaftlicher Jagdhund. Sehr führerbezogen und leichtführig.
HALTUNG Passionierter Jagdhund, vor allem für die Arbeit vor dem Schuss, der aber auch gerne apportiert und die Wasserarbeit liebt. Er ist nicht ganz so heißblütig wie der rote Setter, sehr auf seine Familie bezogen und macht alles gerne mit, ob jagdliche Arbeit oder Hundesport. Nicht geeignet für bequeme Menschen, denn er braucht Aufgaben, die seine Intelligenz fordern sowie die Möglichkeit, seine Bewegungsfreude auszuleben, z. B. bei Apportier- und Suchaufgaben, Rettungshund, Agility etc. Dies und eine konsequente Erziehung machen ihn zum angenehmen Hausgenossen, der sich durchaus vom Wild abrufen lässt. Nur unter dieser Voraussetzung ist der rotweiße Ire auch ohne Jagdeinsatz ein guter Begleithund. Das schlichte Langhaar ist pflegeleicht.

Setter
FCI-Nr. 330
Land Irland
Schulterhöhe
Rüden 62–66 cm,
Hündinnen 57–61 cm
Farben weiß mit roten Platten

Erziehung			
Pflege			
Beschäftigung			
Bewegung			
Verbreitung			

Britische und Irische Vorstehhunde | 219

Apportierhunde, Stöberhunde, Wasserhund

Apportierhunde

RETRIEVER sind Spezialisten für die Arbeit nach dem Schuss. Sie sind keine jagenden Hunde, sondern arbeiten ausschließlich auf Kommando eng mit dem Jäger zusammen. Ihre Aufgabe ist es, ruhig bei Fuß, zu sitzen, um nach dem Schuss auf Aufforderung des Jägers den geschossenen Vogel zu finden und zu apportieren, auch aus dem Wasser. Dieses intensive Suchen nach dem in weiter Entfernung gefallenen Vogel und das unverzügliche Bringen ist ihre Jagdtechnik im Gegensatz zum selbstständigen, weitläufigen Stöbern oder gar Hetzen anderer Rassen. Sie sind kontrollierte Jäger. Voraussetzung dazu ist der sog. „will to please" – Unterordnungsbereitschaft, die sie bei guter Ausbildung und ihrer Neigung entsprechenden Arbeitsmöglichkeiten davon abhält, selbstständig zu jagen. Sie sind nicht besonders territorial orientiert und deshalb in aller Regel sozialverträglich. Da sie bei der Arbeit ein „weiches" Maul brauchen, d. h. die zarten Vögel nicht verletzen dürfen und nicht mit dem Stellen von Wild konfrontiert werden, liegt ihnen im Normalfall Aggressivität fern. Sie müssen aufmerksam bei der Sache sein, um schnell und ausdauernd zu arbeiten und brauchen gute Nerven, um in unmittelbarer Nähe des Schusses Ruhe zu bewahren. All diese Eigenschaften machen die Retriever zu guten, vielseitig einzusetzenden Begleithunden, die aber anspruchsvoller sind, als gemeinhin angenommen. Leider werden die Beliebtesten wie Golden Retriever und Labrador als Modehunde häufig nur vermehrt, ohne bei der Zucht auf die Wahrung der wichtigen Charaktereigenschaften – insbesondere des „will to please" zu achten, so dass Abweichungen häufig vorkommen.

American Cocker Spaniel

Stöberhunde

STÖBERHUNDE STÖBERN DAS WILD in unübersichtlichem Gelände oder im Wasser (Schilf) auf und treiben es dem Jäger zu, Federwild auf Bäumen wird verbellt. Sie entfernen sich dabei weit vom Jäger und zeigen durch Bellen an, was sie wo gefunden haben, d. h. sie müssen „spurlaut" sein. Es sind kleine, langhaarige, aber knapp behaarte Hunde, die ohne sich zu verletzen, durch dichtes Dornengestrüpp kommen. Sie

Lagotto Romagnolo

Gruppe 8

leisten auch gute Schweiß- und Apportierarbeit und arbeiten eng mit dem Jäger zusammen, sind angenehm im Wesen, freundlich und leicht zu erziehen. Die englischen Spaniels werden bis auf den Springer kaum jagdlich eingesetzt, dennoch vergessen sie nie ihre

> **Info**
>
> **Die Pflege des Kraushaars**
> Die kraus gelockten Hunde werden nicht gekämmt oder gebürstet, sondern nur mit den Fingern massiert und das Haar mit der Schere kurz gehalten, wo nötig.

Labrador Retriever

English Springer Spaniel

Passion und sind immer auf der Suche nach Wild. Das bereitet dem Hundehalter, der den Hund nicht jagdlich führt, oft Probleme. Gut ausgebildete und sinnvoll mit Such- und Apportierspielen beschäftigte Hunde neigen weniger dazu, sich eigenmächtig zu entfernen. Wer nicht jagt, sollte keinen Hund aus jagdlicher Zucht kaufen.

Nova Scotia Duck Tolling Retriever

Wasserhunde

KRAUS GELOCKTE, PUDELÄHNLICHE HUNDE, die auf die Arbeit am und im Wasser spezialisiert sind, findet man an allen Küsten Europas von Friesland bis Griechenland. Das charakteristische Fell umschließt Luft und isoliert, denn gejagt wird hauptsächlich zu den Zugzeiten der Wildvögel im zeitigen Frühjahr und späten Herbst bei oft eisigen Temperaturen. Das Haar ist außerdem sehr fettig und stößt Feuchtigkeit ab, damit die Hunde schnell trocknen und nicht krank werden. Die Wasserhunde vereinen den Stöber- mit dem Apportierhund, denn sie stöbern die Vögel im dichten Schilf auf und apportieren nach dem Schuss. Die harten, widerstandsfähigen Burschen arbeiten eng mit dem Jäger zusammen, sind sehr klug und vielseitig einsetzbar. Eine gute Portion Selbstständigkeit zeichnet sie aus. Die meisten sind heute Begleithunde.

Apportierhunde, Stöberhunde, Wasserhunde

Nova Scotia Duck Tolling Retriever

Apportierhund
FCI-Nr. 312
Land Kanada
Schulterhöhe Rüden 48–51 cm, Hündinnen 45–48 cm
Gewicht Rüden 20–23 kg, Hündinnen 17–20 kg
Farben rot mit weißen Abzeichen

Erziehung			
Pflege			
Beschäftigung			
Bewegung			
Verbreitung			

HERKUNFT Die Indianer jagten mit roten Hunden an der Küste Neuschottlands erfolgreich Wildenten. Nach deren Vorbild im 19. Jh. von den Einwanderern aus Indianerhunden, Spaniel, Setter und Collie gezüchtet.

VERWENDUNG Lockhund, der durch spielerisches Gehabe in Zusammenarbeit mit dem Jäger am Ufer die neugierigen Wildenten in Schussweite lockt und die erlegten Tiere aus dem Wasser bringt.

WESEN UND VERHALTEN Intelligent, gelehrig, ausdauernd. Vorzüglicher Schwimmer, der ohne zu zögern freudig und engagiert zu Lande und aus dem Wasser apportiert. Temperament und ausgeprägter Spieltrieb bis ins hohe Alter. Er ist unterordnungsbereit, anhänglich und freundlich.

HALTUNG Der Toller lässt sich zwar leicht erziehen, aber er ist, was seine Arbeitsfreude angeht, recht anspruchsvoll und keinesfalls für bequeme Menschen geeignet. Er will und muss beschäftigt werden, um seine Intelligenz und seinen Eifer, etwas zu tun, zu befriedigen. Nur dann ist er ein sehr robuster, umkomplizierter Hausgenosse, der auch dem Anfänger Freude macht. Das schlichte Langhaar ist pflegeleicht.

Curly Coated Retriever

HERKUNFT Er gehört zu den an europäischen Küsten heimischen Wasserhunden, deren gelocktes Fell Luft einschließend gegen Kälte isoliert und im dichten Dorngestrüpp und scharfem Schilf schützt. Wegen seines Schutztriebs bevorzugt von Jagdaufsehern, die gegen Wilderei vorgingen gehalten.

VERWENDUNG Apportier- und Begleithund.

WESEN UND VERHALTEN Intelligent, ausgeglichenes Temperament. Mutig, selbstbewusst und unabhängig, Fremden gegenüber zurückhaltend. Wachsam, verteidigungsbereit. Der Curly Coated Retriever ist ein hervorragender Schwimmer.

HALTUNG Robuster, eigenständiger, nicht unterordnungsbereiter Hund, der eine konsequente, aber einfühlsame Erziehung und klare Führung braucht, dann ist er ein zuverlässiger, freudig mitarbeitender Gefährte. Kein Hund für Anfänger oder Stubenhocker, denn er braucht eine sinnvolle Beschäftigung, die ihn auslastet, entweder als Jagdhund, mit Apportier- und Sucharbeiten, im Hundesport oder als Rettungshund. Das dicht gelockte Fell wird mit den Fingern durchmassiert und haart nicht.

Apportierhund
FCI-Nr. 110
Land Großbritannien
Schulterhöhe Rüden 67,5 cm, Hündinnen 62,5 cm
Farben schwarz oder braun

Erziehung	
Pflege	
Beschäftigung	
Bewegung	
Verbreitung	

Apportierhunde | 223

Flat Coated Retriever

Apportierhund
FCI-Nr. 121
Land Großbritannien
Schulterhöhe
Rüden 59–61,5 cm,
Hündinnen 56,5–59 cm
Gewicht Rüden 27–36 kg,
Hündinnen 25–32 kg
Farben schwarz oder
leberbraun

Erziehung	
Pflege	
Beschäftigung	
Bewegung	
Verbreitung	

HERKUNFT Ältester bekannter Retriever, im 19. Jh. aus Setter mit Neufundländer-, Labrador- und Collieeinkreuzung gezüchtet.

VERWENDUNG Jagd- und Begleithund.

WESEN UND VERHALTEN Sanfter, gutmütiger, charakterfester Hund, anpassungsfähig und unterordnungsbereit. Ursprünglich robuster, schneller Apportierspezialist, aufmerksamer, gelehriger, temperamentvoller Arbeitshund. Er ist feinfühlig, sehr auf seine Menschen bezogen.

HALTUNG Sehr angenehmer Begleiter und mit Einfühlungsvermögen und liebevoller Konsequenz gut zu erziehender Hund, der auch dem Anfänger Freude macht. Allerdings braucht er Aufgaben und viel Bewegung. Er ist ausgesprochen lern- und arbeitswillig, dabei vielseitig einsetzbar sowohl als Jagdhund als auch im Hundesport, als Blindenführ- und Rettungshund. Ein Hund für sportliche Menschen, die sich gerne in der Natur aufhalten und mit ihrem Hund etwas unternehmen wollen. Ausgelastet ist er im Haus ruhig und angenehm. Das schlichte Langhaar ist pflegeleicht.

Labrador Retriever

HERKUNFT Englische Fischer brachten seine Vorfahren im 19. Jh. aus Neufundland mit nach Hause.
VERWENDUNG Jagd- und Begleithund.
WESEN UND VERHALTEN Gutartiger, temperamentvoller, energischer und durchsetzungsfähiger Hund, der sich in der Praxis nicht als so leichtführig erweist, wie er gern dargestellt wird. Als Jagdhund findet und apportiert er geschossenes Niederwild unter schwierigen Bedingungen zu Lande und im Wasser.
HALTUNG Der passionierte Jagdhund braucht eine konsequente Ausbildung und klare Führung. Als Modehund wird er leider oft nur zum Spazierengehen gehalten, geschätzt wegen seines gutmütigen Wesens. Doch ohne Aufgaben und sinnvolle Beschäftigung macht er sein Ding und nimmt seine Menschen nicht ernst. Er ist kein Hund für bequeme Menschen, denn er braucht täglich seine Arbeitseinheiten. Gut ausgebildet eignet er sich als Begleit-, Blindenführ-, Rettungs- und Spürhund für Polizei und Zoll. Pflegeleichtes Stockhaar, haart stark.

Apportierhund
FCI-Nr. 122
Land Großbritannien
Schulterhöhe Rüden 56–57 cm, Hündinnen 54–56 cm
Farben einfarbig schwarz, gelb oder leber/schokoladenbraun

Erziehung			
Pflege			
Beschäftigung			
Bewegung			
Verbreitung			

Apportierhunde | 225

Golden Retriever

Apportierhund
FCI-Nr. 111
Land Großbritannien
Schulterhöhe
Rüden 56–61 cm,
Hündinnen 51–56 cm
Farben gold- oder cremefarben

Erziehung		
Pflege		
Beschäftigung		
Bewegung		
Verbreitung		

HERKUNFT Ende des 19. Jh.s von Lord Tweedmouth in Schottland aus gelbem Labrador, Irish Setter und Wasserspaniel gezüchtet.

VERWENDUNG Jagd- und Begleithund.

WESEN UND VERHALTEN Freundlich, liebenswürdig, zutraulich. Arbeitsfreudig und unterordnungsbereit. Ausgeglichenes Temperament. Besonders wasserfreudig.

HALTUNG Leider Modehund, der kaum noch für die Jagd gezüchtet wird und oftmals erwünschte Eigenschaften, wie den Willen zum Gehorsam und Intelligenz, vermissen lässt. Mit einiger Konsequenz leicht zu erziehen, braucht er eine klare Führung, um seine Menschen ernst zu nehmen und zuverlässig zu folgen. Nicht geeignet für bequeme Menschen, die nur einen Hund zum Spazierengehen suchen. Er braucht eine Aufgabe, am liebsten Apportier- und Sucharbeit. Glücklich mit Menschen, die viel Zeit für die Beschäftigung mit ihrem Hund aufbringen. Dann vielseitig einzusetzen als Jagd-, Rettungs-, Behindertenbegleithund, als Spürhund für Militär und Zoll. Das schlichte Langhaar ist pflegeleicht.

Chesapeake Bay Retriever

HERKUNFT Bei einem Schiffsbruch 1807 an der Küste Marylands gestrandete Neufundländerwelpen bildeten, mit einheimischen Jagdhunden gekreuzt, den Grundstock für die Rasse.
VERWENDUNG Jagdhund.
WESEN UND VERHALTEN Aufgeweckt, fröhlich, intelligent. Arbeitsfreudig mit sehr guter Nase. Sehr selbstbewusst, mutig und unerschrocken. Zuverlässiger Wach- und Schutzhund, Fremden gegenüber misstrauisch. Er arbeitet unermüdlich unter schwierigsten Bedingungen im eisigen Wasser. Er neigt dazu, die Führung zu übernehmen.
HALTUNG Der Chessie muss mit Konsequenz erzogen werden und ordnet sich nur einer klaren Führung unter. Mit rascher Auffassungsgabe lernt er schnell und entscheidet gern selbst. Welpen müssen früh lernen, fremde Menschen und Hunde zu akzeptieren und sich unterzuordnen. Kein Hund für Anfänger oder bequeme Menschen, denn er braucht anspruchsvolle Beschäftigung und Bewegung, am besten jagdlich, wenigstens Dummyarbeit, Agility oder als Rettungshund. Fell pflegeleicht.

Apportierhund
FCI-Nr. 263
Land USA
Schulterhöhe
Rüden 58–66 cm,
Hündinnen 53–61 cm
Gewicht Rüden 29,5–36,5 kg, Hündinnen 25–32 kg
Farben braun wie totes Gras

Erziehung			
Pflege			
Beschäftigung			
Bewegung			
Verbreitung			

Apportierhunde | 227

Deutscher Wachtelhund

Stöberhund
FCI-Nr. 104
Land Deutschland
Schulterhöhe
Rüden 48–54 cm,
Hündinnen 45–52 cm
Gewicht 18–25 kg
Farben braun oder rot, einfarbig, gescheckt oder geschimmelt

Erziehung	
Pflege	
Beschäftigung	
Bewegung	
Verbreitung	

HERKUNFT Auf alte deutsche Stöberhunde zurückgehend, die beinahe von englischen Vorstehhunden verdrängt wurden. Ab 1834 gezielt neu gezüchtet.
VERWENDUNG Jagdgebrauchshund.
WESEN UND VERHALTEN Gutmütiger, freundlicher, lebhafter Hund, geeignet für alle im Wald und am Wasser anfallenden Aufgaben, außer Vorstehen und Bauarbeit. Sehr führerbezogener Hund, der trotzdem selbstständig und weiträumig sucht, mit dem Führer jagt und Kontakt hält. Hervorragender, spurlauter Stöberhund bei der Jagd auf Reh-, Rot- und Schwarzwild. Sehr guter Schweißhund und Verlorenbringer, auch aus dem Wasser. Wild- und raubwildscharf.
HALTUNG Passionierter, robuster Jagdhund, nicht für Gelegenheitsjäger oder als Begleithund geeignet. Frühe Prägung auf seine Aufgaben sowie konsequente, fachkundige Ausbildung ohne Härte notwendig. Ideal für Jäger, die ihren Hund auch in der Familie halten wollen, da der Wachtel ein angenehmer und anhänglicher Begleiter ist. Das knappe Langhaar ist pflegeleicht.

English Cocker Spaniel

HERKUNFT Auf mittelalterliche Vogelhunde zurückgehend, speziell für die Jagd auf Waldschnepfen (englisch: wood cock) gezüchtet.
VERWENDUNG Jagd- und Begleithund.
WESEN UND VERHALTEN Sanft, anhänglich, fröhlich, verspielt, voller Leben und Überschwang. Freundlich zu Mensch und Tier. Seine jagdlichen Stärken sind: Stöbern, Buschieren, Wasserarbeit, Verlorenbringen, Totverbellen und –verweisen, Schweißarbeit. Hervorragender Spürhund für Polizei und Zoll.
HALTUNG Heute hauptsächlich als Familienbegleithund gehalten, bleibt er dennoch ein jagender Hund, der jede Spur verfolgt und seine Passion über Gehorsam stellt. Er ist immer auf der Jagd – und seien es nur Leckerbissen. Auch der Familienhund braucht eine konsequente Erziehung und klare Führung. Er sollte mit Apportier- und Suchspielen belohnt werden. Kein Hund für bequeme Menschen, denn der lebhafte Cocker braucht Bewegung und muss beschäftigt werden, sonst geht er eigene Wege, oder wird dick und behäbig. Ohren und Fell pflegebedürftig.

Stöberhund
FCI-Nr. 5
Land Großbritannien
Schulterhöhe
Rüden 39–41 cm,
Hündinnen 38–39 cm
Gewicht 12,5–14,5 kg
Farben einfarbig schwarz, rot, oder in vielen Farben gescheckt und geschimmelt

Erziehung	
Pflege	
Beschäftigung	
Bewegung	
Verbreitung	

Stöberhunde | 229

Field Spaniel

Stöberhund
FCI-Nr. 123
Land Großbritannien
Schulterhöhe 45,7 cm
Gewicht 18–25 kg
Farben schwarz, leberbraun oder geschimmelt, mit oder ohne loh

| Erziehung |
| Pflege |
| Beschäftigung |
| Bewegung |
| Verbreitung |

HERKUNFT Ursprünglicher Spanieltyp, aus dem der Cocker hervorgegangen ist, dann durch Kreuzungen stark verändert. Ab 1900 wurde der alte Typ rekonstruiert, der Field blieb jedoch eine seltene Rasse.
VERWENDUNG Jagd- und Begleithund.
WESEN UND VERHALTEN Außergewöhnlich gelehrig, lebhaft, feinfühlig, selbstständig. Fremden gegenüber zurückhaltend. Stöberhund, der ca. 40 m vor dem Jäger arbeitet und ständig Kontakt mit ihm hält, dabei das Wild vor die Flinte treibt. Er arbeitet ruhig, zielstrebig und scheut dabei nicht vor dichtem Unterholz und schwierigsten Bedingungen zurück. Nach dem Schuss kann er seiner Größe entsprechendes Wild apportieren.
HALTUNG Der passionierte Jagdhund kann sich nur als Familienhund wohlfühlen, wenn er genügend Auslauf und Beschäftigung bekommt. Der Field Spaniel ist kein Hund für bequeme Menschen. Selbstständiger als der Cocker braucht er eine konsequente, nicht harte, Erziehung und klare Führung. Ohren bedürfen der Pflege, das schlichte Fell ist pflegeleicht.

English Springer Spaniel

HERKUNFT Dem mittelalterlichen Vogelhund noch sehr nahestehender, typischer Spaniel, der das Wild für die Jagd mit dem Falken oder dem Greyhound finden, auftreiben und apportieren sollte.
VERWENDUNG Jagd- und Begleithund.
WESEN UND VERHALTEN Freundlich, unbekümmert. Beliebter, vielseitig im Jagdgebrauch einsetzbarer, außergewöhnlich wasserfreudiger Hund, der spurlaut stöbert und buschiert.
HALTUNG Der passionierte, robuste Jagdhund braucht eine liebevoll konsequente Erziehung, denn er versteht sich mit viel Charme durchzusetzen. Kein Hund für bequeme Menschen und Stubenhocker, da er viel Bewegung und Beschäftigung braucht, falls man einen draußen folgsamen Hund erwartet, der im Hause ausgeglichen und ruhig ist. Kann man ihn nicht jagdlich führen, sollte man Ersatzbeschäftigungen suchen, die ihn auslasten, denn seine feine Nase ist immer auf der Jagd und findet jede Spur. Springer sind hervorragende Spürhunde bei Polizei und Militär. Das schlichte Langhaar ist pflegeleicht.

Stöberhund
FCI-Nr. 125
Land Großbritannien
Schulterhöhe ca. 51 cm
Farben leberbraun oder schwarz mit weiß mit oder ohne loh

Erziehung	
Pflege	
Beschäftigung	
Bewegung	
Verbreitung	

Stöberhunde | 231

Welsh Springer Spaniel

Stöberhund
FCI-Nr. 126
Land Großbritannien
Schulterhöhe
Rüden 48 cm,
Hündinnen 46 cm
Farben sattes Rot und Weiß

Erziehung	
Pflege	
Beschäftigung	
Bewegung	
Verbreitung	

HERKUNFT Stöberhund aus Wales, der auf mittelalterliche Vogelhunde französischen Ursprungs zurückgeht.

VERWENDUNG Jagd- und Begleithund.

WESEN UND VERHALTEN Fröhlicher, freundlicher, lebhafter Hund. Sehr anhänglich und auf seine Menschen bezogen, stets zu Spiel und Spaß bereit. Selbstsicherer Hund, der sich auf charmante Weise durchzusetzen versteht. Passionierter Jagdhund, der willig und ausdauernd stöbert, auch anzeigen kann und apportiert.

HALTUNG Vornehmlich als Begleithund gehalten, darf man sein Jagdhunderbe nicht vergessen. Seine feine Nase ist immer auf der Jagd, wobei er bei gutem Erziehungsstand aufgrund seiner Anhänglichkeit nicht unbedingt selbstständig loszieht. Voraussetzung ist eine sehr konsequente, einfühlsame Erziehung und klare Führung, die der Hund immer wieder auf nicht aggressive Art in Frage stellt. Der Welsh braucht sinnvolle Beschäftigung und viel Bewegung, kein Hund für Stubenhocker. Das schlichte Langhaar ist pflegeleicht.

Kooikerhondje
Kleiner holländischer Wasserwild-Hund

HERKUNFT In Holland jahrhundertelang für die Entenjagd eingesetzt. Mit fröhlichem, spielerischem Gehabe lockte das Kooikerhondje Wildenten in Fangnetze, sog. Entenkojen.

VERWENDUNG Familienbegleithund.

WESEN UND VERHALTEN Fröhlicher, aber nicht lauter, gutartiger, eng seiner Familie verbundener Hund. Intelligent, gelehrig und unterordnungsbereit, wachsam, aber nie aggressiv.

HALTUNG Da das Kooikerhondje stets eng mit seinem Menschen zusammenarbeitete, ist es leicht mit liebevoller Konsequenz zu erziehen. Folgsam und anhänglich macht es auch dem Anfänger Freude. Allerdings braucht es eine klare Führung, ohne die es verunsichert ist und aufsässig erscheint. Anspruchslos in der Familie, zärtlich und verspielt bis ins hohe Alter. Es genießt, mit seinem Menschen zu arbeiten und von ihm gelobt zu werden. Angenehmer, anpassungsfähiger Begleiter, der allerdings beschäftigt werden möchte und sich für vielerlei hundesportliche Aktivitäten eignet. Das schlichte Langhaar ist pflegeleicht.

Stöberhund
FCI-Nr. 314
Land Niederlande
Schulterhöhe 35–40 cm
Farben orange-rote Platten auf weißem Grund

| Erziehung |
| Pflege |
| Beschäftigung |
| Bewegung |
| Verbreitung |

Stöberhunde | 233

American Cocker Spaniel

Stöberhund
FCI-Nr. 167
Land USA
Schulterhöhe
Rüden 37–38 cm,
Hündinnen 34–35,5 cm
Farben schwarz, rot, creme, braun einfarbig, weiß gescheckt oder geschimmelt, auch mit loh

Erziehung	
Pflege	
Beschäftigung	
Bewegung	
Verbreitung	

HERKUNFT Aus dem englischen Cocker Spaniel in den USA im Typ deutlich unterschiedlich gezüchtet.

VERWENDUNG Begleithund.

WESEN UND VERHALTEN Ausgeglichener, zärtlicher, fröhlicher, verspielter Familienhund, sanftmütig und ohne jegliche Aggression. Sehr menschbezogen braucht er engen Familienkontakt. Er ist wachsam, aber nicht laut.

HALTUNG Der intelligente, ausgesprochen freundliche Hund braucht eine konsequente Erziehung und klare Führung, um zuverlässig zu gehorchen, denn er versteht meisterhaft, seine Menschen um den kleinen Finger zu wickeln. Er ist nach wie vor Jagdhund mit hervorragender Nase, die immer auf Beutesuche ist und der kein Krümel und keine Fährte entgeht. Bei sehr gutem Erziehungsstand kann er frei laufen. Unkomplizierter, anpassungsfähiger Familienbegleiter, der alles mitmacht. Er liebt Beschäftigung, Spiel und Bewegung. Leider ist das lange Fell sehr pflegeintensiv und wird für den Hausgebrauch häufig geschoren. Augen und Ohren bedürfen der Pflege.

Perro de Agua Español
Spanischer Wasserhund

HERKUNFT Uralter Vertreter der an allen Küsten Europas bekannten Wasserhunde, der bestens den Sumpfregionen Andalusiens angepasst ist.
VERWENDUNG Vielseitig einsetzbar, hütet er das Vieh, stöbert und apportiert er bei der Jagd und hilft, enorm wasserfreudig und erstklassiger Schwimmer, den Fischern beim Einholen der Netze usw. Heute meist Begleithund.
WESEN UND VERHALTEN Gehorsamer, arbeitswilliger und unterordnungsbereiter Hund mit außergewöhnlich guter Auffassungsgabe. Lebhaft und aufmerksam, wachsam, aber nicht aggressiv.
HALTUNG Der Alleskönner macht mit seiner Arbeitsfreude, Gelehrigkeit und Unterordnungsbereitschaft auch dem Anfänger Freude. Dennoch braucht er eine liebevoll konsequente Erziehung und vor allen Dingen Beschäftigung und Bewegung. Anspruchsloser, unkomplizierter Gefährte für unternehmungslustige Menschen, die gerne hundesportlich aktiv sein wollen. Das gelockte, im Wasser gut isolierende Fell wird auf eine pflegeleichte Länge gekürzt. Haart nicht.

Wasserhund
FCI-Nr. 336
Land Spanien
Schulterhöhe Rüden 44–50 cm, Hündinnen 40–46 cm **Gewicht** Rüden 18–22 kg, Hündinnen 14–18 kg **Farben** weiß, schwarz, braun, einfarbig oder weiß gescheckt

Erziehung				
Pflege				
Beschäftigung				
Bewegung				
Verbreitung				

Wasserhunde | 235

Barbet
Französischer Wasserhund

Wasserhund
FCI-Nr. 105
Land Frankreich
Schulterhöhe
Rüden 58–65 cm,
Hündinnen 53–61 cm
Farben schwarz, grau,
braun, falb, sand, weiß,
einfarbig oder gescheckt

Erziehung	
Pflege	
Beschäftigung	
Bewegung	
Verbreitung	

HERKUNFT Seit dem Mittelalter bekannter Bauernhund der Küstenregionen Frankreichs, der hütete, Haus und Hof bewachte und bei der Jagd unentbehrlich war. Der Name bedeutet „bärtig".

VERWENDUNG Jagdhund für die Jagd auf Wasservögel, Begleithund.

WESEN UND VERHALTEN Ausgeglichen, sehr führerbezogen, gesellig und freundlich. Ausgesprochen wasserfreudig. Passionierter Jagdhund, der stöbert, sucht, die Vögel vor die Flinte treibt und nach dem Schuss apportiert. Er ist ausdauernd und robust, scheut sich nicht vor eiskaltem Wasser oder dichtem, scharfem Schilf.

HALTUNG Unterordnungsbereit, mit seinem Menschen eng zusammenarbeitend, lässt er sich mit freundlicher Konsequenz vielseitig ausbilden. Er passt sich allen Lebensumständen an und ist ein angenehmer Hausgenosse, vorausgesetzt er hat ausreichend intelligente Beschäftigung und Bewegung. Er eignet sich gut für hundesportliche Aktivitäten bis hin zum Therapiehund. Das lockige Fell wird im Sommer geschoren und haart nicht.

Irish Water Spaniel
Irischer Wasserspaniel

HERKUNFT Auf mittelalterliche Wasserhunde zurückgehend. Einmalig die kurz und glatt behaarte Rute.
VERWENDUNG Jagdgebrauchshund, Begleithund.
WESEN UND VERHALTEN Er verbindet große Intelligenz und Ausdauer mit kühnem, forschem Eifer und enormer Widerstandskraft. Kraftvoller Schwimmer. Hervorragend geeignet für die Entenjagd vor und nach dem Schuss. Stöbert an Land, steht vor und apportiert zuverlässig. Selbstbewusster, eigenständiger Hund, der früh geprägt und sozialisiert werden muss. Wachsam und verteidigungsbereit.
HALTUNG Konsequente Erziehung ist notwendig, da er sich nur einer klaren Führung unterordnet. Er wird oft als Clown bezeichnet – seine Art sich durchzusetzen. Ein sehr guter Gefährte, wenn man ihn zu motivieren weiß und mit ihm umgehen kann. Ein Hund für Menschen, die sich gerne in der Natur aufhalten und viel Zeit aufbringen, um mit dem Hund zu arbeiten. Das Fell braucht den Kontakt mit Wasser, wird in Form geschnitten und regelmäßig gepflegt. Haart kaum.

Wasserhund
FCI-Nr. 124
Land Irland
Schulterhöhe
Rüden 53–59 cm,
Hündinnen 51–56 cm
Farben satte dunkelbraunrote Leberfarbe

Erziehung	
Pflege	
Beschäftigung	
Bewegung	
Verbreitung	

Wasserhunde | 237

Lagotto Romagnolo
Wasserhund der Romagna

Wasserhund
FCI-Nr. 298
Land Italien
Schulterhöhe
Rüden 43–48 cm,
Hündinnen 41–46 cm
Gewicht Rüden 13–16 kg,
Hündinnen 11–14 kg
Farben unreines Weiß,
Braun, Orange, auch
gefleckt, geschimmelt

Erziehung		
Pflege		
Beschäftigung		
Bewegung		
Verbreitung		

HERKUNFT Mittelalterlicher Wasserhund, der nach Trockenlegung der Sümpfe der Romagna zum Trüffelsuchhund umfunktioniert wurde.

VERWENDUNG Begleithund.

WESEN UND VERHALTEN Gehorsam, aufgeweckt, liebenswürdig, wachsam, aber nicht aggressiv. Intelligenter, gelehriger, unterordnungsbereiter Hund. Sein Jagdeifer wurde auf die Suche nach Trüffeln spezialisiert. Bei dieser Arbeit in den Wäldern lässt er sich nicht durch Wild ablenken.

HALTUNG Der Lagotto ist ein unkomplizierter Begleithund, der auch dem Anfänger Freude macht. Er schließt sich eng an seine Bezugsperson an, ordnet sich bei liebevoll konsequenter Erziehung unter. Er liebt ausgiebigen Auslauf in freier Natur. Temperamentvoll und verspielt geeignet für Hundesport, als Rettungs- und Spürhund. Ohne sinnvolle Beschäftigung, am besten Suchspiele jeder Art, auch Trüffelsuche, wird er sich durchaus von Wild ablenken lassen! Kein Hund für bequeme Menschen. Das lockige Fell wird kurz gehalten, nicht gebürstet und haart nicht.

Cão de Agua Português
Portugiesischer Wasserhund

HERKUNFT Wasserhund Portugals, Begleiter der Fischer, der Boote und Fang bewachte, aus den Netzen entkommene Fische apportierte und schwimmend die Verbindung zwischen den Booten herstellte.

VERWENDUNG Begleithund.

WESEN UND VERHALTEN Heftiges Temperament, eigenwillig, genügsam und unermüdlich. Außerordentlich intelligent und gelehrig. Territorialer Hund, wachsam und verteidigungsbereit, unduldsam gegen fremde Hunde, der Standard sagt „streitsüchtig". Im Rudel auf klare Rangordnung bedacht.

HALTUNG Lebhafter, agiler Hund, der eine frühe Prägung und Sozialisierung auf Menschen, Umwelt und andere Hunde braucht. Mit liebevoller Konsequenz leicht zu erziehen, aber er ordnet sich nur einer klaren Führung unter. Er braucht unbedingt sinnvolle Beschäftigung, Möglichkeit zum Schwimmen und Laufen. Kein Hund für bequeme Menschen, sondern für aktive Naturfreunde. Löwenschur für die Ausstellung erforderlich, im Alltag ist am ganzen Körper kurz gehaltenes Fell einfacher zu pflegen.

Wasserhund
FCI-Nr. 37
Land Portugal
Schulterhöhe Rüden 50–57 cm, Hündinnen 43–52 cm
Gewicht Rüden 19–25 kg, Hündinnen 16–22 kg
Farben weiß, schwarz, braun, einfarbig oder gescheckt

Erziehung		
Pflege		
Beschäftigung		
Bewegung		
Verbreitung		

Wasserhunde | 239

Gesellschafts- und Begleithunde

Bichons und verwandte Rassen

Kleine, schon in der Antike geschätzte Damenhündchen, die nicht nur die Seele, sondern auch kalte Füße wärmten. Die langhaarigen, oft weißen Hündchen, wurden erst im Zuge der Rassehundezucht zu verschiedenen Rassen herangezüchtet. Sie sind anhängliche, ganz in ihren Menschen aufgehende, freundliche Begleiter.

schern und Schnauzern, gekreuzt mit Mops, ab. Anspruchslose, zärtliche, dabei ein wenig kautzige Begleiter.

Haarlose Hunde

Inkonsequenter Weise wird hier der Chinese Crested Hairless eingeordnet, während die anderen haarlosen Rassen in Gruppe 5 geführt werden. Ihn gibt es auch behaart als sog. „Powder Puff" – Puderquaste.

Kromfohrländer Welpen   **Kleinpudel**

Pudel

Sie stammen von den Wasserhunden (siehe Gruppe 8) ab. Ihre Intelligenz ist sprichwörtlich. Sie haaren nicht, ihr Fell wird geschoren. Die Größen- und Farbenvielfalt bietet für jeden etwas vom kleinen Toy, dem „Spielzeughündchen" bis hin zum arbeitsfreudigen Großpudel, der ein sehr vielseitig auszubildender Hund ist. Klug, gelehrig, unterordnungsbereit und sozialverträglich machen Pudel auch dem Anfänger Freude. Ein großer Nachteil sind die unnatürlichen Frisuren und Schuren, die im täglichen Gebrauch viel zu pflegeintensiv sind.

Kleine belgische Rassen

Sie sind eng verwandt mit dem Affenpinscher und stammen von kleinen Pin-

Tibetanische Hunderassen

Kleine Gesellschaftshunde vom Dach der Welt, die einst als sog. Löwenhündchen in den Klöstern Tibets gezüchtet wurden, um Gebetsmühlen zu treten und den Löwen Buddhas zu repräsentieren. Der Tibet Terrier jedoch ist ein Hütehund.

Chihuahueño

Ihre Herkunft und Rolle bei den Ureinwohnern ist kaum bekannt. Wahrscheinlich kamen ihre Vorfahren, die kleinen Podengos, die heute noch sehr viel Ähnlichkeit mit dem Chihuahua haben, mit den ersten Eroberern in die Neue Welt. Diese kleinen Hunde hielten auf den Schiffen die Ratten kurz und machten sich in dem neuen Land als

Gruppe 9

Jäger nützlich. Die langhaarige Version wurde erst später gezüchtet.

Englische Gesellschaftsspaniels

Die kleinen Vettern der englischen Stöberhunde verließen schon sehr früh jagdliche Gefilde und waren die bevorzugten Begleiter englischer Könige. Sie sind noch immer an jeder Spur interessiert, aber zeigen keine Neigung, sich von ihren Menschen zu entfernen. Sie toben sich gerne beim Mäusejagen aus, sind aber angenehme, ruhige, zärtliche Begleiter.

Japanischer Spaniel und Pekingese

Der japanische Chin kam ursprünglich aus China an den japanischen Hof. Der extrem kurzbeinige, überreich behaarte Peking Palasthund mit viel zu kurzer Nase wurde in England zu dem Dekorationsstück, wie wir ihn heute kennen, gezüchtet. Er hat leider nur noch wenig mit der natürlichen Gestalt eines Hundes gemeinsam, während der Chin zwar eine ebenso kurze Nase hat, aber körperlich beweglicher und agiler ist. Vielleicht ist er auch deshalb im Charakter lebhafter und spielfreudiger als der Peke.

Pekingese

Boston Terrier

Kontinentaler Zwergspaniel

Papillon und Phalène (Schmetterlings- und Nachtfalterhündchen) sind ebenfalls sehr alte Damenbegleithündchen. Die agilen, nicht zu pflegeintensiven, unkomplizierten und drolligen Persönlichkeiten erfreuen sich heute wachsender Beliebtheit, mit denen man sogar ernsthaft Hundesport betreiben kann.

Kromfohrländer

Er passt wahrhaftig in kein Schema, wurde er doch als Mischrasse aus Fox Terrier und einem Hund unbekannter Herkunft gezüchtet mit dem Zuchtziel angenehmer Familienbegleithund.

Kleine doggenartige Hunde

Bully und Boston Terrier gehen auf kleine englische Bulldoggen zurück, während die Herkunft des Mopses unklar ist. Eine Theorie besagt, dass er aus China stammt. Immerhin sind dort kurzmäulige Hunde in jahrhundertealten Skulpturen verewigt. Alle sind liebenswerte Persönlichkeiten mit eigenem Kopf, die jedoch aufgrund ihres Körperbaus gesundheitliche Probleme und Fortpflanzungsschwierigkeiten haben können.

Gesellschafts- und Begleithunde

Malteser

Bichon
FCI-Nr. 65
Land Italien
Schulterhöhe
Rüden 21–25 cm,
Hündinnen 20–23 cm
Gewicht 3–4 kg
Farben weiß

Erziehung
Pflege
Beschäftigung
Bewegung
Verbreitung

HERKUNFT Auf antike Schoßhündchen, die nach den Mittelmeerinseln Melitaea oder Malta benannt wurden, zurückgehend.

VERWENDUNG Gesellschaftshund.

WESEN UND VERHALTEN Lebhafter, gelehriger, intelligenter Hausgenosse, wachsam, aber nicht unnötig kläffend. Fremden gegenüber zurückhaltend, ganz in seiner Bezugsperson aufgehend.

HALTUNG Idealer Stadt- und Wohnungshund, der gerne spazieren geht und seine Bewegungsfreude im Spiel auslebt. Geeignet für alleinstehende und berufstätige Menschen, die ihren Hund immer bei sich haben können, da er am liebsten den Tag in engstem Kontakt mit seinen Menschen verbringt. Der kleine Hund ist bestens geeignet als Reisebegleiter. Der stets gut gelaunte, sensible Hund ist leicht zu erziehen. Allerdings muss man die Haarpflege lieben, denn der Malteser ist ausgesprochen pflegeintensiv. Das Fell wird wie Frauenhaar alle paar Tage gewaschen und muss täglich gründlich gebürstet werden, um nicht zu verfilzen. Angenehm: Der Malteser haart nicht.

Havaneser
Bichon Havanais

HERKUNFT Von den Spaniern nach Kuba gebrachte, dort über Jahrhunderte sehr beliebte Schoßhunde, die sich mit einheimischen Hunden gekreuzt zu einem robusten Kleinhund entwickelten.
VERWENDUNG Gesellschaftshund.
WESEN UND VERHALTEN Lebhafter, aber nicht nervöser, fröhlicher und freundlicher Hausgenosse. Wachsam, selbstbewusst, aber nicht aggressiv. Klug und gelehrig, immer gut gelaunt und für gemeinsame Aktionen mit seinen Menschen zu haben. Auf Kuba hütete er Kleinvieh und Geflügel.
HALTUNG Der Havaneser ist ein robuster Kleinhund, der sich sehr gut in ein lebhaftes Familienleben einfügt, auch einmal einen Knuff vertragen kann, gerne spielt und herumtollt. Er ist leicht zu erziehen und folgsam, war einst als Zirkushund geschätzt, und passt sich an alle Lebensumstände vom Bauernhof zum Stadtleben an. Ausdauernder Spaziergänger, seine Bewegungsfreude ist gut im Spiel zu befriedigen. Die Pflege des langen Fells ist weit weniger aufwendig als beim Malteser, und es verliert keine Haare.

Bichon
FCI-Nr. 250
Land Kuba
Schulterhöhe 23–27 cm
Farben weiß, falb, schwarz, braun, einfarbig oder gescheckt

Erziehung		
Pflege		
Beschäftigung		
Bewegung		
Verbreitung		

Bichons und verwandte Rassen | 243

Bichon à poil frisé
Gelockter Bichon

Bichon
FCI-Nr. 215
Land Frankreich / Belgien
Schulterhöhe max. 30 cm
Farben weiß

Erziehung		
Pflege		
Beschäftigung		
Bewegung		
Verbreitung		

HERKUNFT Schon in der Antike bekannte, kleine pudelähnliche Hunde, besonders beliebt am spanischen Hof und beim französischen Adel. Einst auf Teneriffa verbreitet, daher der Name Teneriffa-Hündchen.

VERWENDUNG Gesellschaftshund.

WESEN UND VERHALTEN Muntere, aufgeweckte Hunde, die alles mitmachen. Sehr charmant, versteht der Bichon auf liebenswerte Weise seine Menschen um den Finger zu wickeln. Selbstbewusst und wachsam, aber kein Dauerkläffer. Anhänglich, dennoch seine Persönlichkeit wahrend. Sozialverträglich gegenüber Mensch und Tier.

HALTUNG Der Bichon ist anpassungsfähig – vom Leben in einer Stadtwohnung bis zum Reitbegleithund. Sehr ausdauernd und robust macht er auch ausgedehnte Spaziergänge mit, fordert sie aber nicht ein. Verspielt und fröhlich fühlt er sich auch auf engem Raum wohl. Hauptsache, er ist immer bei seinen Menschen. Der Bichon braucht Pflege, doch das lockige Fell wird in Form geschnitten, für den Hausgebrauch meist kürzer, was die Pflege erleichtert.

Bologneser

HERKUNFT Italienische Variante des Bichon frisé mit gleicher Herkunft, die bis in die Antike zurückzuverfolgen ist. Sehr beliebt beim gesamten europäischen Adel, Liebling der Pompadour, Katharina der Großen und Maria Theresia.

VERWENDUNG Gesellschaftshund.

WESEN UND VERHALTEN Eher ernster und ruhiger Hund. Unternehmungslustig, anhänglich und ganz in seiner Familie aufgehend, Fremden gegenüber reserviert. Wachsam, aber kein Kläffer.

HALTUNG Anpassungsfähiger Begleiter, sehr guter Stadt- und Wohnungshund, der sich in einer lebhaften Familie genauso wohl fühlt wie bei alleinstehenden Menschen. Er lässt sich leicht erziehen, ist klug und gelehrig, deshalb auch für Anfänger sehr gut geeignet. Ein ausdauernder Begleiter bei Spaziergängen, er kann im Spiel sehr gut bewegt werden, deshalb ein guter Gefährte für Menschen, die weniger Zeit haben, den Hund aber immer um sich haben können. Das lockige Fell muss regelmäßig gekämmt und gebürstet werden und haart dafür nicht.

Bichon
FCI-Nr. 196
Land Italien
Schulterhöhe
Rüden 27–30 cm,
Hündinnen 25–28 cm
Gewicht 2,5–4 kg
Farben weiß

Erziehung		
Pflege		
Beschäftigung		
Bewegung		
Verbreitung		

Bichons und verwandte Rassen | 245

Bolonka zwetna

Bichon
FCI nicht anerkannt
Land Russland
Schulterhöhe 20–26 cm
Farben alle außer reinweiß

Erziehung
Pflege
Beschäftigung
Bewegung
Verbreitung

HERKUNFT In Russland wurde im 20. Jh. der beliebte Bolonka franzuska (Bichon aus Frankreich oder Bologneser) mit verschiedenen anderen Rassen gekreuzt und als Bolonka zwetna („bunter Bologneser") gezüchtet und war in der ehemaligen DDR weit verbreitet. Er ist in Deutschland nicht offiziell als Rasse anerkannt und variiert im Erscheinungsbild.

VERWENDUNG Gesellschaftshund.

WESEN UND VERHALTEN Typischer Bichon, freundlich, lebhaft, verspielt, ausgeglichen.

HALTUNG Der im Aussehen nicht sehr einheitliche Hund ist ein sehr guter Familienbegleiter, robust und anpassungsfähig. Er fühlt sich in Familien ebenso wohl wie bei alleinstehenden Menschen. Der Bolonka zwetna ist ein sehr guter Wohnungs- und Stadthund. Er ist intelligent und gelehrig, leicht zu erziehen und gut für Anfänger geeignet. Lebhaft und verspielt macht der kleine Hund alles mit, ob lange Wanderungen oder nur eine Spielrunde im Park. Das Fell darf nicht zu lang und fein sein, es soll pflegeleicht bleiben und nicht in Form geschnitten werden.

Coton de Tuléar

HERKUNFT Vermutlich von Bichons abstammend, die von Seefahrern nach Madagaskar gebracht wurden. Die Franzosen nahmen sie am Ende der Kolonialzeit mit und züchteten die Rasse in Frankreich unter dem Namen Coton de Tuléar. Auf der Insel verwilderten sie. Wildfänge werden heute noch zur Blutauffrischung gesucht.
VERWENDUNG Gesellschaftshund.
WESEN UND VERHALTEN Fröhlich, ausgeglichen. Umgänglich mit Artgenossen und Menschen. Lebhaft und personenbezogen, immer vergnügt und aktiv, niemals hektisch oder nervös. Unkomplizierter Hund. Wachsam bis bellfreudig.
HALTUNG Anpassungsfähiger Begleiter, der in eine lebhafte Familie ebenso wie in einen Stadthaushalt passt. Die Erziehung macht keine Mühe, der Hund lernt gern und schnell. Er zieht nicht auf eigene Faust los, ist aber noch immer ein leidenschaftlicher Mäusefänger. Das charakteristische baumwollartige Fell (Coton-Watte) verfilzt schnell und muss täglich sorgfältig gepflegt werden. Selbst geschorenes Fell ist pflegeintensiv. Haart nicht.

Coton de Tuléar
FCI-Nr. 283
Land Madagaskar
Schulterhöhe
Rüden 26–28 cm,
Hündinnen 23–25 cm
Gewicht Rüden 4–6 kg,
Hündinnen 3,5–5 kg
Farben weiß mit etwas grau oder falb an den Ohren

Erziehung			
Pflege			
Beschäftigung			
Bewegung			
Verbreitung			

Bichons und verwandte Rassen | 247

Löwchen
Petit Chien Lion

Petit Chien Lion
FCI-Nr. 233
Land Frankreich
Schulterhöhe 26–32 cm
Gewicht ca. 6 kg
Farben alle

Erziehung	
Pflege	
Beschäftigung	
Bewegung	
Verbreitung	

HERKUNFT Bis ins Mittelalter mit der typischen Löwenschur zurückzuverfolgende Rasse, mit den Bichons verwandt. In Vergessenheit geraten, wurde sie nach dem Krieg mühevoll aufgebaut und erfreut sich heute weltweiter Beliebtheit.

VERWENDUNG Gesellschaftshund.

WESEN UND VERHALTEN Das kleine Löwenhündchen ist ein lebhafter, fröhlicher, aktiver Gefährte. Robust und intelligent, sehr anhänglich und personenbezogen, sozialverträglich mit anderen Hunden und gut zu mehreren zu halten. Fremden gegenüber reserviert. Ausdauernder Läufer und sportlicher Begleiter. Wachsam, aber kein Kläffer.

HALTUNG Das Löwchen passt sich allen Lebensumständen an und fühlt sich auf dem Lande, in der Familie und in einer Stadtwohnung wohl, sofern es Kontakt mit seinen Menschen und Bewegung bekommt, die gut im Spiel zu beschaffen ist. Der gelehrige Hund ist leicht zu erziehen und macht auch Anfängern Freude. Ausstellungshunde müssen die typische Schur tragen, „privat" muss das nicht sein. Das schlichte Fell ist recht pflegeleicht.

Pudel

HERKUNFT Er stammt von den alten Wasserhunden, an allen Küsten Westeuropas anzutreffende Jagdhunde auf Wassergeflügel, ab.

VERWENDUNG Gesellschafts- und Begleithund.

WESEN UND VERHALTEN Je kleiner, desto lebhafter. Fröhlicher, aufgeschlossener Hund, der sich eng an seine Menschen bindet. Sehr intelligent, gelehrig und leicht zu motivieren. Er ist wachsam, aber nicht aggressiv und verträglich im Umgang mit fremden Hunden, fremde Menschen sind ihm gleichgültig. Beim Großpudel kommt Jagdtrieb vor.

HALTUNG Die Schuren der Schauhunde schrecken den interessierten Hundefreund eher ab, da die Pflege hohen Zeit- und Kostenaufwand verursacht. Anders eine kurze, adrette Schur mit dem Vorteil, dass der Hund nicht haart. Pudel sind leicht zu erziehen und arbeitsfreudig. Sie sind anpassungsfähig und für vielerlei Aufgaben einzusetzen, Hauptsache, sie können mit ihren Menschen arbeiten. Kein Hund für bequeme Menschen. Je größer, desto anspruchsvoller in Bezug auf Bewegung und Beschäftigung.

Pudel
FCI-Nr. 172
Land Frankreich
Schulterhöhe
Toy unter 28 cm, Zwerg 28–35 cm, Klein 35–45 cm (Foto), Groß 45–60 cm
Farben schwarz, weiß, braun, silbergrau, apricot, black & tan, gescheckt

Erziehung	
Pflege	
Beschäftigung	
Bewegung	
Verbreitung	

Belgischer Griffon
Griffon Belge

Griffon	
FCI-Nr. 81	
Land Belgien	
Gewicht 3,5–6 kg	
Farben schwarz, schwarz mit loh	

Erziehung	
Pflege	
Beschäftigung	
Bewegung	
Verbreitung	

HERKUNFT Ehemaliger Stallhund, Ratten- und Mäusefänger, der seinen Weg in die Adelshäuser fand und populär wurde. Mit Mops, King Charles Spaniel und Yorkshire Terrier gekreuzt, erzielte man das heutige Erscheinungsbild.

VERWENDUNG Kleiner Wach- und Begleithund.

WESEN UND VERHALTEN Ausgeglichen, aufmerksam, stolz, sehr an seiner Bezugsperson hängend. Zuverlässiger Wächter, aber mit leiser Stimme bellend. Fremden gegenüber kritisch. Gut zu mehreren zu halten.

HALTUNG Idealer Wohnungshund. Leicht zu erziehen, geht gerne spazieren, tollt und spielt bis ins hohe Alter. Anpassungsfähig und robust, gut geeignet für Berufstätige, die ihren Hund mit zur Arbeit nehmen können und Menschen, die viel reisen, ebenso wie für Familien. Der kleine Hund findet überall sein Plätzchen und will überall dabei sein. Das Rauhaar wird getrimmt und ist dann pflegeleicht. Nachteil die kurze Nase, sie darf nicht zu Atemproblemen führen und muss, ebenso wie die Augen, sorgfältig gepflegt werden.

Brüsseler Griffon
Griffon Bruxellois

HERKUNFT Stallhund, Ratten- und Mäusefänger, der seinen Weg in die Adelshäuser fand und populär wurde. Mit Mops, King Charles Spaniel und Yorkshire Terrier gekreuzt, erzielte man das heutige Erscheinungsbild.
VERWENDUNG Kleiner Wach- und Begleithund.
WESEN UND VERHALTEN Ausgeglichen, aufmerksam, stolz, sehr an seiner Bezugsperson hängend. Zuverlässiger Wächter, aber mit leiser Stimme bellend. Fremden gegenüber kritisch. Gut zu mehreren zu halten.
HALTUNG Idealer Wohnungs- und Stadthund. Er ist leicht zu erziehen, geht gerne spazieren, tollt und spielt bis ins hohe Alter. Anpassungsfähiger und robuster Begleiter für Berufstätige, die ihren Hund mit zur Arbeit nehmen können und Menschen, die viel reisen, ebenso wie für Familien. Der kleine Hund findet überall sein Plätzchen und will überall dabei sein. Das Rauhaar wird getrimmt und ist dann pflegeleicht. Nachteil die kurze Nase, sie darf nicht zu Atemproblemen führen und muss, ebenso wie die Augen, sorgfältig gepflegt werden.

Griffon
FCI-Nr. 80
Land Belgien
Gewicht 3,5–6 kg
Farben rot

Erziehung		
Pflege		
Beschäftigung		
Bewegung		
Verbreitung		

Kleine Belgische Hunderassen

Petit Brabançon
Kleiner Brabanter Griffon

Petit Brabançon	
FCI-Nr. 82	
Land Belgien	
Gewicht 3,5–6 kg	
Farben schwarz, schwarz mit loh, rot	

HERKUNFT Stallhund, Ratten- und Mäusefänger, der seinen Weg in die Adelshäuser fand und populär wurde. Mit Mops, King Charles Spaniel und Yorkshire Terrier gekreuzt, erzielte man das heutige Erscheinungsbild. Kurzhaarige Variante.

VERWENDUNG Kleiner Wach- und Begleithund.

WESEN UND VERHALTEN Ausgeglichen, aufmerksam, stolz, sehr an seiner Bezugsperson hängend. Zuverlässiger Wächter, aber mit leiser Stimme bellend. Fremden gegenüber kritisch. Gut zu mehreren zu halten.

HALTUNG Idealer Wohnungs- und Stadthund. Leicht zu erziehen, geht gerne spazieren, tollt und spielt bis ins hohe Alter. Anpassungsfähig und robust, gut geeignet für Berufstätige, die ihren Hund mit zur Arbeit nehmen können und Menschen, die viel reisen, ebenso wie für Familien. Der kleine Hund findet überall sein Plätzchen und will überall dabei sein. Das kurze Fell ist pflegeleicht. Nachteil die kurze Nase, sie darf nicht zu Atemproblemen führen und muss, ebenso wie die Augen, sorgfältig gepflegt werden.

Erziehung	▨▨□
Pflege	▨□□
Beschäftigung	▨▨□
Bewegung	▨▨□
Verbreitung	▨▨□

Chinese Crested Dog
Chinesischer Schopfhund

HERKUNFT Nahezu oder völlig haarlose Hunde haben in China uralte Tradition, wo sie mit großer Sorgfalt und Liebe gezüchtet wurden. Die behaarten „Powder Puffs" benötigt man zur Zucht. Das Gen für Haarlosigkeit beeinträchtigt die Zahnentwicklung.
VERWENDUNG Gesellschaftshund.
WESEN UND VERHALTEN Ausgesprochen anhängliche, ganz auf ihre Menschen fixierte Hunde. Robust und vital vertragen sie auch Kälte und schlechtes Wetter beim Spaziergang, sofern sie in Bewegung bleiben. Wachsam, aber kein Kläffer.
HALTUNG Der Chinesische Schopfhund ist ein reiner Wohnungshund, der engen Kontakt zu seinen Menschen liebt. Leicht zu erziehen, folgsam, nie aufdringlich oder störend. Lebhaft, verspielt und lustig. Ideal für Menschen mit Tierhaarallergien oder körperlich Behinderte ebenso wie für Menschen, die viel reisen oder Berufstätige, die ihren Hund immer mitnehmen wollen. Die warme, angenehm weiche Haut ist geruchs- und ungezieferfrei. Zur Pflege ab und zu baden und mit Hautlotion einreiben. Die Haut ändert bei Sonnenbestrahlung die Farbe.

Haarloser Hund
FCI-Nr. 288
Land China
Schulterhöhe Rüden 28–33 cm, Hündinnen 23–30 cm
Gewicht max. 5,5 kg
Farben alle

Erziehung			
Pflege			
Beschäftigung			
Bewegung			
Verbreitung			

Haarlose Hunde | 253

Lhasa Apso

Tibetanische Hunderasse
FCI-Nr. 227
Land Tibet
Schulterhöhe
Rüden 25,4 cm,
Hündinnen etwas kleiner
Farben gold, sand, honig, dunkel-grizzle, schiefer, rauchgrau, auch weiß gescheckt

Erziehung		
Pflege		
Beschäftigung		
Bewegung		
Verbreitung		

HERKUNFT Den Löwen Buddhas stilisierender Hund, der seit alters her in Klöstern und adligen Familien Tibets gezüchtet und hoch geschätzt wurde.
VERWENDUNG Begleithund.
WESEN UND VERHALTEN Selbstbewusster, eigensinniger, unabhängiger und stolzer Hund, der sich nur seiner Bezugsperson unterordnet. Fremden gegenüber misstrauisch, in der Familie anhänglich und zärtlich, ohne seine Persönlichkeit aufzugeben. Aufmerksam, wachsam und gelehrig. Robuster, seiner rauen Heimat entsprechend widerstandsfähiger Kleinhund, athletisch, wendig und ausdauernd.
HALTUNG Ein Hund, der seine Menschen überall hin begleiten möchte und niemals stört. Mit einfühlsamer Konsequenz gut zu erziehen. Der Lhasa Apso ist ein idealer Wohnungshund, der ausgedehnte Spaziergänge und Wanderungen liebt. Anpassungsfähig lebt er bei alleinstehenden Menschen, die sich mit ihm beschäftigen, ebenso gerne wie in der Familie, denn er kennt keine Langeweile. Das lange Haar bedarf regelmäßiger gründlicher Pflege, haart dann nicht.

Shih Tzu

HERKUNFT Er gehört zu den in tibetischen Klöstern als Löwenhündchen Buddhas gezüchteten Hündchen. Sie gelangten als Tributzahlungen an den chinesischen Kaiserhof, wo sie sorgsam weiter gezüchtet wurden.

VERWENDUNG Gesellschaftshund.

WESEN UND VERHALTEN Robuster Kleinhund mit überschäumendem Temperament und freundlichem Wesen, der eine gewisse Arroganz ausstrahlt. Er ist seinen Menschen zugetan, bewahrt sich jedoch eine gewisse Unabhängigkeit. Er ist intelligent und gelehrig, lebhaft, aber nicht nervös. Verträglich mit anderen Hunden. Fremden gegenüber aufgeschlossen, aber nicht aufdringlich.

HALTUNG Robust und verträglich, eignet er sich für lebhafte Familien ebenso wie für alleinstehende Menschen. Der Shih Tzu geht gerne spazieren und ist bis ins hohe Alter verspielt. Mit liebevoller Konsequenz lässt er sich leicht erziehen und macht auch dem Anfänger Freude. Allerdings ist das Fell sehr pflegeintensiv, so dass Shih Tzus im Alltagsleben meist geschoren anzutreffen sind.

Tibetanische Hunderasse
FCI-Nr. 208
Land Tibet
Schulterhöhe max. 26,7 cm
Gewicht 4,5–8,1 kg
Farben alle

Erziehung			
Pflege			
Beschäftigung			
Bewegung			
Verbreitung			

Tibetanische Hunderassen | 255

Tibet Spaniel

Tibetanische Hunderasse
FCI-Nr. 231
Land Tibet
Schulterhöhe 25,4 cm
Gewicht 4,1–6,8 kg
Farben alle

Erziehung			
Pflege			
Beschäftigung			
Bewegung			
Verbreitung			

HERKUNFT Ebenfalls zu den Löwenhündchen Buddhas zählend, wurde er mehr von der ländlichen Bevölkerung Tibets gehalten. Nur die schönsten Exemplare durften in den Klöstern die Gebetsmühlen treten.

VERWENDUNG Begleithund.

WESEN UND VERHALTEN Fröhlicher, lebhafter, bestimmt auftretender, ausgesprochen intelligenter und robuster Hausgenosse. Sehr wachsam, Fremden gegenüber abweisend. Sehr sozialverträglich und gut zu mehreren zu halten. Noch sehr ursprüngliches Verhalten und sehr widerstandsfähig. Seiner Familie zärtlich zugetan, ist er seiner Bezugsperson treu ergeben, doch er wahrt stets eine gewisse Unabhängigkeit.

HALTUNG Unkomplizierter, fröhlicher Hausgenosse, der sich in einer lebhaften Familie wohlfühlt und seine Menschen überallhin begleiten möchte. Robust und an allem interessiert liebt er den Aufenthalt im Freien, lange Wanderungen und Beschäftigung, ohne sie einzufordern. Hund für Stadt- und Landmenschen. Das schlichte Fell ist pflegeleicht.

Tibet Terrier

HERKUNFT Hütehund im Gebirge von Tibet. Bevorzugter Wachhund der Bauern, der alles meldete, ehe der große Hirtenhund aktiv wurde.
VERWENDUNG Familienbegleithund.
WESEN UND VERHALTEN Ausgesprochen agiler, beweglicher Hund und geschickter Kletterer mit großer Sprungkraft. Er ist wachsam, ja bellfreudig und immer aktiv, ohne hektisch oder nervös zu sein, aber wo Aktion ist, ist er dabei. Sehr selbstbewusst mit gutem Durchsetzungsvermögen, aber nicht aggressiv. Robust, widerstandsfähig und verspielt bis ins hohe Alter.
HALTUNG Kein Hund für bequeme Menschen, da er Beschäftigung und Bewegung liebt, dann ist er im Haus angenehm und ausgeglichen. Er braucht engen Kontakt zu seinen Menschen und will überall dabei sein. Sehr gelehrig und sensibel, aber er braucht eine liebevoll konsequente Führung sowie eine Aufgabe oder sportliche Betätigung. Fühlt sich in lebhaften Familien wohl, in denen immer etwas los ist, lässt sich aber nicht gängeln. Das lange Haar ist pflegeintensiv.

Tibetanische Hunderasse
FCI-Nr. 209
Land Tibet
Schulterhöhe
Rüden 35,6–40,6 cm, Hündinnen etwas kleiner
Farben alle außer schokoladen- und leberbraun

Erziehung		
Pflege		
Beschäftigung		
Bewegung		
Verbreitung		

Tibetanische Hunderassen | 257

Chihuahua

Chihuahueño
FCI-Nr. 218
Land Mexiko
Gewicht 1,5–3 kg
Farben alle

HERKUNFT Kleinster Hund der Welt, von Amerikanern in Mexiko „entdeckt". Es besteht Ähnlichkeit mit dem Podengo Pequeno, der mit Seefahrern nach Mittelamerika gelangt sein könnte. Der langhaarige Schlag geht auf Papilloneinkreuzung zurück.

VERWENDUNG Gesellschaftshund.

WESEN UND VERHALTEN Lebhafter, oft dreister Winzling, der sich gerne im Umgang mit größeren Hunden überschätzt. Nicht zu kleine Exemplare sind robust, wenig krankheitsanfällig und werden sehr alt. Der dominantere Kurzhaar will sich durchsetzen, der Langhaar ist sanfter und nachgiebiger. Wachsam.

HALTUNG Der Hundezwerg muss ernst genommen werden, besonders der Kurzhaar (Foto) braucht eine konsequente Führung, sonst tyrannisiert er seine Menschen. Sehr intelligent und gelehrig fügt er sich bei liebevoll konsequenter Erziehung ein. Der nie langweilige Hund geht ganz in seiner Bezugsperson auf und genießt deren Schutz in gefährlichen Situationen. Anpassungsfähiger, pflegeleichter Begleiter in allen Lebensumständen.

Erziehung
Pflege
Beschäftigung
Bewegung
Verbreitung

Cavalier King Charles Spaniel

HERKUNFT Zwergspaniels, aus Jagdspaniels gezüchtet, sind seit Jahrhunderten beliebte Begleithunde des europäischen Adels und besonders bekannt geworden durch den englischen König Karl I.
VERWENDUNG Gesellschaftshund.
WESEN UND VERHALTEN Ausgesprochen gutartiger, netter und nie übelnehmerischer Begleiter. Er akzeptiert andere Tiere im Haus, ist sozialverträglich mit anderen Hunden und zu jedermann freundlich. Er verleugnet sein Jagdhunderbe nicht, ist immer auf der Suche nach jagdbaren Leckerbissen, z. B. Mäusen, Dank seiner Anhänglichkeit, hat er aber keine Neigung eigene Wege zu gehen.
HALTUNG Sehr anpassungsfähiger, robuster Hund für alle Lebensumstände. Er braucht die Nähe seiner Menschen, liebt Bewegung und Beschäftigung. Er ist klug, gelehrig, niemals nervös oder ängstlich, und leicht zu motivieren, daher auch hundesportliche Aktivitäten möglich. Mit liebevoller Konsequenz leicht zu erziehen, macht der Cavalier King Charles Spaniel auch Anfängern Freude. Das schlichte Langhaar ist pflegeleicht.

Englischer Gesellschaftsspaniel
FCI-Nr. 136
Land Großbritannien
Gewicht 5,5–8 kg
Farben schwarz-loh, rot, weiß-rot, dreifarbig.

Erziehung		
Pflege		
Beschäftigung		
Bewegung		
Verbreitung		

Englische Gesellschaftsspaniel | 259

King Charles Spaniel

Englischer Gesellschaftsspaniel
FCI-Nr. 128
Land Großbritannien
Gewicht 3,6–6,3 kg
Farben schwarz mit Loh, weiß rot, dreifarbig, kastanienrot

Erziehung		
Pflege		
Beschäftigung		
Bewegung		
Verbreitung		

HERKUNFT Entspricht der des Cavaliers, allerdings wurden die kurznasigen Typen bevorzugt, bis in den 1920er Jahren ein Amerikaner die auf alten Gemälden dargestellten langnasigen Hunde suchte und aufkaufte. Sie galten bis dato als unerwünschte „Rückschläge". Doch sie wurden populär, während der King Charles zur Rarität wurde.

VERWENDUNG Gesellschaftshund.

WESEN UND VERHALTEN Lebenslustiger, intelligenter Hund, sanft und zärtlich zu seinen Menschen, zurückhaltend gegenüber Fremden, ohne ängstlich zu sein. Ruhig und friedfertig, anhänglich und ganz auf seinen Menschen eingestellt, glücklich, wenn er mit ihm zusammen sein darf. Draußen temperamentvoll, ausdauernder Spaziergänger, der nicht zum selbstständigen Streunen neigt. Verträglich mit Artgenossen.

HALTUNG Anpassungsfähiger, unkomplizierter Kleinhund, der engen Kontakt zu seiner Familie braucht. Er liebt Spaziergänge und Spiel. Leicht zu erziehen, macht auch Anfängern Freude. Das schlichte Langhaar ist pflegeleicht.

Pekingese
Peking-Palasthund

HERKUNFT Der „Miniaturlöwe" gehörte zum chinesischen Hofzeremoniell. Es war bei Todesstrafe verboten, ihn außerhalb des Hofes zu halten. Mit der Eroberung Pekings gelangten einige Exemplare nach England, wo die Rasse Pekingese gezüchtet wurde.

VERWENDUNG Gesellschaftshund.

WESEN UND VERHALTEN Aufmerksam, furchtlos, distanziert gegenüber Fremden. Sehr dominante, selbstbewusste Persönlichkeit, die sich nicht unterordnet. Freundlich, anhänglich und verschmust, wenn ihm danach ist. Ruhig und gelassen im Temperament, kann er sich auch aufbrausend durchsetzen.

HALTUNG Der sehr eigenwillige Hund braucht einen Partner, der ihn zu nehmen weiß. Er ist nicht leicht zu erziehen und kein Kinderspielhund. Sein Laufbedürfnis hält sich in Grenzen. Das macht ihn zu einem guten Stadt- und Wohnungshund für bequeme Menschen, die allerdings seine aufwendige Fellpflege lieben müssen. Die vorstehenden Augen sind empfindlich, die kurze Nase bedingt Atemnot bei geringster Anstrengung und Wärme.

Japanische Spaniel und Pekingesen
FCI-Nr. 207
Land China
Gewicht Rüden max. 5 kg, Hündinnen max. 5,4 kg
Farben alle außer Albino und Leberfarbe

Erziehung		
Pflege		
Beschäftigung		
Bewegung		
Verbreitung		

Japanische Spaniel und Pekingesen | 261

Japan Chin

Japanische Spaniel und Pekingesen
FCI-Nr. 206
Land Japan
Schulterhöhe Rüden ca. 25 cm, Hündinnen kleiner
Farben weiß mit schwarzen und roten Abzeichen

Erziehung			
Pflege			
Beschäftigung			
Bewegung			
Verbreitung			

HERKUNFT Ursprünglich aus China stammender Hund, der am japanischen Kaiserhof und später auch vom japanischen Adel gezüchtet wurde. Es heißt, er wurde als besonderer Liebling der Damen in den Kimonoärmeln getragen und lebte in Bambuskäfigen. Kam als Geschenk an Königin Viktoria nach England und von da aus nach Europa.
VERWENDUNG Gesellschaftshund.
WESEN UND VERHALTEN Lebhafter, intelligenter, verspielter, immer vergnügter Kleinhund, anhänglich und liebenswürdig. Sehr sozialverträglich und gut zu mehreren zu halten. Wachsam, aber niemals aggressiv.
HALTUNG Angenehmer, aufgeschlossener Begleiter, verspielt bis ins hohe Alter. Er liebt ausgedehnte Spaziergänge. Passt sich allen Lebensumständen an. Zärtlich und ganz in seinem Menschen aufgehend, lässt er sich leicht erziehen und neigt nicht dazu, sich von ihm zu entfernen. Ein unkomplizierter Hund für Anfänger, der kaum Ansprüche stellt. Das lange Fell ist pflegeleicht, da es nicht verfilzt. Augen und Nase sind zu pflegen.

Papillon und Phalène

HERKUNFT Kleine Spaniels lassen sich bis ins 13. Jh. zurückverfolgen. Oftmals entsprechen sie eher dem Phalène, dem Falterhündchen mit Hängeohren, später überwiegt der Papillon, das Schmetterlingshündchen mit den großen Stehohren, wozu Spitzeinkreuzungen beigetragen haben dürften.

VERWENDUNG Gesellschaftshund

WESEN UND VERHALTEN Aufgeweckte, selbstbewusste, stets aktive Hunde, die die Aufmerksamkeit ihrer Menschen fordern, doch sensibel genug, sie nicht zu überfordern. Intelligent, leicht zu motivieren und ausdauernd eignen sie sich für hundesportliche Aktivitäten. Wachsam, aber gutartig. Leidenschaftlicher Mäusejäger.

HALTUNG Unkomplizierter, robuster Hund, der sich in einem lebhaften Haushalt ebenso wohlfühlt wie bei alleinstehenden Menschen. Vor ungestümen Kindern sollte er sich jedoch zurückziehen können. Er liebt ausgedehnte Spaziergänge, Ball- und Apportierspiele. Sehr auf seine Menschen bezogen, lässt er sich leicht erziehen. Das lange Fell ist leicht zu pflegen.

Kontinentaler Zwergspaniel
FCI-Nr. 77
Land Frankreich / Belgien
Schulterhöhe ca. 28 cm
Gewicht
1.) weniger als 2,5 kg
2.) Rüden 2,5–4,5 kg, Hündinnen 2,5–5 kg
Farben alle auf weißem Grund

Erziehung	■■
Pflege	■■■
Beschäftigung	■■
Bewegung	■■
Verbreitung	■■

Kromfohrländer

Kromfohrländer
FCI-Nr. 192
Land Deutschland
Schulterhöhe 38–46 cm
Gewicht Rüden 11–16 kg, Hündinnen 9–14 kg
Farben weiß mit hellbraunen, rot- bis dunkelbraunen Flecken

Erziehung	
Pflege	
Beschäftigung	
Bewegung	
Verbreitung	

HERKUNFT Nach dem 2. Weltkrieg aus den Nachkommen eines glatthaarigen Fox Terriers und einem Mischling unbekannter Herkunft gezüchtete Rasse. Benannt nach einem Stück Land bei Siegen Krom fohr = krumme Furche.
VERWENDUNG Begleithund.
WESEN UND VERHALTEN Lebhafte, fröhliche, selbstbewusste Hunde. Gegenüber Fremden zurückhaltend, ganz in ihrer Familie und Bezugsperson aufgehend. Wachsam aber nicht aggressiv. Natürliches Sozialverhalten, Rangordnung ist ihm wichtig, aber er ist nicht streitsüchtig. Der gut erzogene Hund hat geringe Neigung, auf eigene Faust loszuziehen.
HALTUNG Unkomplizierter Familienbegleithund, der Beschäftigung und Auslauf braucht. Er ist mit liebevoller Konsequenz leicht zu erziehen und macht auch dem Anfänger Freude. Leicht zu motivieren, mit viel Temperament ausgestattet und führig eignet er sich für vielerlei hundesportliche Aktivitäten. Kein Hund für bequeme Menschen. Sowohl das glatte (Foto) als auch das korrekte, knappe raue Haar sind pflegeleicht.

Französische Bulldogge
Bully

HERKUNFT Sie stammt von kleinen Bulldoggen ab, die im 19. Jh. mit englischen Spitzenklöpplern in die Normandie kamen. Im Großraum Paris wurden sie, mit anderen Rassen gekreuzt, beliebt und schließlich zum Modehund.

VERWENDUNG Begleithund.

WESEN UND VERHALTEN Intelligent, liebenswürdig, zärtlich und verschmust, stets bereit, Freud und Leid zu teilen. Aufmerksam, verspielt, wachsam, bellt jedoch wenig. Sozialverträglich, selbstsicher.

HALTUNG Typisch Bulldogge ordnet sie sich nur einer klaren Führung unter, bewahrt jedoch einen eigenen Kopf und versteht, sich auf charmante Weise durchzusetzen. Liebevoll konsequente Erziehung notwendig. Sie passt in lebhafte Familien auf dem Lande ebenso gut wie zu einem Single in die Stadt. Der Bully geht gerne spazieren, ist aber kein lauffreudiger Hund und nicht für hundesportliche Aktivitäten geeignet. Viele Bullys leiden unter Kurzatmigkeit, schnarchen und sind hitzeempfindlich. Angeboren verkürzte Rute. Das kurze Fell ist pflegeleicht.

Kleiner doggenartiger Hund
FCI-Nr. 101
Land Frankreich
Gewicht max. 14 kg
Farben falb, einfarbig oder gestromt, weiß gescheckt

Erziehung		
Pflege		
Beschäftigung		
Bewegung		
Verbreitung		

Kleine doggenartige Hunde

Mops

Kleiner doggenartiger Hund
FCI-Nr. 253
Land China
Gewicht 6,3–8,1 kg
Farben silber, apricot, hellfalb, schwarz

Erziehung	
Pflege	
Beschäftigung	
Bewegung	
Verbreitung	

HERKUNFT Vermutlich aus dem Fernen Osten stammend, seit vielen Jahrhunderten beliebter Begleiter des europäischen Adels, später des begüterten Bürgertums. Zurzeit wieder origineller Modehund.
VERWENDUNG Gesellschaftshund.
WESEN UND VERHALTEN Fröhlicher, stets gut gelaunter, niemals ernsthaft aggressiver Hund. Sehr selbstsicher und nicht unterordnungsbereit.
HALTUNG Sein zerknautschtes Gesicht mit den großen Kulleraugen weckt häufig den Pflegetrieb seiner Besitzer, die den robusten Hund vergessen, ihn verhätscheln und verniedlichen. Schicksal des Mopses, dass er sich in jedes Leben fügt, solange er seinen Menschen nahe ist. Dabei gibt er seine unabhängige Persönlichkeit nie auf. Auch bei liebevoll konsequenter Erziehung wird er nie aufs Wort gehorchen. Extrem kurz gezüchtete Nase und Schädeldeformation verursachen Kurzatmigkeit, Röcheln und Schnarchen sowie Hitzeempfindlichkeit. Der Mops eignet sich nicht für sportliche Aktivitäten. Gesichtsfalten und Augen pflegebedürftig. Haart stark.

266 | Kleine doggenartige Hunde

Boston Terrier

HERKUNFT Nachkomme der von den ersten Siedlern der Ostküste aus Europa mitgebrachten Bulldoggen und glatthaarigen Terriern.

VERWENDUNG Begleithund.

WESEN UND VERHALTEN Anpassungsfähiger, robuster, temperamentvoller Kamerad, der zu jedem Ulk bereit ist. Aufgeschlossen, menschenfreundlich und verträglich mit Artgenossen, wachsam, aber nie aggressiv. Intelligent und feinfühlig reagiert er auf Stimmlage. Die schwereren Bulldogtypen sind etwas gelassener und ruhiger, die leichteren eher terrierhaft unbekümmert, lebhaft und verspielt bis ins hohe Alter.

HALTUNG Leicht zu erziehender, anhänglicher Hausgenosse, der sich in alle Lebensumstände einfügt. Idealer, sauberer Wohnungshund und unermüdlicher Spaziergänger, dem nichts so schnell die gute Laune verdirbt. Fühlt sich in einer lebhaften Familie ebenso wohl wie bei älteren Menschen, die noch gerne laufen. Das kurze Fell ist pflegeleicht. Die Nase soll nicht so kurz sein, dass Atembeschwerden auftreten. Angeboren kurze Rute.

Kleiner doggenartiger Hund
FCI-Nr. 140
Land USA
Gewicht
1) unter 6,8 kg,
2) 6,8–9 kg,
3) 9–11,3 kg
Farben gestromt, schwarz, „seal" mit weißen Abzeichen

Erziehung		
Pflege		
Beschäftigung		
Bewegung		
Verbreitung		

Kleine doggenartige Hunde | 267

Windhunde

Langhaarige oder befederte Windhunde

Afghane und Saluki (hier gibt es auch eine kurzhaarige Form) sind ausdauernde Langstreckenjäger, die zur Jagd auf alles jagdbare Wild in Wüsten- und Gebirgsregionen eingesetzt wurden. Klassisch gehörten sie zur Beizjagd. Gejagt wurde zu Pferde mit Falken und Hunden. Der Falke erspähte und verfolgte das Wild, die Hunde wurden auf dem

Rauhaarige Windhunde

Dem rauen Klima der britischen Inseln angepasst konnten sich hier die Nachfahren der keltischen Windhunde erhalten. Der schottische Deerhound und der irische Wolfhound jagten einst Wölfe, später Hirsche. Sie lebten, anders als die orientalischen Windhunde, sehr eng mit ihren Menschen zusammen und zeigen deshalb intensivere Bindung. Der ursprüngliche irische Wolfshund ist aus-

Azawakh **Whippet**

Sattel mitgeführt und erst losgelassen, wenn das Wild in Sichtweite war. Sie hetzten es bis zur Erschöpfung und stellten es, bis der Jäger herankam. Die Hunde waren hoch geschätzte Begleiter der Beduinen, Unterordnung und Gehorsam um des Gehorsams willen wurde nie verlangt. Hund und Mensch jagen gemeinsam unter Erfolg versprechenden Regeln. Trotz großer Hingabe und inniger Beziehung wahren sie eine gewisse Distanz zu ihren Menschen. Der russische Barsoi war spezialisiert auf die Wolfsjagd und wurde Anfang des 20. Jahrhunderts weltweit zum Modehund.

gestorben und wurde mit verschiedenen Rassen zurückgezüchtet, so dass man ihn eigentlich nicht als Windhund bezeichnen kann. Er zeigt kaum Hetzhundverhalten, sondern gilt als der sanfte Riese unter den Hunden.

Kurzhaarige Windhunde

Hier finden wir alle Windhundtypen, vom Orientalen bis zum englischen Windhund mit allen Übergangsformen. Der Typus des Greyhounds, Whippets und italienischen Windspiels entspricht dem klassischen Windhund der Antike, der schon damals in allen Größen vorkam und vom Kaninchen bis zum Wild-

Gruppe 10

Salukis

mix für kommerzielle Bahnrennen, unterschieden. Selbst beim Greyhound trennt man zwischen Renn- und Showgreys. Es sind die ausgedienten Bahnrennhunde, die heute in großer Zahl über den Tierschutz nach Deutschland gelangen. Es sind liebenswerte, im Umgang sehr angenehme Begleiter, aber der ausgeprägte Hetztrieb, der sie beim Anblick beweglicher Objekte auf und davon gehen lässt, macht ihre Haltung schwierig.

schwein alles jagte. Sie lebten sehr eng mit ihren Menschen zusammen und gingen eine innige Bindung ein. Sie gelten daher als besonders anhängliche, auf ihre Menschen bezogene Hunde.

GREYHOUNDS beeinflussten in neuerer Zeit die Zucht der ursprünglichen, derberen Hetzjäger Osteuropas, um sie modernen Bahnrennen anzupassen. Inzwischen züchtet man sie wieder auf den Ausgangstyp zurück. In Spanien wird zwischen dem reinrassigen Galgo und dem Galgo Español-Ingles, dem Greyhound-

Afghane

> ## Info
> ### Ruhig im Haus – draußen blitzschnell
> Windhunde sind keine Energieverschwender. Sie zeichnen sich durch ruhiges, unauffälliges Verhalten im Hause und blitzschnelle Reaktionen angesichts von Wild aus. Sie entfernen sich unvermittelt so schnell aus dem Einwirkungsbereich, dass ein Zurückrufen meist sinnlos ist. Sie laufen nicht blindlings davon, aber sie geraten in akute Lebensgefahr durch Jäger und Straßenverkehr

WHIPPET UND WINDSPIEL sind sehr eng auf ihre Menschen bezogene, leicht zu erziehende und gehorsame Begleiter, die bei umsichtiger Haltung durchaus Freilauf genießen dürfen, ohne bei jeder Gelegenheit davonzulaufen.

ARABISCHE UND AFRIKANISCHE WINDHUNDE galten zunächst als eine Rasse, bis man sie vor wenigen Jahrzehnten trennte, da die Unterschiede gravierend sind. Beides sind sehr würdevolle, feinfühlige, aber niemals ihre Persönlichkeit aufgebende Begleiter.

Windhunde | 269

Afghanischer Windhund

Langhaarige oder befederte Windhunde
FCI-Nr. 228
Land Afghanistan
Schulterhöhe Rüden 68–74 cm, Hündinnen 63–69 cm
Farben alle

Erziehung
Pflege
Beschäftigung
Bewegung
Verbreitung

HERKUNFT In England Anfang des 20. Jh.s aus verschiedenen Schlägen afghanischer Windhunde – dem Wüstentyp Bell-Murray und dem Gebirgstyp Ghazni – gezüchtet.

VERWENDUNG Hetzjagdhund auf alles jagdbare Wild vom Hasen über die Gazelle bis zum Leoparden. Heute Begleit- und Sporthund.

WESEN UND VERHALTEN Zäher, ausdauernder Einzeljäger, sehr selbstständig, unabhängig und nicht unterordnungsbereit. Trotz inniger Zuneigung zu seinen Menschen immer seinen Vorteil nutzend. Ruhig im Haus, nie aufdringlich, entfaltet er sein volles Temperament im Freien. Unduldsam gegenüber fremden Hunden und Tieren. Abweisend zu fremden Menschen.

HALTUNG Faszinierender Hund, der eine geduldige, konsequente Erziehung und klare Führung braucht. Trotzdem hetzt der Augenjäger bei jedem Anlass los. Freilauf ist daher zu seiner eigenen Sicherheit kaum möglich. Windhundrennen auf der Bahn und im Gelände sowie tägliche ausgiebige Bewegung am Rad, beim Joggen usw. nötig. Kein Hund für bequeme Menschen. Das seidige Haar ist pflegeintensiv, haart dafür kaum.

Saluki
Persischer Windhund

HERKUNFT Bis in die Antike zurückzuverfolgende Rasse, deren Verbreitung sich von Ägypten bis China erstreckt. Der nicht befederte, sog. Kurzhaar-Saluki kommt sehr selten vor.

VERWENDUNG Hetzhund der Wüstennomaden.

WESEN UND VERHALTEN Sanftmütiger, sensibler, würdevoller Hund. Als Einzeljäger unabhängig, nicht unterordnungsbereit. Fremden gegenüber reserviert, Freunde vergisst er nie. Seiner Familie innig zugetan, aber nie seine Selbstständigkeit aufgebend. Im Haus ruhig, unaufdringlich, enger Kontakt zu seinen Menschen notwendig.

HALTUNG Der passionierte Augenjäger braucht eine sehr liebevoll konsequente Erziehung, er ist intelligent und gelehrig, blockiert aber sofort bei unangebrachter Strenge. Angesichts eines Jagdobjekts vergisst er sofort jeglichen Gehorsam und muss deshalb zu seiner eigenen Sicherheit an der Leine geführt werden. Seine Bewegungsfreude kann bei Bahn- und Geländerennen, Freilauf mit Artgenossen auf eingezäuntem Gebiet, Radfahren, Joggen usw. befriedigt werden. Kein Hund für bequeme Menschen. Pflegeleicht.

Langhaarige oder befederte Windhunde
FCI-Nr. 269
Land Mittlerer Osten
Schulterhöhe 58–71 cm, Hündinnen kleiner
Farben alle außer gestromt

Erziehung			
Pflege			
Beschäftigung			
Bewegung			
Verbreitung			

Barsoi
Russischer Windhund

Langhaarige oder befederte Windhunde
FCI-Nr. 193
Land Russland
Schulterhöhe
Rüden 75–85 cm,
Hündinnen 68–78 cm
Farben alle außer blau und braun

Erziehung	
Pflege	
Beschäftigung	
Bewegung	
Verbreitung	

HERKUNFT Alte russische Hetzhundrasse, der Name „Psovaja borzaja" bedeutet schnell, flink. Die Zaren unterhielten riesige Zuchten mit Hunderten von Hunden für große Jagdveranstaltungen.

VERWENDUNG Hetzhund für die Jagd von Hasen bis zu Wölfen. Heute Begleithund.

WESEN UND VERHALTEN Ruhiger, ausgeglichener, reservierter, unaufdringlicher, nicht scheuer Hund. Sehr anhänglich und personenbezogen, feinfühlig, jedoch niemals seine Persönlichkeit aufgebend. Verträglich in der eigenen Gruppe, unduldsam gegen fremde Hunde, aber nicht von sich aus aggressiv. Wachsam, auch verteidigungsbereit. Passionierter, ungestümer Jäger.

HALTUNG Anspruchsvoll in der Aufzucht, er braucht Platz und Lebensraum für freie Bewegung. Intelligent und gelehrig kann er mit Fingerspitzengefühl und liebevoller Konsequenz sehr gut erzogen werden. Folgsam, aber angesichts von Wild kaum zu kontrollieren. Ausgiebige Bewegungsmöglichkeit ist unerlässlich, besonders geeignet Geländerennen – Coursing, Ausritte, Radfahren, Joggen usw. Kein Hund für bequeme Menschen. Das lange Haar bedarf regelmäßiger Pflege.

Irischer Wolfshund

HERKUNFT Rückzüchtung des traditionellen irischen, auf die Hunde der Kelten zurückgehenden Wolfshundes mit Hilfe von Deerhound, Barsoi, Deutscher Dogge u.a.
VERWENDUNG Einst war der Irische Wolfshund ein Hetzhund für die Jagd auf Wolf, Hirsch, Elch und Wildschwein. Heute Begleithund.
WESEN UND VERHALTEN Ausgeglichener, sanftmütiger, ruhiger, sehr sensibler Hund. Freundlich, gelassen zu Mensch und Tier. Sehr anhänglich und menschbezogen. Seine Hetzleidenschaft hält sich in Grenzen, da er bei seiner riesigen Statur weder schnell noch ausdauernd ist und keine Aussicht auf Erfolg bei der Jagd sieht.
HALTUNG In der Aufzucht wegen seiner Größe sehr anspruchsvoller Hund mit leider bemerkenswert kurzer Lebenserwartung. Er braucht engsten Kontakt zu seinen Menschen und Lebensraum, um sich frei zu bewegen. Bei liebevoll konsequenter Erziehung mit leisen Worten umgänglicher, im täglichen Leben gehorsamer Hund ohne Neigung, sich von seinem Menschen zu entfernen. Nicht für Bahnrennen oder Geländerennen geeignet. Als Kurzstreckensprinter tobt er sich lieber mit seinesgleichen aus. Das raue Haar ist pflegeleicht.

Rauhaariger Windhund
FCI-Nr. 160
Land Irland
Schulterhöhe Rüden mind. 79 cm, Hündinnen mind. 71 cm
Gewicht Rüden mind. 54,5 kg, Hündinnen mind. 40,5 kg
Farben grau, rot, schwarz, weiß, rehbraun, blaugrau

Erziehung			
Pflege			
Beschäftigung			
Bewegung			
Verbreitung			

Rauhaarige Windhunde | 273

Deerhound
Schottischer Hirschhund

Rauhaariger Windhund
FCI-Nr. 164
Land Großbritannien
Schulterhöhe
Rüden mind. 76 cm,
Hündinnen mind. 71 cm
Gewicht Rüden ca. 45,5 kg,
Hündinnen ca. 36,5 kg
Farben blaugrau, grau,
gelb, sandfarben, rotbraun, auch gestromt

Erziehung	■ ■ □
Pflege	■ □ □
Beschäftigung	■ ■ □
Bewegung	■ ■ ■
Verbreitung	■ □ □

HERKUNFT Sehr alte, auf keltische Windhunde zurückgehende Windhundrasse. Statussymbol der alten schottischen Clanchefs, dem rauen Klima und Gelände seiner Heimat bestens angepasst.

VERWENDUNG Hetzhund für die Jagd auf Hirsch, Elch und Wildschwein. Heute Begleithund.

WESEN UND VERHALTEN Im Hause stiller, unauffälliger Hund. Sehr menschbezogen, zärtlich und anhänglich, ohne aufdringlich zu sein. Sehr gelassen im Umgang mit fremden Hunden, reserviert gegenüber Menschen, aber nicht scheu. Bei einer engen Beziehung und ausgiebigen Auslaufmöglichkeiten geringe Neigung, auf eigene Faust loszuziehen.

HALTUNG In der Aufzucht anspruchsvoll. Intelligent und gelehrig lässt sich der sensible Hund mit liebevoller Konsequenz gut erziehen und ist im Alltag gehorsam und umgänglich. Sehr guter Reitbegleithund. Er sucht zwar nicht die Jagd, hetzt jedoch angesichts von Wild. Er liebt Geländerennen und braucht freie Auslaufmöglichkeit, am besten ein weitläufiges Grundstück, wo er sich mit seinesgleichen austoben kann. Robustes, wetterfestes, pflegeleichtes Rauhaar.

Galgo Español
Spanischer Windhund

HERKUNFT Traditioneller Hetzhund aus Nordwest-Spanien, bis auf die Keltenwindhunde zurückgehend.
VERWENDUNG Hetzhund zur Hasenjagd, Langstreckenläufer in schwierigem Gelände. Sog. „inglesespañol", für kommerzielle Rennen mit Greyhound gekreuzt, werden häufig über den Tierschutz eingeführt. In moderner Zeit durch Greyhoundeinkreuzung beinahe ausgestorben, wird er heute wieder rein gezüchtet.
WESEN UND VERHALTEN Freundlich zu Menschen, verträglich mit anderen Hunden, niemals aufdringlich, eher zurückhaltend vorsichtig. Anhänglich und menschbezogen. Angenehmer, anpassungsfähiger Begleithund.
HALTUNG Der Galgo Español kann mit liebevoller Konsequenz leicht zu einem folgsamen Begleiter erzogen werden. Er eignet sich deshalb auch für andere hundesportliche Aktivitäten als Windhundrennen, oder noch besser Geländerennen. Trotz Gehorsam aktiver Jagdhund, der angesichts von Wild hetzt und nur in wildfreiem Gelände frei laufen darf. Kein Hund für bequeme Menschen, bei entsprechendem Auslauf angenehm ruhig im Haus. Sowohl Rauhaar (Foto) als auch Kurzhaar pflegeleicht.

Kurzhaariger Windhund
FCI-Nr. 285
Land Spanien
Schulterhöhe
Rüden 62–70 cm,
Hündinnen 60–68 cm
Farben alle

Erziehung			
Pflege			
Beschäftigung			
Bewegung			
Verbreitung			

Kurzhaarige Windhunde | 275

Greyhound

Kurzhaariger Windhund
FCI-Nr. 158
Land Großbritannien
Schulterhöhe
Rüden 71–76 cm,
Hündinnen 68–71 cm
Farben schwarz, weiß, rot, blau, rotgelb, sand, auch gestromt mit oder ohne weiß

Erziehung			
Pflege			
Beschäftigung			
Bewegung			
Verbreitung			

HERKUNFT Seit der Antike *der* Windhund schlechthin. Auf kurze Distanz schnellster Hund. Über den Tierschutz werden zahlreiche ausgediente Renngreys importiert.
VERWENDUNG Einst Spezialist für die Hasenjagd zu Pferde, meist in Zweierkoppeln, wurde er später für kommerzielle Windhundrennen gezüchtet, die in Deutschland verboten sind.
WESEN UND VERHALTEN Anschmiegsamer, freundlicher, zärtlicher, ganz seinen Menschen zugetaner Hund. Ausgeglichen und gelassen im Wesen, niemals aufdringlich und umgänglich mit anderen Hunden. Kein Energieverschwender, bringt er seine ganze Kraft und Energie auf den Punkt, sobald er ein Jagdobjekt – lebend oder künstlich – sieht.
HALTUNG Angenehm ruhig im Haus, liebt er engen Kontakt zu seinen Menschen. Anhänglich und bei liebevoll konsequenter Erziehung folgsam. Er braucht unbedingt täglich die Möglichkeit sich auszutoben, wobei Freilauf nur in wildfreiem Gelände angeraten ist. Aktiver Rennsport für die leichten Renntypen, Coursing für die schwereren Showtypen empfehlenswert. Kein Hund für bequeme Menschen. Das kurze Fell ist pflegeleicht.

Whippet

HERKUNFT In Nordengland mit Terrier zum Kaninchenwildern und zur Raubzeugvertilgung gezüchteter, wendiger Windhund, später Rennhund.

VERWENDUNG Renn- und Begleithund.

WESEN UND VERHALTEN Ausgesprochen anpassungsfähiger, ganz auf seine Bezugsperson fixierter, anhänglicher Hund, der immer dabei sein will. Ruhig im Haus, aber sein sprühendes Temperament im Spiel und beim Freilauf voll entfaltend. Fremde nicht beachtend, vergisst er Freunde nie. Gut zu mehreren zu halten, nicht aggressiv zu fremden Hunden, doch er lässt sich nichts gefallen. Wachsam. Sehr gelehrig und vielseitig interessiert.

HALTUNG Denkbar unkomplizierter und angenehmer Haushund, der auch dem Anfänger Freude macht, da er sich leicht erziehen lässt und für viele hundesportliche Unternehmungen zu haben ist. Bei enger Beziehung und gutem Gehorsam kann er auch frei laufen, die Jagdpassion ist aber sehr unterschiedlich stark ausgeprägt. Bei entsprechender Auslaufmöglichkeit guter Wohnungshund und Reisebegleiter. Wer Freilauf schätzt, sollte auf Bahnrennen verzichten. Pflegeleicht.

Kurzhaariger Windhund
FCI-Nr. 162
Land Großbritannien
Schulterhöhe
Rüden 47–51 cm,
Hündinnen 44–47 cm
Farben alle

| Erziehung |
| Pflege |
| Beschäftigung |
| Bewegung |
| Verbreitung |

Italienisches Windspiel

Kurzhaariger Windhund
FCI-Nr. 200
Land Italien
Schulterhöhe 32–38 cm
Gewicht max. 5 kg
Farben schwarz, grau, isabell

Erziehung	
Pflege	
Beschäftigung	
Bewegung	
Verbreitung	

HERKUNFT Schon aus der Antike bekannter, kleiner Windhund. Liebling des Adels in der Renaissance.
VERWENDUNG Einst Jagdhund, seit Jahrhunderten Begleithund.
WESEN UND VERHALTEN Selbstbewusster, sich gelegentlich überschätzender, erstaunlich robuster Kleinhund, lebhaft, intelligent und durchsetzungsfähig. Der anhängliche Hund zeigt geringe Neigung, selbstständig zu jagen. Fremden gegenüber unnahbar.
HALTUNG Das Windspiel ist nichts für nervöse Menschen, jedoch ein unterhaltsamer Gefährte, wenn man sich gerne im Freien bewegt. Die große Persönlichkeit in kleinem Körper sprüht voller Lebensfreude, braucht engen Kontakt und verlangt Zuwendung. Windspiele lassen sich gut zu mehreren halten und finden Raum in kleinsten Wohnungen. Bei ausreichenden Bewegungsmöglichkeiten sind sie auch sehr gut in der Stadt zu halten. Mit liebevoller Konsequenz erzogen sind sie gehorsam und können auch ohne Leine laufen. Auf der Rennbahn und beim Coursing zeigen sie ihr wahres Hetzhund-Gesicht. Pflegeleicht, aber das dünne Fell bietet keinen Schutz gegen Kälte, Nässe und Hitze.

Magyar Agar
Ungarischer Windhund

HERKUNFT Der Agar geht auf orientalische Steppenwindhunde mit Einkreuzung westeuropäischer Windhunde zurück. Früher Hasenjagd zu Pferde mit zwei oder drei Hunden.

VERWENDUNG Bis in die 1950er Jahre beliebter Hasen- und Kaninchenjäger der Wilderer. Später mit Greyhound gekreuzt, kommerzieller Rennhund. Heute wieder Reinzucht des ursprünglichen, derberen Typs.

WESEN UND VERHALTEN Einer der Windhunde, die sich durch Wachsamkeit und Verteidigungsbereitschaft auszeichnen. Fremde Menschen sind ihm gleichgültig. Sehr personenbezogen und anhänglich braucht er unbedingt Kontakt zu seiner Bezugsperson, der er sich unterordnet und der er gehorcht. Nach wie vor passionierter Jagdhund, der keine Gelegenheit zum Hetzen auslässt.

HALTUNG Angenehmer, leichtführiger, anschmiegsamer Gefährte. Ruhig im Haus, entfaltet er im Freien sein ganzes Temperament. Kein Hund für bequeme Menschen, denn er braucht Bewegung und Anreiz für seine Intelligenz. Der gut erzogene Hund kann in wildfreiem Gebiet frei laufen. Der Magyar Agar ist robust und pflegeleicht.

Kurzhaariger Windhund
FCI-Nr. 240
Land Ungarn
Schulterhöhe
Rüden 65–70 cm,
Hündinnen 62–67 cm
Farben alle außer blau, braun, wolfsgrau, dreifarbig

Erziehung	
Pflege	
Beschäftigung	
Bewegung	
Verbreitung	

Kurzhaarige Windhunde | 279

Azawakh

Kurzhaariger Windhund
FCI-Nr. 307
Land Mali
Schulterhöhe
Rüden 64–74 cm,
Hündinnen 60–70 cm
Gewicht Rüden 20–25 kg,
Hündinnen 15–20 kg
Farben hell sandfarben
bis dunkles Rot, mit
weißen Abzeichen

Erziehung	
Pflege	
Beschäftigung	
Bewegung	
Verbreitung	

HERKUNFT Jagdhund und Wächter der Herden und Zelte der Tuareg in der südlichen Sahara.
VERWENDUNG Enorm ausdauernder Hetzhund auf Gazellen, Antilopen, Hasen im trockenen, steinigen Gelände.
WESEN UND VERHALTEN Sehr sensibler, auf jede Stimmung seiner Bezugsperson eingehender Hund, der Fremde ablehnt. Sehr ursprünglich im Verhalten, Welpen müssen früh an Umwelt und Fremde gewöhnt werden. Unangebrachte Härte und Versagen seiner Bezugsperson vergibt und vergisst er nie. Wachsam, lebhaft und aufmerksam. Passionierter, auf Sicht jagender Hetzhund.
HALTUNG Mit sehr viel Geduld und Einfühlungsvermögen zu erziehender Hund, der seinem Menschen eng verbunden ist. Der gehorsame Hund kann in wildfreiem Gebiet frei laufen. Der vom Charakter her anspruchsvolle Hund gehört nur in Kennerhand. Ungeeignet für bequeme Menschen, da er sehr viel Auslauf braucht. Er eignet sich gut für die Rennbahn und Coursing. Ausgelastet im Hause angenehm ruhiger Hund. Das kurze Fell ist pflegeleicht.

280 | Kurzhaarige Windhunde

Sloughi
Arabischer Windhund

HERKUNFT Jagdgefährte und wertvoller Besitz der Beduinen Nordafrikas.

VERWENDUNG Hetzhund für die Jagd mit dem Falken. Der Hund wurde im Sattel transportiert, bis der Falke das Wild stellte, das der Hund dann niederhetzte.

WESEN UND VERHALTEN Sehr feinfühliger, zärtlicher Familienhund, der sich eng an seine Bezugsperson anschließt. Wachsam und unter Umständen verteidigungsbereit. Fremden gegenüber meist reserviert, auch freundlich zu willkommenen Gästen.

HALTUNG Anhänglicher, aber nie aufdringlicher Begleiter, intelligent und gelehrig, der sich mit leisen Worten erziehen lässt. Unangebrachte Härte verträgt er nicht. In der Wohnung ruhig und angenehm, braucht er viel Bewegung und Beschäftigung. Folgsame Hunde können in wildfreiem Gebiet frei laufen. Auch Radfahren, Joggen und vor allem Windhundrennen und Coursing verschaffen ihm Abwechslung und Bewegung. Unter dieser Voraussetzung sind Sloughis, am besten zu mehreren gehalten, gute Wohnungshunde, aber nicht für bequeme Menschen. Die Hunde sind sehr reinlich, das kurze Haar ist pflegeleicht.

Kurzhaariger Windhund
FCI-Nr. 188
Land Marokko
Schulterhöhe
Rüden 66–72 cm,
Hündinnen 61–68 cm
Farben hell- bis rotsandfarben, mit oder ohne Maske, Stromung oder schwarzem Mantel

Erziehung		
Pflege		
Beschäftigung		
Bewegung		
Verbreitung		

Kurzhaarige Windhunde | 281

Chart Polski
Polnischer Windhund

Kurzhaariger Windhund
FCI-Nr. 333
Land Polen
Schulterhöhe
Rüden 70–80 cm,
Hündinnen 68–75 cm
Farben alle

Erziehung	■ ■	
Pflege	■	
Beschäftigung	■ ■	
Bewegung	■ ■ ■	
Verbreitung	■	

HERKUNFT Auf asiatische Windhunde mit Barsoi- und Greyhoundeinkreuzung zurückgehender Windhund Polens. Nach dem Jagdverbot mit Windhunden 1946 vom Aussterben bedroht, überlebte er heimlich zum Wildern.

VERWENDUNG Jagdhund auf Hase, Fuchs, Reh, Wolf und Trappe.

WESEN UND VERHALTEN Selbstbewusster, robuster, ausdauernder Hund, wachsam, aber nicht aggressiv. Er schließt sich eng an seine Bezugsperson an, der er sich unterordnet. Fremden gegenüber ist er gleichgültig bis reserviert. Fremden Hunden tritt er selbstsicher entgegen. Passionierter Jäger.

HALTUNG Angenehmer, in der Wohnung ruhiger, ausgeglichener Gefährte. Er ist intelligent und gelehrig, mit liebevoller Konsequenz leicht zu erziehen und folgsam. Er braucht unbedingt engen Kontakt zu seinen Menschen und viel Bewegung. Der gehorsame Hund kann in wildfreiem Gebiet frei laufen. Ansonsten muss man seine Lauffreude anderweitig befriedigen, z. B. beim Rennen oder Coursing. Das kurze, etwas derbe Fell ist pflegeleicht.

Lurcher

HERKUNFT Geplant gezüchtete Mischlinge, meist zwischen Deerhound, Greyhound, Wippet und Border Collie. Zuchtziel ist ein robuster, wenig verletzungsanfälliger Hetzhund mit guter Führigkeit. Aussehen unterschiedlich, wichtig ist ein funktionaler Körperbau.
VERWENDUNG Coursing, zunehmend als Familienbegleithund gehalten.
WESEN UND VERHALTEN Sehr ausgeglichener, ruhiger Hund im Haus, voller Temperament und Schneid im Freien. Kein Energieverschwender, setzt er seine Kraft und Schnelligkeit punktgenau ein. Intelligenter, anhänglicher und unterordnungsbereiter Hund, doch windhundtypisch stets ein wenig Distanz bewahrend. Wachsam, aber kein Schutzhund. Passionierte Jäger, bei guter Bindung und Erziehung kontrollierbar.
HALTUNG Lurcher kommen über den Tierschutz aus Irland und Großbritannien. Sie brauchen eine liebevolle Erziehung, sind anpassungsfähig und angenehm im Umgang. Bewegungsfreudig und führig eignen sie sich sehr gut für hundesportliche Aktivitäten. Ausgelastet sind sie angenehme Wohnungshunde. Das glatte oder raue Fell ist pflegeleicht.

Windhundkreuzung
FCI-Nr. keine
Land Großbritannien/Irland
Schulterhöhe ca. 50–70 cm
Farben alle zulässig

Erziehung			
Pflege			
Beschäftigung			
Bewegung			
Verbreitung			

Windhunde | 283

Service

Zum Weiterlesen

Informationen über Haltung, Erziehung, Beschäftigung, Verhalten und Gesundheit finden Sie in den folgenden KOSMOS-Ratgebern.

Haltung
Krämer, Eva-Maria: **Hunde, die besten Freunde.**
Theby, Viviane: **Das Kosmos Welpenbuch.**

Erziehung
Blenski, Christiane: **Hunde erziehen, ganz entspannt.**
Hoefs, Nicole und Petra Führmann: **Das Kosmos Erziehungsprogramm für Hunde.**
Jones, Renate: **Welpenschule leichtgemacht.**
Nijboer, Jan: **Hunde erziehen mit Natural Dogmanship®.**

Beschäftigung
Blenski, Christiane: **Hundespiele.**
Führmann, Petra und Nicole Hoefs: **Erziehungsspiele für Hunde.**
Theby, Viviane und Michaela Hares: **Agility.**
Nijboer, Jan: **Hunde beschäftigen mit Jan Nijboer.**
Treibball für Hunde.

Verhalten
Bloch, Günther und Elli H. Radinger: **Wölfisch für Hundehalter.**
Handelmann, Barbara: **Hundeverhalten.**
Schöning, Barbara: **Hundeverhalten.**
Schöning, Barbara: **Hundesprache.**

Gesundheit
Becvar, Dr. Wolfgang: **Naturheilkunde für Hunde.**
Lausberg, Frank: **Erste Hilfe für den Hund.**
Rustige, Barbara: **Hundekrankheiten.**
Stein, Petra: **Bachblüten für Hunde.**

Nützliche Adressen

Verband für das Deutsche Hundewesen (VDH) e.V.
Westfalendamm 174
44141 Dortmund
Telefon +49 231 5 65 00-0
Telefax +49 231 59 24 40
e-mail: info@vdh.de
www.vdh.de

Österreichischer Kynologenverband (ÖKV)
Siegfried Marcus-Str. 7
2362 Biedermannsdorf
Österreich
Telefon +43 2236 710 667
Telefax +43 2236 710 667-30
e-mail: office@oekv.at
www.oekv.at

Schweizerische Kynologische Gesellschaft SKG
Länggassstrasse 8
Postfach 8276
3001 Bern
Schweiz
Telefon +41 31 306 62 62
e-mail: skg@hundeweb.org

Nicht VDH-anerkannte Rassen

American Bulldog
American Bulldog Club Deutschland e.V.
Postfach 1250
66267 Kleinblittersdorf
Telefon +49 6805 615416
e-mail: info@american-bulldogs.org
www.americanbulldogs.org

Wäller
1. Wäller-Club Deutschland e.V.
Brigitte Schlienkamp-Hütterbusch
42349 Wuppertal
Telefon +49 202 7 69 37 04
e-mail: info@waeller-club.de
www.waeller-club.de

Elo®
EZFG e.V.
Heinz und Marita Szobries
Mahrenholzer Weg 21
29386 Dedelsdorf
Telefon +49 5832 979 133
e-mail: szobries.marita@freenet.de
www.elo-hund.info

Altdeutsche Hütehunde
Arbeitsgemeinschaft
zur Zucht Altdeutscher
Hütehunde
Susanne Zander
Allerbogen 1, 29223 Celle
Telefon +49 5141 90 06 00
e-mail: Zander@A-A-H.de
www.altdeutschehuete
hunde.de

Westfalenterrier
Verein für Westfalenterrier
e.V. gegr. 1972
Miguell Langhoff
Bislicher Str. 11c
46487 Wesel
Telefon +49 28 11 50 59
e-mail: m.langhoff@
westfalenterrier.de
www.westfalenterrier.de

Bolonka
Verbund Deutscher Bolonka
Züchter e.V.
Annette Bonnefoux
Telefon +352 36 10 44
e-mail: admin@deutscher-
bolonka.de
www.deutscher-bolonka.de

Register

Affenpinscher 59
Afghanischer Windhund 270
Airedale Terrier 101
Akita Inu 154
Alaskan Malamute 138
Alpenländische Dachsbracke 193
Altdeutsche Hütehunde 50
Altenglischer Schäferhund 30
American Akita 155
American Bulldog 78
American Cocker Spaniel 234
American Staffordshire Terrier 128
Anatolischer Hirtenhund 79
Appenzeller Sennenhund 92
Apportierhunde 220
Arabischer Windhund 281
Argentinische Dogge 65
Asiatische Spitze 135
Australian Cattle Dog 52
Australian Kelpie 14
Australian Shepherd 49
Australian Silky Terrier 129
Australian Terrier 114
Australischer Schäferhund 49
Australischer Treibhund 52
Azawakh 280

Barbet 236
Barsoi 272
Basenji 162
Basset Artésien Normand 184
Basset Bleu de Gascogne 185
Basset Fauve de Bretagne 186
Basset Hound 189
Bayerischer Gebirgsschweiß-
 hund 191
Beagle 190
Bearded Collie 26
Beauceron 22
Bedlington Terrier 102
Belgischer Griffon 250
Belgischer Schäferhund 15, 16, 17
Bergamasker Hirtenhund 34
Berger Blanc Suisse 48
Berger de Beauce 22

Berger de Brie 23
Berger de Picardie 24
Berger des Pyrénées (Langhaar) 25
Berger Picard 24
Berghunde 54
Berghüter 13
Berner Sennenhund 93
Bernhardiner 88
Bichon à poil frisé 244
Bichon Havanais 243
Bichons und verwandte Rassen 240
Bloodhound 168
Bluthund 168
Bobtail 30
Bologneser 245
Bolonka zwetna 246
Bordeaux Dogge 72
Border Collie 27
Border Terrier 103
Boston Terrier 267
Bouvier des Flandres 53
Brandlbracke 176
Braque d' Auvergne 203
Braque Français Type Pyrénée 204
Brasilianischer Terrier 98
Bretonischer Spaniel 209
Briard 23
Britische und Irische Vorsteh-
 hunde 197
Broholmer 68
Brüsseler Griffon 251

Bull Terrier 125
Bullartige Terrier 97
Bullmastiff 74
Bully 265

Cairn Terrier 116
Canaan Dog 158
Cane Corso 77
Cane da pastore Bergamasco 34
Cane da pastore Maremmano-
 Abruzzese 35
Cão da Serra de Aires 46
Cão de Agua Português 239
Cavalier King Charles Spaniel 259
Ceskoslovenský Vlcak 19
Chart Polski 282
Chesapeake Bay Retriever 227
Cesky Teriér 124
Chien de Montagne des Pyré-
 nées 86
Chien de Saint-Hubert 168
Chihuahua 258
Chinese Crested Dog 253
Chinesischer Schopfhund 253
Chow Chow 150
Coban Köpegi 79
Collie (Kurzhaar) 29
Collie (Langhaar) 28
Coton de Tuléar 247
Curly Coated Retriever 223

Dachshund 133

Register | 285

Dachshunde 132
Dackel 133
Dalmatiner 194
Dandie Dinmont Terrier 117
Deerhound 274
Deutsch Drahthaar 199
Deutsch Kurzhaar 198
Deutsch Langhaar 208
Deutsch Stichelhaar 201
Deutsche Bracke 182
Deutsche Dogge 70
Deutscher Boxer 69
Deutscher Jagdterrier 99
Deutscher Pinscher 57
Deutscher Schäferhund 20
Deutscher Wachtelhund 228
Do Khyi 91
Dobermann 56
Doggenartige 54
Dogo Argentino 65
Dogue de Bordeaux 72

Elo® groß 152
Elo® klein 153
Englische Bulldogge 73
Englische Gesellschaftsspaniels 241
English Cocker Spaniel 229
English Foxhound 173
English Pointer 215
English Setter 216
English Springer Spaniel 231
English Toy Terrier (Black and Tan) 130
Entlebucher Sennenhund 94
Epagneul Breton 209
Epagneul de Pont Audemer 212
Epagneul Français 210
Epagneul Picard 211
Eurasier 151
Europäische Spitze 134

Field Spaniel 230
Fila Brasileiro 66
Finnenspitz 143
Flandrischer Treibhund 53
Flat Coated Retriever 224
Fox Terrier Drahthaar 105
Fox Terrier Glatthaar 104
Français Blanc et Noir 170
Français Blanc et Orange 171

Français Tricolore 169
Französische Bulldogge 265
Französischer dreifarbiger Laufhund 169
Französischer schwarz-weißer Laufhund 170
Französischer Spaniel 210
Französischer Vorstehhund 204
Französischer Wasserhund 236
Französischer weiß-oranger Laufhund 171

Galgo Español 275
Gelockter Bichon 244
Gesellschafts- und Begleithunde 240
Golden Retriever 226
Gordon Setter 217
Gos d'Atura Català 21
Grand Basset Griffon Vendéen 187
Grand bleu de Gascogne 172
Greyhound 276
Griffon Belge 250
Griffon Bruxellois 251
Griffon d'arrêt à poil dur Korthals 213
Griffon Fauve de Bretagne 175
Groenendael 15
Grönlandhund 136
Großer blauer Gascogne Laufhund 172
Großer Münsterländer 207
Großer Schweizer Sennenhund 95
Großspitz 147

Haarlose Hunde 240
Hannover'scher Schweißhund 192
Havaneser 243
Heideschäferhunde 12
Herdenschützer 13
Hochläufige Terrier 96
Holländischer Schäferhund 41
Hollandse Herdershond 41
Hovawart 81

Irischer Wasserspaniel 237
Irischer Wolfshund 273

Irish Glen of Imaal Terrier 110
Irish Red and White Setter 219
Irish Red Setter 218
Irish Soft Coated Wheaten Terrier 113
Irish Terrier 111
Irish Water Spaniel 237
Islandhund 144
Islenskur Fjárhundur 144
Italienischer Corso-Hund 77
Italienisches Windspiel 278

Jack Russell Terrier 115
Japan Chin 262
Japan Spitz 156
Japanischer Spaniel und Pekingese 241
Jugoslawischer Hirtenhund 87
Jugoslovenski Ovcarski Pas 87

Kanaan Hund 158
Katalanischer Schäferhund 21
Kaukasischer Owtscharka 89
Kavkazskaïa Ovtcharka 89
Kelb ta Fenek 159
Kerry Blue Terrier 112
King Charles Spaniel 260
Kleine belgische Rassen 240
Kleine doggenartige Hunde 241
Kleiner Brabanter Griffon 252
Kleiner holländischer Wasserwild-Hund 233
Kleiner Münsterländer 206
Kleinspitz 148
Komondor 36
Kontinentale Vorstehhunde 196
Kontinentaler Zwergspaniel 241
Kooikerhondje 233
Kromfohrländer 241
Kromfohrländer 264
Kurzhaariger Schottischer Schäferhund 29
Kurzhaariger ungarischer Vorstehhund 205
Kuvasz 37

Labrador Retriever 225
Lagotto Romagnolo 238
Lakeland Terrier 106
Landseer 83
Langhaariger Pyrenäen-Schäferhund 25
Langhaariger Schottischer Schäferhund 28
Lappenspitz 145
Laufhunde 166
Leonberger 82
Lhasa Apso 254
Löwchen 248
Lurcher 283
Luzerner Laufhund 180

Magyar Agar 279
Magyar Vizsla 205
Malinois 16

Malteser 242
Manchester Terrier 107
Maremmen-Abruzzen-Schäferhund 35
Mastiff 75
Mastin de los Pirineos 85
Mastin Español 84
Mastino Napoletano 76
Mechelaer 16
Mexikanischer Nackthund 160
Miniature Bull Terrier 126
Mittelspitz 148
Molossoide 54
Mops 266
Mudi 38

Neufundländer 80
Niederländischer Schapendoes 43
Niederläufige Terrier 96
Nihon Supittsu 156
Nordische Jagdhunde 134
Nordische Schlittenhunde 134
Nordische Wach- und Hütehunde 134
Norfolk Terrier 118
Norwegischer Elchhund schwarz 140
Norwegischer Lundehund 141
Norwich Terrier 119
Nova Scotia Duck Tolling Retriever 222

Ogar Polski 179
Old English Sheepdog 30
Österreichischer Pinscher 60
Otterhound 174

Papillon und Phaläne 263
Parson Russell Terrier 108
Peking-Palasthund 261
Pekingese 261
Perro de Agua Español 235
Perro de pastor catalán 21
Perro sin Pelo del Perú 161
Persischer Windhund 271
Peruanischer Nackthund 161
Petit Basset Griffon Vendéen 188
Petit Brabançon 252
Petit Chien Lion 248
Pharao Hound 159
Pharaonenhund 159
Picardie Spaniel 211
Pinscher 54
Podenco Ibicenco 163
Podengo Português 164
Polnische Bracke 179
Polnischer Niederungshütehund 44
Polnischer Windhund 282
Polski Owczarek Nizinny 44
Polski Owczarek Podhalanski 45
Pomeranian 149
PON 44
Portugiesischer Schäferhund 46

Porugiesischer Wasserhund 239
Pudel 240
Pudel 249
Pudelpointer 200
Puli 39
Pumi 40
Pyrenäen Mastiff 85
Pyrenäen-Berghund 86

Rhodesian Ridgeback 195
Riesenschnauzer 61
Rottweiler 71
Russischer Windhund 272

Saarloos Wolfhond 42
Saarloos-Wolfhund 42
Saluki 271
Samoiedskaïa Sabaka 137
Samojede 137
Sarplaninac 87
Schäferhunde der fruchtbaren Niederungen 12
Schipperke 18
Schnauzer 54
Schnauzer 62
Schottischer Hirschhund 274
Schwarzer Terrier 64
Schwedischer Lapphund 145
Schweißhunde 167
Schweizer Sennenhunde 55
Scottish Terrier 120
Sealyham Terrier 121
Shar Pei 67
Sheltie 31
Shetland Sheepdog 31
Shiba Inu 157
Shih Tzu 255
Siberian Husky 139
Skye Terrier 122
Sloughi 281
Slovenský Cuvac 47
Slovenský Kopov 181
Slowakische Bracke 181
Slowakischer Tschuvatsch 47
Spanischer Mastiff 84
Spanischer Wasserhund 235
Spanischer Windhund 275
Spinone Italiano 214
Sredneasiatskaïa Ovtcharka 90
St. Bernhardshund 88
Staffordshire Bull Terrier 127
Steirische (Peintinger) Rauhaarbracke 177
Stöberhunde 220
Suomenpystykorva 143

Tatra-Schäferhund 45
Tchiorny Terrier 64
Teckel 133
Terrier 96
Tervueren 17
Thai Ridgeback 165
Tibet Spaniel 256
Tibet Terrier 257
Tibet-Dogge 91

Tiroler Bracke 178
Treibhunde 13
Tschechischer Terrier 124
Tschechoslowakischer Wolfhund 19

Ungarischer Windhund 279
Urtyp 135

Vieräugl 176
Vlaamse Koehond 53
Vorstehhunde 196

Wäller 51
Wasserhund der Romagna 238
Wasserhunde 221
Weimaraner 202
Weißer Schweizer Schäferhund 48
Welsh Corgi Cardigan 32
Welsh Corgi Pembroke 33
Welsh Springer Spaniel 232
Welsh Terrier 109
West Highland White Terrier 123
Westfalen Terrier 100
Westfälische Dachsbracke 183
Westsibirischer Laika 142
Whippet 275
Windhunde 268
Windhunde, kurzhaarige 268
Windhunde, langhaarige oder befiederte 268
Windhunde, rauhaarige 268
Wolfspitz 146

Xoloitzquintle 160

Yorkshire Terrier 131

Zapadno – Sibirskaïa Laïka 142
Zentralasiatischer Owtscharka 90
Zwergpinscher 58
Zwergschnauzer 63
Zwergspitz 149
Zwergterrier 97

Register | 287

Impressum

Mit 315 Farbfotos von Eva-Maria Krämer.
Illustrationen von Wolfgang Lang.

Umschlag von eStudio Calamar unter Verwendung von
Farbfotos von Ulrike Schanz (Vorderseite) und Eva-Maria Krämer.

Alle Angaben in diesem Buch erfolgen nach bestem Wissen und Gewissen. Sorgfalt bei der Umsetzung ist indes dennoch geboten. Der Verlag und die Autorin übernehmen keinerlei Haftung für Personen-, Sach- oder Vermögensschäden, die aus der Anwendung der vorgestellten Materialien und Methoden entstehen könnten.

Unser gesamtes lieferbares Programm und viele
weitere Informationen zu unseren Büchern,
Spielen, Experimentierkästen, DVDs, Autoren und
Aktivitäten finden Sie unter **kosmos.de**

Gedruckt auf chlorfrei gebleichtem Papier

Zweite, komplett überarbeitete Auflage

© 2012 Franckh-Kosmos Verlags-GmbH & Co. KG, Stuttgart
Alle Rechte vorbehalten
ISBN 978-3-440-13079-7
Redaktion: Ute-Kristin Schmalfuss
Gestaltungskonzept: eStudio Calamar
Gestaltung: TypoDesign, Kist
Produktion: Eva Schmidt
Printed in Italy / Imprimé en Italie